„Wir können alles."

„Wir können alles."

Filz, Korruption & Kumpanei im Musterländle

Herausgegeben von

Josef-Otto Freudenreich

in Zusammenarbeit mit

Meinrad Heck, Wolfgang Messner und Rainer Nübel

Klöpfer & Meyer

4. Auflage 2008

© 2008 Klöpfer und Meyer, Tübingen.
Alle Rechte vorbehalten.
ISBN 978-3-940086-12-9

Umschlaggestaltung: Christiane Hemmerich, Konzeption und
Gestaltung, Tübingen.
Herstellung, Gestaltung und Satz: niemeyers satz, Tübingen.
Druck und Einband: Pustet, Regensburg.

Mehr über das Verlagsprogramm von Klöpfer & Meyer finden Sie unter
www.kloepfer-meyer.de

Es menschelet überall

Von Felix Huby

Wie haben sich die Zeiten doch geändert. Wer sich an den Abgang des viel gelobten einstigen Ministerpräsidenten Baden-Württembergs, Lothar Späth, erinnert, kann heute nicht mehr verstehen, warum er gehen musste. Gemessen an neueren Erkenntnissen über Kungelei und Korruption in Politik, Wirtschaft, Kultur und Rechtsprechung waren die Zuwendungen, die der einstige Regent von einem befreundeten Unternehmer erhielt, lächerliche Kleinigkeiten, Petitessen, Peanuts!

Ja, die Zeiten haben sich geändert. Man muss nicht bis nach Wolfsburg oder hinter die Kulissen von Siemens schauen, um dies zu konstatieren. Wer sich aufmerksam im Ländle umsieht, findet genügend Beispiele auch hier. Auch in Baden-Württemberg gibt es Durchstechereien, Seilschaften, handfesten Betrug und eine Menge stiller Vereinbarungen, bei denen das Geld eine weit größere Rolle spielt als die Moral.

Nur: Wer sieht sich aufmerksam um, wer schaut hinter die Kulissen? Da gehört Mut dazu, denn die Leute, die sich ihren Vorteil kaufen oder auf krummen Wegen erschleichen, sind wehrhaft. Schon als junger Journalist wurde ich darauf hingewiesen, dass es unerwünscht sei, über miese Praktiken eines Unternehmens zu berichten, weil es sich um den größten Anzeigenkunden des Presseorgans handelte, bei dem ich beschäftigt war. Und ich wolle doch wohl noch etwas werden! Später erlebte ich, wie Hans Karl Filbinger gutwillige Journalisten auszuzeichnen pflegte, indem er sie zu Staatsbesuchen mitnahm oder auch schon mal mit einem gut dotierten Auftrag für eine mehr oder weniger nützliche Informationsbroschüre auszeichnete, während aufmüpfige Kollegen links liegen gelassen wurden.

Dass auch in Baden-Württemberg in vielen Bereichen Aufträge ohne Ausschreibung an Freunde oder Freunde von Freunden vergeben werden, ist aktenkundig.

Wie Filz und Kumpanei zwischen Politik, Justiz und Wirtschaft auch im Musterländle funktionieren, wird uns spätestens in dem Augenblick klar, da wir das vorliegende Werk der Journalisten Josef-Otto Freudenreich, Rüdiger Bäßler, Meinrad Heck, Wolfgang Messner, Rainer Nübel und Hans Peter Schütz lesen. Es ist eben nicht nur jenes gelobte Land, in dem alles Spitze ist, wie es jeden Tag aus allen Sprachrohren tönt, vorneweg aus der Regierungszentrale.

Das Sextett hat genau recherchiert und furchtlos formuliert. Und dennoch lesen sich die Texte nicht wie kalte Abrechnungen. Im Gegenteil: Schummler und Trickser begegnen uns als Menschen. Manche von ihnen sind sogar ganz pfiffig. Keine Vorbilder fürwahr, aber Leute, deren Psychologie in diesem Buch erkennbar wird, deren Motive deutlich zutage treten, deren geschickte Gaunereien und deren Skrupellosigkeiten uns manchmal den Atem stocken lassen. Es menschelet zwar überall, aber so weit hätt's net gange müeßa, denkt der Schwabe.

Die Lektüre dieses Buches vermittelt tiefe Einblicke in das, was Schwaben und Badener auch können: ihren Vorteil ohne Rücksicht auf Gesetze oder auch nur auf die guten Sitten verfolgen. Das Buch ist zudem brillant und amüsant geschrieben, was bei der Ernsthaftigkeit des Themas besonders gut tut. Es lohnt sich also in jeder Hinsicht, diesen besonderen Beitrag zur Gemeinschafts-, Heimat- und Wirtschaftskunde zu lesen.

Hochglanz oder Graupapier

Von Josef-Otto Freudenreich

Ein Buch wie unser Land. Diesen Begriff hat Verleger Hubert Klöpfer geprägt, der griffige Formulierungen liebt, weil er seine Leser locken will. Dagegen ist nichts einzuwenden. Den Autoren, allesamt Kinder dieses Landes, hat die Aussage gefallen, die sofort die Frage aufwirft: was ist das für ein Land, in dem wir, zugegebenermaßen, gerne leben? Die Antworten werden, je nach Blickwinkel, sehr verschieden ausfallen. Hochglanz oder Graupapier. Die Autoren haben den kritischen Blick gewählt. Nicht nur, weil es Hochglanz und Weihrauch schon zur Genüge gibt, sondern vor allem einer Wahrheit zuliebe, die nie exakt zu fassen sein wird, aber die Mühe der Annäherung wert ist. Journalismus soll schließlich, so heißt es, etwas mit Wahrheitsfindung zu tun haben.

Entstanden ist daraus ein Buch, das gemeinsam geplant, recherchiert, diskutiert und geschrieben wurde, woran die namentliche Kennzeichnung der Kapitel nichts ändert. Sie hält lediglich den Umstand fest, dass bestimmte Themen mit bestimmten Autoren verbunden sind, die sich zum Teil seit Jahren damit beschäftigen. In dieser Zeit hat sich viel Sachverstand angesammelt bei den beteiligten Kollegen verschiedener Medien, und das Reizvolle war, dieses Wissen zusammenzutragen, zu wägen und aufzuschreiben, ohne Zwang, sich einigen zu müssen, aber auch ohne die Attitude des Besserwissens.

Eine solche Kooperation ist eher ungewöhnlich, wenn Informationen exklusiv gehandelt werden und Informanten (denen wir für ihren Mut und ihr Vertrauen danken) geschützt werden müssen. Es ist auch nicht die Regel für die Arbeit der Journalisten, die heute schwieriger denn je ist. Sie werden zugeschüttet von den PR-Agenturen der zahllosen Lobbyisten, von Politik und Wirtschaft durch die Manege getrieben, eingekreist von Gerichten und Anwälten, bedrängt von einem vermeintlich leseunwilligen Publikum und strukturellen Veränderungen in den Pressehäusern, die im Schnellen, Leichten und Bunten ihre Zukunft sehen. Das verheißt nichts Gutes, vor allem nicht für Journalisten, die ihren Job noch immer für den schönsten der Welt halten. Auch dafür steht das Buch.

Inhalt

Es menschelet überall – *Felix Huby*
5

Hochglanz oder Graupapier – *Josef-Otto Freudenreich*
7

Spätzle mit Soße, Pizza piccante
Günther Oettinger und der tiefe Unions-Sinn für
wahre Freundschaft – *Rainer Nübel*
11

Schwäbische Mafia
Baden-Württemberg von Berlin aus betrachtet – *Hans Peter Schütz*
31

Das Land der Landräte
Fromm und heimlich seitwärts in Oberschwaben –
Josef-Otto Freudenreich
49

Teebrillen und andere Scheuklappen
Ein Regierungschef und das vierte „G'wältle" – *Rainer Nübel*
63

Das Manifest
Big Money: Der Fall Flowtex und seine Rätsel – *Meinrad Heck*
79

Das lädierte Rückgrat
Beamte zwischen Macht und mächtigem Verdruss – *Rainer Nübel*
105

Hauptsache, es zischt und pufft
Die Pleitestadt Aulendorf – *Wolfgang Messner*
117

Loyalität um jeden Preis
Dunkle Geschäfte bei Daimler – *Rainer Nübel*
131

Raffe, raffe, Leut' beklaue
Die Badenia-Bausparkasse und ihre Schrottimmobilien – *Meinrad Heck*
143

Zum Reithinger kannsch gehe
Das Ende einer Singener Privatbank – *Wolfgang Messner*
167

Treibholz in der Donau
Islamismus in Ulm und um Ulm herum – *Rüdiger Bäßler*
185

Des Bundesrichters kalte Füße
Wie man am Rhein billig eine Villa erwirbt – *Meinrad Heck*
205

Ein christliches Blatt auf dem Boulevard
Wie die Schwäbische Zeitung ihre Leser heimatlos macht – *Josef-Otto Freudenreich*
219

Hählinge währt am längsten
Das Allerletzte zu „Wir können alles." – *Rainer Nübel*
231

Dank 239

Bildnachweis 240

Spätzle mit Soße, Pizza piccante

Günther Oettinger und der tiefe Unions-Sinn für
wahre Freundschaft

Von Rainer Nübel

Die Menschen in Baden-Württemberg haben viele Qualitäten und gute Eigenschaften. Was für ein Musterland freilich auch eine conditio sine qua non ist, wie der gelehrte Schwabe sagt. Sie schaffen gern, sind pfiffige Tüftler, strebsam, sehr kommunikativ und pflegen die Freundschaft. Vor allem sind sie geradeheraus, halten nicht hinterm Berg, was sie, hegelianisch geschult, gerade denken, sondern sprechen offen, so wie ihnen halt der Schnabel, im zarten Idiom: „d'Gosch", gewachsen ist. Eine Tugend, die man nicht nur in den zahllosen schmucken Städten und Gemeinden des Landes antrifft, sondern natürlich auch in der Villa Reitzenstein, dem altehrwürdigen Sitz der Landesregierung in herrlicher Hanglage über Stuttgart. Dort, wo immer die baden-württembergische Fahne weht – und der Geist von Aufklärung und kritischer Vernunft.

Wer am Fuße der Villa an die Tür der Herrschaft klopft, dem wird in einer Offenherzigkeit aufgetan, die einen zuweilen verblüfft. Und den größten Respekt abnötigt. Es war kurz nach der Stuttgarter OB-Wahl im Herbst 2004, als sich ein Journalist anschickte, den reizenden Hügel zu erklimmen. Sein Ziel war der Staatsminister, der zu diesem Zeitpunkt allerdings nicht mehr ganz auf der Höhe der Macht stand, sondern gerade seine ministerialen Siebensachen packte, dabei wehmütig auf Stuttgart hinunterblickte und etwas melancholisch seinen Schiller las.

Christoph Palmer, der Schöngeist, war gewissermaßen Opfer seines ausgeprägten Feinsinns geworden. In der Wahlnacht hatte er, vom erneuten Erfolg Wolfgang Schusters siegestrunken und im Innersten wild aufgewühlt, euphorisch mit dem christlich-demokratischen Unionsfreund Joachim Pfeiffer geplaudert. Man steckte die gedankenvollen Köpfe zusammen, reflektierte und räsonierte. Was beim Genuss anregender Flüssigkeiten bekanntermaßen besonders gut gelingt. Bis die intellektuelle Rede auf Erwin Teufel kam – und die damals virulente Frage, wann der Alte endlich seinen Stuhl räumt. Dazu sollte man wissen: Bei diesem Thema differierten die Parteifreunde etwas in ihren Positionen. Palmer hätte sich durchaus eine weitere Legislaturperiode, wenn nicht gleich eine lebenslange Amtszeit seines Spaichinger Förderers vorstellen können (solange dadurch jedenfalls ein Ministerpräsident namens Oettinger vermieden werden konnte). Von Pfeiffer ging derweil die CDU-interne Kunde, dass der Bundestagsabgeordnete eher eine, sagen wir mal, raschere und forschere Lösung favorisierte und dies in Berlin auch in bewährter Guerilla-Taktik unter die Parteileut' gebracht haben soll. Was dann an jenem Wahlabend passierte, war wohl eine schicksalhafte Verkettung unglücklicher Umstände. Palmer muss Pfeiffers aufopferungsvolle Unterstützung des MP dermaßen gerührt haben, dass er seinen Parteifreund als „Verräter" titulierte und spontan dessen Wange streichelte. Und zwar mit zunehmender Hingabe und Intensität. Und so kam es, dass dem Schöngeist die Tragik so mancher Schiller-Helden widerfuhr – und er mit einem Schlag seinen hohen Posten los war.

Als sich der Journalist also kurz nach diesen unglücklichen Ereignissen am Fuße der Villa Reitzenstein einfand und das Wachhäuschen des prächtigen Machtzentrums passieren wollte, fragte ein Pförtner nach dessen Begehr. „Zu wem wollet Se?" Wahrheitsgetreu antwortete der Reporter: „Zum Minister Palmer." Der Pförtner horchte auf. Und für einen Moment schien es, als ob er an etwas Bedrohliches, vielleicht sogar Ungeheuerliches dachte. Jedenfalls zuckte es merkwürdig um seine Mundwinkel. Der Pförtner ließ sich den Presseausweis des Besuchers geben und studierte ihn ausgiebig. Dann schaute er dem Reporter lange und eindringlich in die Augen. Und sagte mit ernstem Ton in der Stimme: „Passet Se no auf, dass Se net au oine an d'Gosch kriaget!"

In welchem anderen Bundesland dieser Republik fände sich eine ähnlich offene, zugleich so menschlich warme Kommunikation? Was alte Pädagogen Herzensbildung und moderne Psychologen emotionale Kompetenz nennen – in Baden-Württemberg ist sie zu Hause. Ach was, da wurde sie wahrscheinlich erfunden. Womit sich wiederum erklärt, warum die Menschen in Deutsch-Südwest eine Tugend ganz besonders auszeichnet: Sie lassen nichts auf ihre Ministerpräsidenten kommen.

Nehmen wir zum Beispiel Lothar Späth. Wie hat ihm sein Volk gehuldigt, als Cleverle, als Macher, als passionierter Liebhaber und Förderer von High Tech genau so wie von High Culture! Und wie tat es seinen Untertanen im Herzen weh, als er im Januar 1991 abdanken musste. Wegen so einer blöden Sache, von heute gesehen: eigentlich einer Petitesse. Denn wirklich mal im Ernst: Mit seinen damaligen Luxusreisen hätte es Späth in jüngster Zeit doch nicht mal zum Personalvorstand von VW gebracht. Im Gegensatz zu den Betriebsausflügen des Wolfsburger Konzerns („Gebauer, wo bleiben die Weiber?") waren die Späth-Törns doch Kaffeekränzchen, oder nicht? Und daher wird König Lothar bis heute im Ländle geliebt und hochgeschätzt – egal, ob die Optik seines Jenaer „Sanierungserfolgs" reichlich schief ist oder er gerade mal wieder in einer Talk-Show den von sich beseelten Weltenretter gibt.

Bei Späths Nachfolger war die Sache schlichter. Auf Erwin Teufel musste man nichts kommen lassen. Auf Erwin Teufel kam einfach nichts. Also skandalmäßig gesehen. Wer sich, wie böse Gazetten enthüllten, beim Südfrankreich-Urlaub über schamlos barbusige Sonnenanbeterinnen am Strand in ehrlicher Erregung empört und daher denselbigen konsequenterweise abbricht, der ist weit, weit von jeglicher Affäre entfernt. Und daher glich in diesem Fall die Zuneigung der Baden-Württemberger zum MP zuweilen etwas der routinierten Liebe eines Ehepaars so zwischen silberner und goldener Hochzeit.

Ach so, da gab's ja noch Hans Karl Filbinger. Eine etwas schwierigere Causa. Aber dieses weite Feld, vielleicht sollte man sagen: diese Scholle hat schon Günther Oettinger im Jahr 2007 ausgiebig beackert, bei der Beerdigung des Alt-Ministerpräsidenten in Freiburg – mit jener Aufklärung und kritischen Vernunft, die sich wie die baden-württembergische Fahne über der Villa Reitzenstein bläht.

Was die Chronisten jahrzehntelanger CDU-Regierungsherrlichkeit im Musterländle oftmals zu wenig gewürdigt haben, ist der tiefe Sinn für ehrliche Freundschaft, den man in der Unions-Familie traditionell pflegt. Gerade Günther Oettinger hat diese hohe menschliche Qualität geradezu verinnerlicht. Manche Parteifreunde sagen, er habe sie von Lothar Späth gelehrt bekommen. Und sie sozusagen übernommen.

Das könnte sein. Denn ein ganz besonderer Fall, in dem sich die CDU-Tugend der Freundschaftspflege nahezu paradigmatisch offenbart und der bis heute nachwirkt, verbindet Oettinger mit seinem cleveren „Lehrvater". Er führt direktement auf ein kulinarisches Terrain, wo Schwaben voller Genussfreude mit der Zunge schnalzen: zu Nudeln und Spätzle – mit Soße. Vielleicht sollte man an dieser Stelle ehrlicherweise hinzufügen: Eigentlich spielt der Fall in einem eher unappetitlichen Zusammenhang. In mehrerlei Hinsicht.

Ein guter Freund der CDU-Familie war lange Jahre der „Nudelkönig" aus Weinstadt: Klaus Birkel. Und er ist es auch heute noch. Als 2006 der Ludwigsburger Immobilien-Unternehmer Jürgen Pflugfelder, ein alter Oettinger-Freund, seinen 50. Geburtstag feierte, war Birkel mit von der festlichen Partie. Günther Oettinger ließ sich dabei, freudestrahlend, Seit' an Seit' mit Klaus Birkel ablichten. Wie CDU-Insider erzählen, traf man sich in den vergangenen Jahren auch wiederholt in Texas, auf der opulenten Ranch, wo Klaus Birkel inzwischen lebt. Vom „Texas-Club" ist die Rede, dem auch andere CDU-Politiker angehören sollen.

Birkel, Nudeln – da war doch was. Richtig, die legendäre „Schleuderei-Affäre" in den 80er Jahren, die wackeren Spätzle-Konsumenten damals gehörig den Appetit verdarb. Und an die sich Verbraucherschützer bis heute mit Grausen erinnern. Denn am Ende der Affäre stand ein Millionen-Vergleich des Landes Baden-Württemberg mit Birkel. Weil das Regierungspräsidium Stuttgart im Jahr 1985 auch vor Birkel-Produkten öffentlich gewarnt hatte, hatte der schwäbische Teigwarenhersteller gegen das Land geklagt. Seine Produkte, so hatte Klaus Birkel immer betont, seien einwandfrei, die Warnung der Behörde daher gänzlich unberechtigt gewesen – und wirtschaftlich hoch schädigend. Landgericht und Oberlandesgericht gaben ihm Recht. Das Land zahlte Birkel schließlich 12,7 Millionen Mark Entschädigung. Dies hatte Folgen, bis heute: Seitdem wagte in Deutschland kaum noch eine Behörde, vor verdorbenen Produkten öffentlich zu warnen. Aus Angst, dass Schadensersatzforderungen auf sie zukommen könnten. Als in den vergangenen Jahren die Berliner Politik die Änderung des Verbraucherinformationsgesetz diskutierte, wurde immer wieder warnend der Finger gehoben: Erinnert euch an den Fall Birkel – Vorsicht, Regress-Gefahr!

Nun kommt es mitunter vor, dass sich der Verlauf einer Affäre Jahre später etwas anders darstellen könnte, als es die amtliche „Geschichtsschreibung" besagt. Man sollte es nicht für möglich halten. Aber Unterlagen, die von der Landesregierung fast zwanzig Jahre lang wohl behütet wurden, lassen tatsächlich diesen Eindruck entstehen. Sie werfen heute ein neues, durchaus spannendes Licht auf den Fall Birkel.

„Schleuderei-Affäre", das war die Zeit, als verdorbenes Flüssig-Ei, eine eklige Pampe teilweise mit zermalmten Embryonen und gefährlichen Mikroben, von einer holländischen Firma produziert – und tonnenweise nach Deutschland exportiert worden war. Wie's der dumme Zufall wollte, zählte auch die Birkel-Gruppe – mit der die heutige gleichnamige Firma nichts zu tun hat – zu den Abnehmern des Eierpanschers, der mehrfach verurteilt worden war. Was natürlich noch lange nicht bedeutete, dass auch der damalige deutsche Teigwaren-Marktführer verdorbenes Flüssig-Ei bezogen und verarbeitet hatte. Blöd war nur: Das Chemische Untersuchungsamt der Stadt Hamm stellte in verschiedenen Teigwarenprodukten aus Baden-Württemberg einen hohen Milchsäuregehalt fest – für das Prüfungsinstitut ein klares Zeichen dafür, dass verdorbenes Flüssig-Ei verwendet wurde. Fündig wurden sie auch bei fünf Birkel-Produkten.

Solch Ungemach hätten baden-württembergische Behörden, im Dienste der Freundschaft, doch diskret für sich behalten können. Aber nein, am 15. August 1985 geschah tatsächlich das Unglaubliche, was Klaus Birkel denn auch sehr, sehr böse machte: Das von CDU-Mann Manfred Bulling geführte Regierungspräsidium Stuttgart informierte in einer Verbraucherwarnung die Öffentlichkeit darüber, dass bei elf Nudelprodukten aus dem Ländle Brutei und mikrobiell verdorbenes Flüssig-Ei verwendet worden sei – fünf der beanstandeten Produkte stammten von Birkel.

Jetzt war aber Schluss mit Freundschaft. Der Nudelkönig wetterte öffentlich über die „falsche und ehrenrührige" Behauptung der Behörde, tobte über den „Behördenterror". Und stellte die höchst unangenehme Sache schnellstens klar – in seiner Version: Birkel habe nur einwandfreies Material von der holländischen Firma erhalten. Die Prüfmethode in Hamm sei wissenschaftlich hoch fragwürdig. Und im übrigen habe man bei den beanstandeten „7-Hühnchen"-Produkten kein Flüssig-Ei, sondern Trockenei verwendet. Was, so Birkel, die erhöhten Milchsäurewerte erklärten, denn es werde Milchsäure zugeführt, um das Produkt haltbar zu machen. So mancher Nudelkonsument, auch im Regierungspräsidium, wunderte sich doch arg. Hatte Birkel nicht immer damit geworben, Frischei zu verwenden? Und jetzt waren die fraglichen Produkte mit Trockenei hergestellt worden?

Den damaligen Ministerpräsidenten Lothar Späth plagten solche Zweifel nicht. Er sprang dem geplagten Parteifreund sofort zur Seite, mit gezückter Gabel: In einem Stuttgarter Hotel verschlang Späth zusammen mit Klaus Birkel vor laufenden Kameras Birkel-Nudeln. Hmm, das schmeckte! Und auch hinter den Kulissen brütete Späth, wie heute aus internen Unterlagen von damals hervorgeht, mit Vertretern des Bundesverbandes der Teigwarenindustrie darüber, wie man die Affäre runterdimmen könnte. Beim „vertraulichen" Gespräch in der Villa Reitzenstein saß der Verbandschef mit am Tisch – Klaus Birkel.

Trotz der Späthschen Freundschaftsdienste verklagte Birkel im Jahr 1988 das Regierungspräsidium auf Schadensersatz. Das Unternehmen forderte 43 Millionen Mark – so groß sei der wirtschaftliche Schaden durch die völlig unberechtigte RP-Warnung gewesen. Es lief gut für den Nudelkönig: Das Landgericht Stuttgart entschied im Mai 1989, dass Birkel „dem Grunde nach" Anspruch auf Schadensersatz habe. Auch das Ermittlungsverfahren der Stuttgarter Staatsanwaltschaft gegen

Birkel war für den Nudelhersteller eigentlich zufrieden stellend verlaufen: Bei einer Durchsuchung am Firmenhauptsitz Weinstadt war nichts Belastendes gefunden worden. Auch als baden-württembergische Fahnder 1985 das Institut eines Stuttgarter Lebensmittelchemikers durchkämmten, der für Birkel jahrelang Gutachten erstellt und nach der RP-Warnung öffentlich der Firma einen Persilschein ausgestellt hatte, hatten sie in Sachen Flüssig-Ei aus Holland kein Blättchen Papier finden können. Also hatte die Staatsanwaltschaft dieses Verfahren schon 1986 eingestellt. Manchen Ermittler beschlich indes die böse Vermutung, dass Unterlagen beiseite geschafft wurden. Und Razzien zuvor angekündigt waren.

Was natürlich gänzlich abwegig sein musste. Allerdings, wie sich heute zeigt, geschah im Frühjahr 1989 etwas, was für die Landesregierung arg überraschend war und die Sache ziemlich komplizierte: Jetzt durchsuchten rheinland-pfälzische Ermittler, im Rahmen eines anderen Verfahrens, das Labor jenes Stuttgarter Lebensmittelchemikers. Und siehe da, man hätt's nicht für möglich gehalten: plötzlich standen sie alle fein säuberlich in den Regalen – zahlreiche Aktenordner mit Flüssig-Ei-Gutachten für die Birkel-Gruppe, zu der auch Firmenableger in Mannheim, Schwelm und Buxtehude zählten. Was die landesfremden, quasi reing'schmeckten Fahnder wenige Monate später in ihrem Ermittlungsbericht festhielten, war gar nicht gut für den Nudelkönig. Sagen wir es mal so, ihre Erkenntnisse differierten auffällig mit den Birkel-Versionen: Demnach hatte die Firma Birkel nachweislich „vor der Pasteurisation verdorbene Eiprodukte zu Teigwaren verarbeitet". Und zwar „insbesondere 7-Hühnchen-Eiteigwaren" – just vor solchen Produkten hatte das Regierungspräsidium gewarnt. Spätestens seit 1984 sei den Verantwortlichen der Firma Birkel bekannt gewesen, dass jene holländische Zuliefererfirma „befruchtete und bebrütete Eier zur Herstellung der Eiersuppe mitverwendete". Zudem waren holländische Beamte Anfang 1989 auch noch darauf gestoßen, dass der Eierpanscher-Lieferant zwischen 1983 und 1985 mehr als 2000 Tonnen Flüssig-Ei an die Birkel-Gruppe geliefert hatte. Konkret, an die Mannheimer Firmen-Tochter. Bei Birkel hatte man immer nur von 100 Tonnen gesprochen.

Nicht nur dies: Die rheinland-pfälzischen Ermittler sahen auch Anhaltspunkte dafür, dass Nudelkäufer „getäuscht" worden seien. Zudem konnte von einem „neutralen" Sachverständigen offenbar keine Rede sein: Der Lebensmittelchemiker hatte, wie die Fahnder herausfanden, einen Beratervertrag mit Birkel. Er habe, so der Ermittlungsbericht, Gutachten umformuliert – „die neuen Werte waren ihm von der Geschäftsleitung der Firma Birkel vorgegeben worden". Eine höfliche Umschreibung für Fälschung.

Jede Landesregierung, so könnte man jetzt unbedarft vermuten, müsste laut jubeln, wenn es in einem Millionen-Schadensersatzverfahren solche Belege gibt, welche die Position der eigenen Behörde stützt. Doch vielleicht muss man aber auch bei Freundschaften Prioritäten setzen. Jedenfalls kam es so, dass diese Ermittlungsergebnisse aus Rheinland-Pfalz nie in den Rechtsstreit zwischen Birkel und dem Land Eingang fanden. Was daran gelegen habe, wie CDU-Justizminister Thomas Schäuble später versichern wird, dass sie sehr spät in Stuttgart eingetroffen seien. Der Bericht lag der Staatsanwaltschaft Bad Kreuznach zwar schon Anfang Oktober 1989 vor. Und Stuttgarter Staatsanwälte waren bereits im Sommer 1989 von rheinland-pfälzischen Kollegen auf die Durchsuchung des Lebensmittelchemikers hingewiesen worden. Doch der Fahnderbericht habe die Stuttgarter Staatsanwaltschaft erst am 6. Juni 1990 erreicht.

Was für ein Pech, aber auch. Denn drei Monate zuvor hatte

das Oberlandesgericht Stuttgart für Birkel entschieden und die Berufung des Landes abgeschmettert. Und zwei Monate zuvor hatte die Landesregierung beschlossen, dass man auf eine Revision beim Bundesgerichtshof verzichtet. Das Land schloss im März 1991 einen Vergleich mit Klaus Birkel – und zahlte 12,7 Millionen Mark Steuergelder an den Unternehmer, der seine Firma bereits Ende der 80er Jahre an einen französischen Konzern verkauft hatte.

Als 1994 die Existenz des Fahnderberichts öffentlich ruchbar wurde, bestach Thomas Schäuble in einer landtagsinternen Stellungnahme mit der Aussage: Die Akten seien für den Zivilprozess Birkel gegen das Land „ohne Relevanz" gewesen. Auf die brisantesten Inhalte des Berichts ging er geflissentlich nicht ein. Und weil die rheinland-pfälzischen Ermittlungsergebnisse angeblich ohne jeglichen Belang waren, blieben sie unter strengstem Verschluss. Wiederaufnahme des Verfahrens, Rückforderung der 12,7 Millionen? War für die Landesregierung nie ein Thema. Bleibt noch zu erwähnen, dass die Flüssig-Ei-Affäre Manfred Bulling das Amt kostete. Liebe Parteifreunde, unter anderem Otto Hauser aus Esslingen, hatten den streitbaren Regierungspräsidenten nicht mehr für tragbar gehalten.

Es fügte sich gut, dass vor dem Abschluss des Millionen-Vergleichs auch sämtliche Ermittlungsverfahren der Stuttgarter Staatsanwaltschaft gegen Birkel eingestellt worden waren. Der ehemalige Nudelkönig kaufte sich 1993 eine große Ranch in Texas. Dort züchtet er heute Rinder im großen Stil und erholt sich von dem Stuttgarter „Behördenterror". Er habe den Glauben an den Rechtsstaat verloren, klagte Birkel noch im Herbst 2007. Ab und zu trifft er sich mit alten CDU-Freunden aus Baden-Württemberg. Auch mit jenem Unionspolitiker, der zum Zeitpunkt des Vergleichsabschlusses CDU-Fraktionschef im Landtag war: Günther Oettinger.

Womit einmal mehr nur bewiesen wäre, dass Oettinger den parteitypischen Sinn für ehrliche Freundschaften sehr bewusst lebt. Und er in der Wahl seiner Freunde einfach ein gutes Händchen hat. Obwohl, es gibt italienische Beamte, die dieses partout bestreiten. In einer anderen Sache. Man ahnt schon, um was es geht: Günther Oettinger und Mario, der Fraktionschef und sein kalabrischer Freund aus der Stuttgarter Promi-Pizzeria. Aber das ist Jahre her, diese Story ist doch uralt und eiskalt. Völlig richtig. Doch gerade deshalb ist es ja so ungeheuerlich. Eine ganz foule Sache: Die Italiener treten nach.

Erst in jüngerer Zeit wieder. Im Sommer 2007 war's, als man in Deutschland gerade traumverloren gedacht hatte, die Mafia finde inzwischen nur noch in Hollywood-Filmen statt. Was verschiedene Landeskriminalämter so ähnlich auch im Brustton vollster Überzeugung propagiert hatten. Italo-Mafia bei uns? Gibt's nicht. Bis die Vendetta, eine ganz böse Erfindung der italienischen Mafia, plötzlich auf einem deutschen Parkplatz nahe einem deutschen Bahnhof in einer ganz normalen deutschen Stadt blutige Realität wurde. Zwei gedungene Killer erschossen in Duisburg sechs Italiener, die zuvor in einer Pizzeria gefeiert hatten. Ihre Körper wurden in einem Kugelhagel regelrecht zerfetzt. Eine Hinrichtung. Ein brutalster Racheakt in einem Krieg zwischen zwei verfeindeten Clans der kalabrischen Mafia-Organisation 'Ndrangheta.

Die „ehrenwerte Gesellschaft" schlägt mitten in Germania zu. Als ob das nicht schon schlimm genug wäre, goss ein italienischer Mafia-Experte auch noch Öl in ein Feuer, das aus baden-württembergischer Sicht längst ausgetreten war. Zumindest aus offizieller baden-württembergischer Sicht. Roberto Saviano, Autor des Megasellers „Gomorrha", schwadronierte im „Spiegel" eine Seite lang über organisierte Kriminalität. Wie intensiv italienische Gruppierungen bereits seit langem in Deutschland unterwegs seien, wie Geldwäsche, Waffenhandel oder Schutzgelderpressung an der Tagesordnung seien – und wie gezielt die Mafia die Nähe zur politischen Prominenz suche. Und just in diesem höchst unangenehmen Zusammenhang ging dieser Saviano tatsächlich her und erzählte diese Pizza-Geschichte, diese uralte Story von Günther und Mario: „Die Mafia hat keine Farbe. Sie ist nie in der Opposition. Nur ab und zu lassen sich Verbindungen zwischen der Politik und den kriminellen Organisationen erkennen, zum Beispiel als ein CDU-Politiker von einem Pizzabäcker in Stuttgart, einem Mann der 'Ndrangheta, unterstützt worden war."

Ja, wo sind wir denn? Ist denn einem Italiener nichts mehr heilig? Nicht einmal mehr ein baden-württembergischer Ministerpräsident? Doch das war ja nur der Anfang der perfiden Diffamierungskampagne. Es kam noch schlimmer, viel schlimmer. Nach dem sechsfachen Mord in Duisburg intensivierte sich im Herbst 2007 die Zusammenarbeit zwischen deutschen und italienischen Ermittlungsbehörden. Denn sogar der deutsche Bundesnachrichtendienst (BND) hatte in einer aktuellen Analyse mächtig Alarm geschlagen: Internationale Mafia-Organisationen hätten sich bereits untereinander regelrecht vernetzt, man kooperiere in fast allen Bereichen schwerster organisierter Kriminalität. Und gerade die 'Ndrangheta habe es geschafft, eine ganz brisante Spitzenstellung zu erreichen. Sie gelte heute als Weltmarktführer des Kokainhandels. Der geschätzte Jahresdrogenumsatz liege bei 22 Milliarden Euro. Und eines ihrer Einsatzgebiete sei – eben Deutschland.

Daher begannen sich also im Herbst 2007 Mafia-Fahnder aus Italien und deutsche Ermittler wieder etwas ausgiebiger auszutauschen. Man sprach über Operations- und Rückzugsgebiete, über Clan-Chefs, deren Verbindungen und Vergehen, über deutsche Schwerpunkte der 'Ndrangheta und einzelne mutmaßliche Mitglieder der kalabrischen Organisation. Dabei kam auch der alte Fall Mario L. zur Sprache. Der Stuttgarter Pizza-Wirt war zwar bei einem Mafia-Prozess im Jahr 1999 freigesprochen worden. Doch das deutsche Bundeskriminalamt (BKA) verzeichnete ihn im Jahr 2000 nach wie vor als Mitglied des 'Ndrangheta-Clans „Greco", wie aus Unterlagen der Behörde hervorgeht.

Beim besagten Austausch italienischer und deutscher Fahnder blieb es nicht beim Thema Mario. Plötzlich, wie aus heiterem Stuttgarter Himmel, kam die Rede auch auf Günther Oettinger. Und da passierte es: Was seine Rolle in der damaligen Sache angehe, da sei in Deutschland einiges vermauschelt worden, wurde doch tatsächlich behauptet. Bei ihnen in Italien, so fabulierten italienische Ermittler, wäre Oettinger nicht Ministerpräsident geworden, sondern hätte eher juristische Probleme bekommen, wegen eines Verdachts, der bei ihnen zu Ermittlungen führen würde – nämlich „favoreggiamento", Begünstigung. Die italienischen Ermittler verwiesen darauf, dass dieser Verdacht in ihrem Heimatland auch schriftlich fixiert wurde – noch im Jahr 2005.

Wie bitte? Einem wackeren Baden-Württemberger muss der Atem stocken, wenn er so was hört. Oder gleich der Kamm schwellen. Incredibile! Impertinente! Ein solcher Frontalangriff auf die Würde dieses Landes verlangt es, die Pizza-Sache noch einmal zu rekapitulieren. Um sie richtig zu stellen, wie sich's gehört. Und allein schon der Aufklärung und kritischen Vernunft wegen, die ja, Sie wissen, wie die baden-württembergische Fahne über der Villa Reitzenstein weht.

Die Pizza-Affäre sorgte, wenn man es mal positiv sieht, im Herbst 1993 immerhin dafür, dass die Republik auf die südwestliche Peripherie schaute. Was seit den unterhaltsamen Regierungsjahren Lothar Späths nicht mehr so oft der Fall gewesen war. Der Anlass war freilich eher von pikanter Natur: Seit 1990 hatten Mafia-Fahnder den Stuttgarter Pizzeria-Wirt Mario im Visier, wegen des Verdachts des Drogenhandels und der Geldwäsche für die 'Ndrangheta. In Kooperation mit italienischen Behörden wurde ein großer Lauschangriff auf den immer fröhlichen Kalabrier gestartet. Den mithörenden (nicht zu verwechseln mit „hörigen") Beamten des Landeskriminalamts (LKA) dürften die Ohren hochrot angelaufen und dann fast abgefallen sein, als sie aus Marios Pizzeria plötzlich eine aus Funk und Fernsehen bekannte Stimme telefonieren hörten: Günther Oettinger höchstpersönlich.

Der damalige CDU-Fraktionschef im Stuttgarter Landtag war seinerzeit mit Mario seit längerem befreundet, stand mit ihm auf Du und Du. Was einmal mehr nur seine weltläufige und ausgeprägt kommunikative Art demonstriert. Und seinen Sinn für echte Männerfreundschaft. Und die ist nie eingleisig. Also ließ Oettinger zwischen 1991 und 1993 Fraktionsfeste der CDU von Mario ausrichten und zahlte dafür aus der Fraktionskasse knapp 40.000 Mark. Und Mario wiederum erwies Oettingers Partei einen echten Freundschaftsdienst und spendete großzügig mehrere tausend Mark. Wen wundert's also, dass der Spitzenpolitiker in der Pizzeria seines italienischen Kumpels ein und aus ging, dort als schaffiger Mensch die Drähte glühen ließ und dabei drauflosplauderte, wie ihm halt der Schnabel gewachsen war. Oder lässt sich etwa im Landtag entspannt und vertraulich telefonieren?

All dies wäre, wie sich's in einem Musterländle gehört, in der verschwiegenen Welt der Diskretion verblieben. Hätte nicht – wie könnte es auch anders sein – wiederum ein Nicht-Baden-Württemberger derb dazwischen gefunkt: Der Frankfurter Mafia-Experte und Buchautor Jürgen Roth offenbarte im November 1993 auf einem Symposium im Stuttgarter Rathaus (sinniger Titel: „Europa im Griff der Mafia"), dass Mario einer der zentralen Geldwäscher des Greco-Clans in Mailand sein soll und enge Verbindungen zur 'Ndrangheta in Kalabrien habe. So stand es in den Ermittlungsakten italienischer Mafia-Jäger. Sie sahen im Stuttgarter Promi-Wirt den neuen Kaufmanns-Typ der Mafia, der Gelder aus kriminellen Geschäften durch legale oder pseudolegale Aktivitäten wasche. Und der mit dem mutmaßlichen Boss eines 'Ndrangheta-Clans, Giuseppe F., eng verbunden sei. Tatsächlich hatte sich F. nach Erkenntnissen von Ermittlern mehrfach in Stuttgart aufgehalten. Auch mehrere Telefonate zwischen ihm und Mario seien abgehört worden – „mit unmissverständlichen Inhalten". Der Clan soll unter anderem in Drogengeschäfte mit Südamerika verwickelt sein. Mario und F. seien mehrfach gemeinsam nach Südamerika gereist. Auch ein Mafia-Aussteiger, in Fachkreisen „pentito" (reuiger Sünder) genannt, hatte bei Vernehmungen Marios Zugehörigkeit zur 'Ndrangheta bestätigt.

Wie in aller Welt hätte Günther Oettinger, der allzeit schaffige und strebsame Landespolitiker, von diesen ungeheuerlichen Vorwürfen gegen seinen kalabrischen Freund wissen können? Aber das war's ja gerade. Oettinger war, wie sich herausstellte, schon im Herbst 1992 darüber informiert worden – gleich von zwei Ministern: SPD-Mann Frieder Birzele, in der damaligen Großen Koalition Innenminister, hatte ihn am 13. Oktober 1992 davon unterrichtet, dass Mario im Verdacht stehe, mit einer Mafia-Organisation zusammenzuarbeiten. Und einen Monat zuvor hatte schon CDU-Justizminister Thomas Schäuble dem Fraktionschef geraten, in der Gaststätte keine wichtigen Telefonate mehr zu führen. Ansonsten solle Oettinger sein Verhalten gegenüber dem Italiener nicht ändern, damit der keinen Verdacht schöpfe.

Durften das die Minister? Damit beschäftigte sich im Anschluss ein Untersuchungsausschuss des Landtages. Ergebnis: Ja, sie durften. Denn immerhin sei es darum gegangen, Oettinger vor großer Unbill zu bewahren: dass er nämlich von der Mafia instrumentalisiert werde, natürlich unwissentlich und unwillentlich. Dieser Ansicht schloss sich prompt auch die Stuttgarter Staatsanwaltschaft an. Wobei man ehrlicherweise sagen muss, dass sich in so mancher Ausschusssitzung kleinere Widersprüche eingeschlichen hatten. So erzählte ein LKA-Beamter munter drauflos, dass die Stuttgarter Staatsanwaltschaft schon im Sommer 1991 eine komplette Auflistung sämtlicher Telefonate angefordert hätte, die zwischen Mario und Oettinger geführt worden waren – mit kurzen Inhaltsangaben. Da hatten böse Oppositionelle im Ausschuss schnell einen Verdacht: die Staatsanwaltschaft wollte wohl prüfen, ob Mario den CDU-Politiker bereits zu instrumentalisieren versuchte. Warum aber wartete man dann noch mehr als ein Jahr damit, Oettinger zu warnen? Sei's drum. Welcher Untersuchungsausschuss in Zeiten einer Großen Koalition ist schon frei von Widersprüchen?

Viel wichtiger und fürs Musterland beruhigend war, dass die Pizza-Affäre Günther Oettingers tadellosen Ruf nicht bekleckert hatte. Gut, ja, zugegeben, manche Aussagen des Spitzenpolitikers waren vielleicht etwas unglücklich gewesen. Zunächst hatte er im Herbst 1993 verlauten lassen, er sei von den Vorwürfen gegen Mario „völlig überrascht" und habe „niemals irgendwelche Anzeichen für den Verdacht" gehabt. Um dann zuzugeben, schon seit mehr als einem Jahr darüber informiert zu sein. Auch als ein italienischer Diplomat in Stuttgart der Presse vorschwärmte, Signore Oettinger kenne sich im kalabrischen Schulwesen erstaunlich gut aus und habe wiederholt erzählt, er sei mehrfach in Kalabrien in Urlaub gewesen, schluckte der Fraktionschef mehrfach trocken – und verhedderte sich prompt in der Geographie des Südens: Plötzlich wusste Oettinger nicht mehr genau, wo Kalabrien liegt und ob er seine Italien-Urlaube doch nicht eher in Apulien verbracht hatte. Klar, die beiden Landstriche liegen ja ganz nahe beieinander. Da kann man sich leicht vertun. Mein liebes Pisa!

Die wahre, aufrichtige Männerfreundschaft zu Mario litt derweil doch etwas. Oettinger speiste und feierte fortan in anderen Lokalen. Der Pizzeria-Wirt wurde Anfang 1995 in Stuttgart wegen Steuerhinterziehung zu einer Bewährungsstrafe und einer Geldbuße von 250.000 Mark verurteilt. Als im Juli desselben Jahres italienische und deutsche Mafia-Ermittler die konzertierte „Operation Galassia" gegen die 'Ndrangheta durchzogen, gehörte Mario mit zu den Verhafteten. Er wurde schließlich ausgeliefert. Italienische Fahnder sahen ihren Mafia-Verdacht erhärtet und erhoben gegen ihn Anklage, ebenso gegen den mutmaßlichen Clan-Chef Giuseppe F. und 104 andere Personen aus Kalabrien. Mario hatte immer jeglichen Verdacht bestritten und weit von sich gewiesen: Er arbeite Tag und Nacht in seiner Pizzeria, für andere Geschäfte hätte er schon gar nicht die Zeit haben können. Was irgendwie auch wieder einleuchtend klang. Im übrigen sei sein Kontakt zu Giuseppe F. rein persönlicher Natur. Einmal sei er mit ihm auf „Verwandtschaftsbesuch" in Argentinien gewesen.

Günther Oettinger bewies indes geradezu prophetische Fähigkeiten: Mario komme als freier Mann nach Deutschland zurück, soll er sich in geschlossener Gesellschaft völlig überzeugt gezeigt haben, als sein ehemaliger Duz-Freund in Kalabrien noch im Mafia-Käfig saß und auf seine Verhandlung wartete. Und tatsächlich: Mario wurde im Jahr 1999 – zur völligen Verblüffung und noch größeren Verärgerung der Ankläger – vom Gericht in Catanzaro vom Vorwurf der Mitgliedschaft in einer mafiosen Vereinigung freigesprochen. „Wegen erwiesener

Unschuld", wie der Wirt nach seiner triumphalen Rückkehr in die Stuttgarter Pizzeria nachdrücklich betonte.

Um so mehr erschüttert aufrechte Baden-Württemberger diese bitterböse Kampagne aus Italien. Sie findet ihren ungeheuerlichen Ausdruck in einem 2005 veröffentlichten Dossier zur 'Ndrangheta, für das die „Fondazione Cesar", Stiftung einer großen Versicherung, zusammen mit der „Europäischen Gesellschaft für Sicherheit und Rechtssicherheit" verantwortlich zeichnet. Erstellt wurde die Expertise laut offizieller Darstellung in Bezug auf Sicherheitsmaßnahmen, die sich das italienische Innenministerium für den Süden des Landes überlege. Der Verfasser Nisio Palmieri beschreibt in dieser Untersuchung auf mehr als 200 Seiten den Stand der Verbrechensbekämpfung, Strukturen und Operationen der 'Ndrangheta in Italien sowie im Ausland und nennt zahlreiche Namen mutmaßlicher Beteiligter. Palmieri, Präsident der „Fondazione Cesar", berichtet im Vorwort des Dossiers, dass er bei seiner Recherche von Enzo Ciconte unterstützt worden sei. Ciconte, Dozent für Kriminalgeschichte und die Geschichte der 'Ndrangheta an der Universität La Sapienza in Rom, berät die parlamentarische Antimafia-Kommission und gilt als versierter 'Ndrangheta-Experte.

Auf Seite 194 des Dossiers wird rückblickend dargestellt, dass in Stuttgart die 'Ndrangheta-Familie um Giuseppe F. Basispunkte für illegale Waffenhandels-Routen geschaffen und außerdem „Schalter" eröffnet habe, um Drogengelder zu waschen. Zudem habe sie einen Kreis hoch angesehener Freundschaften gefestigt. Um ihre illegalen Geschäfte zu verschleiern, habe die Mafia-Familie Restaurants, Pizzerien und Spaghetterien eröffnet. Achtung, jetzt kommt's: Mario habe für den Clan als Strohmann ein Restaurant betrieben. Er sei ein Freund von Günther Oettinger gewesen. „Nicht zufällig" habe Mario ihn mit mehreren tausend Mark unterstützt – der CDU-Politiker wiederum habe „den Freund über die Verdachtsmomente, die seitens der Polizei und Justiz gegen ihn vorlagen, informiert und somit dieselben Ermittlungen kompromittiert".

Waren sie da nicht etwas vorschnell, die Italiener? Haben sie italienische Verhältnisse nur auf Deutschland übertragen – und dann auch noch auf Schwaben? Eindeutig, ganz klar: Hier muss es sich doch um ein ganz böses Missverständnis handeln. Mehr noch, um eine skandalöse Verschwörung. Um nicht zu sagen: eine Achse des Bösen. Gegen Günther Oettinger, der selbst von „haltlosen Vorwürfen" spricht, gegen das Amt des Ministerpräsidenten, gegen ganz Baden-Württemberg! Und sage niemand, dass diese Verschwörung nur von ein paar wenigen Irregeleiteten aus Italia angezettelt wurde. Davon, dass im Umfeld von Mario heute behauptet wird, Oettinger sei mit ihm in Südamerika gewesen, wollen wir dabei schon gar nicht reden. Die Sache ist viel dramatischer: Selbst deutsche Ermittler – man traut es sich kaum zu sagen: baden-württembergische Ermittler scheinen vom Italo-Mafiawahn betroffen zu sein. Manche erzählen, mit anklagendem Ton, seit längerem allen Ernstes davon, dass es Anfang der neunziger Jahre in der Pizza-Sache Ermittlungen gegen Oettinger hätte geben müssen – die dann aber mächtig abgeblasen worden seien, auch mit Blick auf seine Immunität.

Das schreit nach Konsequenzen: Wir wackeren Baden-Württemberger distanzieren uns jedenfalls von solch bodenlosen Vorwürfen. Vollständig und sofort. Die Frage drängt sich auf, ob das Landeskabinett nicht außenpolitische Sanktionen gegen Italien prüfen sollte. Oder wenigstens eine geharnischte Protestnote gen Rom. Gott sei Dank hält der Papst zu Oettinger. Doch Stoßgebete allein reichen da nicht. Das Mindeste wäre die Einleitung eines Verfahrens wegen Geheimnisverrats. Darin haben baden-württembergische Staatsanwaltschaften Übung.

Der Geist der Aufklärung und kritischen Vernunft muss weiter über der Villa Reitzenstein wehen – wie die, Sie wissen schon, baden-württembergische Fahne.

Schwäbische Mafia

Baden-Württemberg von Berlin aus betrachtet

Von Hans Peter Schütz

Man kann den schmählichen Niedergang googeln. Gibt man „Schwäbische Mafia Günther Oettinger" als Suchwort ein, spuckt die Suchmaschine an erster Stelle den Namen des baden-württembergischen Ministerpräsidenten aus. Die Wikipedia-Enzyklopädie berichtet sodann, dass der Stuttgarter Regierungschef einst dadurch politische Schlagzeilen machte, dass er die Frauen-Union der CDU als „Krampfadergeschwader" verunglimpfte. Na ja, wohl eine Jugendtorheit. Was ein paar Zeilen weiter folgt, ist weniger belächelbar. Dort ist von der „Pizzeria-Affäre" die Rede und der engen Freundschaft Oettingers mit dem italienischen Gastronomen Mario L., der im Verdacht stand, in seiner Stuttgarter Edel-Pizzeria als Geldwäscher für die Mafia tätig gewesen zu sein. An dritter Stelle bringt Google einen Beitrag mit dem sehr italienischen Titel „Günther Oettinger al dente". Der handelt ebenfalls von einer Freundschaft des Ministerpräsidenten mit Gschmäckle. Der Italiener Maurizio Olivieri hatte in Stuttgart bis 2006 das Edellokal „Come Prima" betrieben, war ebenfalls mit Oettinger bestens Freund gewesen – und hatte sich wegen Überschuldung schließlich über Nacht nach Mallorca abgesetzt.

„Schwäbische Mafia" ist heutzutage offenbar alles andere als ein politisches Gütesiegel. Das war nicht immer so. „Schwäbische Mafia", das war fast 50 Jahre lang auch ein Gütesiegel deutscher Nachkriegspolitik. Eine ehrenhafte Gesellschaft der bundespolitischen Szene. Natürlich nicht ohne jene Machtkämpfe,

Intrigen und Fallenstellereien, wie sie rund ums Bonner Bundeshaus und den „Langen Eugen" zum politischen Geschäft ebenso gehörten wie heute im Umfeld des Berliner Reichtags. Unterm Strich jedenfalls ist die Republik mit ihren Schwaben lange sehr gut gefahren. Mehr noch, es lässt sich ohne Lobhudelei sagen: Ohne sie wäre sie nicht jenes stabile Gebilde geworden, als das sie sich präsentiert.

Wer das verstehen will, zumal heutzutage, da die Schwaben in Berlin eine eher unbedeutende Rolle spielen, der muss zurück in die Bonner Republik Ende der fünfziger, Anfang der sechziger Jahre. Dort erzählte man sich in der Parlamentarischen Gesellschaft, dem für die Öffentlichkeit gesperrten Privatclub der Volksvertreter, folgende Geschichte: Ein junger Abgeordneter, brennend vor Ehrgeiz, erkundete bei einem älteren Parteifreund den erfolgversprechendsten Weg, politische Karriere zu machen. Nun, antwortete der Senior, zum einen könne man sich mit Sacharbeit auf der Ochsentour allmählich nach oben arbeiten. Mühsam aber sei das schon. Schnelleren Aufstieg auf der Karriereleiter, wenngleich auch nicht leicht, garantiere etwas anderes: „Lernet Se schwäbisch!"

Die Anekdote stammt aus dem Buch „Die Schwaben in Bonn", dessen Autor Kurt Gayer in den sechziger Jahren im politischen Bonn wohl jeden gekannt hat, dem bei allem Bemühen um die hochdeutsche Sprache immer mal wieder ein „Jetzetle" oder ein „Schlag mi's Blechle" rausgerutscht ist. Das war die Zeit, in der man im Bundestag immer mal wieder den Zwischenruf „Sie send an Allmachtsimpel" hören konnte, was den Parlamentspräsidenten allerdings nur sachte die Glocke bimmeln ließ. Schließlich wusste auch der ansonsten recht barsche und zu keinerlei Konzilianz neigende Schwabe Eugen Gerstenmeier, dass damit noch lange nicht das schwäbische Maximum an Schmähung erreicht war, das bekanntlich im Zuruf „Grasdackel!" gipfelt.

Wer ergründen will, was die schwäbische Mafia in Bonn wirklich wert war, der muss sich auf Kurt Georg Kiesinger einlassen, den Kanzler der ersten Großen Koalition zwischen 1966 und 1969. Der Mann war stilbildend, vielleicht bis in diese Tage. Denn nicht wenige im politischen Berlin von heute behaupten, Angela Merkel, die die zweite schwarz-rote Koalition dressieren muss, habe klammheimlich ihren Kiesinger studiert – und sich wie jener für die Moderatoren-Rolle entschieden, in kluger Einsicht, dass das Bündnis der beiden Volksparteien sich mit harschen Kommandotönen nicht führen lässt.

Man muss sich erinnern: Wenn die Sonne schien, saßen die Herren in idyllischer Runde unter Apfelbäumen. Der Blick ging weit hinaus auf den Bodensee. Es tagte der „Kressbronner Kreis", benannt nach dem oberschwäbischen Städtchen, das damalige Macht- und Kungelzentrum der Großen Koalition unter Kiesinger. Mit am Tisch: Willy Brandt (SPD), Herbert Wehner (SPD), Helmut Schmidt (SPD), Rainer Barzel (CDU) und Franz-Josef Strauß (CSU). Hier wurde seit Dezember 1966 in einer per Verfassung nicht vorgesehenen Runde festgeklopft, was danach im Bonner Kabinett und im Bundestag offiziell parlamentarisch abgesegnet werden musste. Man erinnert sich auch: „Fröschle", die zweijährige Enkeltochter, die Kiesinger einmal huckepack durch Washington trug und damit einen vermutlich besseren Beitrag zu den deutsch-amerikanischen Beziehungen leistete als die gewichtig daherkommenden Fotos deutscher Kanzler im Oval Room des US-Präsidenten. Und man erinnere sich erst recht an jene Szene, in der ein Helmut Kohl, damals noch ein junger Wilder, im CDU-Bundesvorstand gegen die Bildung einer Großen Koalition wetterte und dräuend Friedrich Schiller zitierte: „Wer wagt es, Rittersmann oder Knapp, zu tauchen in diesen Abgrund." Der Bildungsbürger Kiesinger zog die Brauen himmelwärts und korrigierte süffisant: „In diesen Schlund",

und hatte eine lachende wie politische Mehrheit auf seiner Seite. Nie wieder saß ein auch nur annähernd so gebildeter Mann auf dem Kanzlerstuhl – und ein so erfolgreicher Moderator der Politik.

Zwar war der 1,90 Meter große, in Ebingen geborene Schwabe mit dem silbergrauen Haar ein „Hörkanzler", der sich die Akten gerne vortragen ließ, weil zu faul für die Lektüre. Viel Spott trug ihm ein, dass die Hosenbeine immer viel zu kurz waren und er gerne Lackslipper zu herunterhängenden Socken trug. Aber der „König Silberzunge" genannte Kanzler übertraf an rhetorischer Eleganz alle. „Callas des Bundestags" nannten sie ihn bewundernd. Er trage den „Kanzler wie einen Hermelin", schwärmte eine Verehrerin. Kiesinger war ein „wandelnder Vermittlungsausschuss", der jede Entweder-Oder-Ausgangsposition unverzüglich in ein Sowohl-als-auch harmonisierte. Das dauerte zuweilen lange. Mal schlief Carlo Schmid am Kabinettstisch ein, mal pflegte Franz-Josef Strauß zu lästern: „Ich habe heute meine Hängematte mit."

Aber Kiesingers Große Koalition arbeitete überaus erfolgreich, denn sie blieb – anders als heute – keineswegs auf den kleinsten gemeinsamen Nenner beschränkt. Sie sanierte die Staatsfinanzen, verabschiedete ein Stabilitätsgesetz als Steuerinstrument der Wirtschaftspolitik und schuf wieder Vollbeschäftigung (was bei 372.000 Arbeitslosen im Dezember 1966 allerdings ungleich leichter zu bewerkstelligen war als heute). Auf ihre Habenseite schrieb sie zudem die Liberalisierung des Strafrechts, die Verabschiedung der Notstandsgesetze und größere Chancengleichheit im Bildungssystem. Unterm Strich hat die Große Koalition Kiesingers die Ära Adenauer beendet und die Bundesrepublik aus den Erstarrungen der ersten Nachkriegszeit befreit.

Tragisch, aber auch menschlich sympathisch der Abgang des

Schwaben: Nur um 0,9 Prozent verpasste er 1969 die absolute Mehrheit. Er ließ sich mit einem Fackelzug feiern, dann ging er um Mitternacht schlafen – am nächsten Morgen hatten Willy Brandt und Walter Scheel die sozialliberale Koalition besiegelt.

An Kiesingers Erfolg hatte die schwäbische Mafia erheblichen Anteil. Teils brachte er Landsleute in seinem persönlichen Stab mit nach Bonn, darunter den späteren Stuttgarter Oberbürgermeister Manfred Rommel, teils hatten sich die Schwaben bis zu Kiesingers Wechsel vom Amtssitz eines baden-württembergischen Ministerpräsidenten ins Kanzleramt in Bonn längst etabliert. Von der Spätzledemokratie war schon früh die Rede. Vor allem natürlich dank Theodor Heuss, dem ersten Bundespräsidenten. Aber auch Reinhold Maier, der nach seinem Rücktritt als baden-württembergischer Ministerpräsident nach Bonn in den Bundestag ging, der Sozialdemokrat Erwin Schoettle als Vizepräsident des Bundestags und der Freidemokrat Ewald Bucher, der als Justizminister zurücktrat, weil das Parlament den Verjährungstermin für NS-Verbrechen verlängerte: Sie alle hatten das Bild der tüchtigen, aber eigenwilligen schwäbischen Querköpfe mitgeprägt.

Hoch geachtet auch Fritz Erler, zwar ein geborener Berliner, der aber doch als Schwabe durchging, weil er nach dem Krieg Landrat in Tuttlingen und Biberach gewesen war und seit 1949 als SPD-Abgeordneter aus Baden-Württemberg im Bundestag saß. Und dann war da natürlich auch noch Carlo Schmid, der zu den Vätern des Grundgesetzes gehörte und auch zu den Autoren des Godesberger Programms der SPD. In einem Punkt unterschied sich „Carlo" allerdings von seinen Landsleuten gründlich: Er konnte nun wirklich Hochdeutsch, sprach fließend und akzentfrei Französisch und hasste das schwäbische Nationalgetränk. Wurde bei politischen Runden in der baden-württembergischen Landesvertretung Trollinger aufgetischt, näherte er sich dezent dem Gastgeber und murmelte: „Gell, Sie haben im Keller doch auch noch anständige Weine."

Schwaben-Chronist Gayer schätzt, dass die Schwaben zu jener Zeit „stärker als jeder andere deutsche Stamm" in wichtigen politischen Schlüsselstellungen vertreten waren. In Bonn stellten sie, die wichtigen Ministerialbürokraten einbezogen, „mit über 400 Mann fast ein kriegsstarkes Bataillon." Einer der wichtigsten schwäbischen Fähnleinführer war Adalbert Seifriz, Leiter der Landesvertretung in Bonn, einer politischen Schlüsselstelle für alle schwäbischen Politiker im Bund, weil dort die politischen Fäden zwischen Landes- und Bundespolitik zusammenlaufen. Als dort 1966 die Rahmenbedingungen der Großen Koalition zwischen Kiesinger und Willy Brandt ausgekaspert wurden, bewirtete er die Genossen sehr schwäbisch. Nur dank Schäufele mit Sauerkraut und Spätzle, so spottete man damals in Bonn, hätte die SPD der CDU/CSU schließlich das Ja-Wort gegeben.

Im Kabinett Kiesinger saßen gleich vier Baden-Württemberger: Der Kanzler, Bundesratsminister Carlo Schmid (SPD), Familienminister Bruno Heck (CDU), Entwicklungshilfeminister Erhard Eppler (SPD). Gemessen an dem Sprichwort, dass drei Schwaben auf einem Haufen bereits eine Zumutung sind, war das bereits einer zuviel. Gemessen an Bevölkerungszahl und Abgeordneten im Bundestag hätten allenfalls zwei Ministerposten in schwäbische Hand fallen dürfen. Außerdem saß damals Eugen Gerstenmaier bereits seit 1954 auf dem Stuhl des Bundestagspräsidenten. Mitte der sechziger Jahre war er dienstältester Schwabe in Bonn, wollte am liebsten Bundespräsident werden, war nach Ludwig Erhards Sturz sogar als Kanzler im Gespräch, hätte unter Kiesinger Außenminister werden können. Aber letztlich war der sperrige Mann sich selbst das größte Karrierehindernis.

Schwabengesättigter als Kiesingers Kabinettstisch war nur noch das letzte Kabinett Helmut Schmidts in den Jahren 1980 bis 1982. Vier Bundesminister kamen aus dem Land: Volker Hauff (Verkehr), Kurt Gscheidle (Post), Andreas von Bülow (Forschung), Rainer Offergeld (Entwicklungshilfe). Weil damals die Institution des Parlamentarischen Staatssekretärs bereits erfunden worden war, saßen geschmückt mit dem schönen Titel eines Staatsministers zudem Gunter Huonker im Kanzleramt und Peter Corterier im Auswärtigen Amt sowie Rolf Böhme (Finanzen), Martin Grüner (Wirtschaft) und Georg Gallus (Landwirtschaft) als Staatssekretäre zusätzlich in der Regierungsmannschaft.

Vollends aus dem angemessenen Proporz fallen die Baden-Württemberger bei der Besetzung des höchsten Staatsamts. Gleich dreimal stellten sie bisher den Bundespräsidenten. Außer Theodor Heuss zog auch der in Stuttgart geborene Richard von Weizsäcker ins Präsidialamt ein. Horst Köhler wurde zwar 1943 im polnischen Skierbieszów geboren, aber aufgewachsen ist er in Backnang und Ludwigsburg, studiert hat er in Tübingen und ist daher des Schwäbischen fließend mächtig, was sich in seinem Hochdeutsch bis heute bemerkbar macht. Wenn man großzügig rechnet, kann man noch Roman Herzog hinzunehmen. Er ist zwar im niederbayerischen Landshut geboren, sein politisches Profil ist jedoch schwäbisch geprägt, denn er saß für den Wahlkreis Göppingen auch im Stuttgarter Landtag und diente Ministerpräsident Lothar Späth fünf Jahre lang als Minister, erst als Kultusminister, dann als Innenminister.

Wer noch? Wer fehlt von jenen schwäbischen Figuren, die auf der bundespolitischen Bühne mal bella figura machten, mal als ausgemachte Schlawiner daherkamen? Auffallend ist, dass vor allem im Kanzleramt über Jahrzehnte hinweg Schwaben-Slang zu hören war. Es begann mit Horst Ehmke, zwar in Danzig geboren, später jedoch Professor in Freiburg und 1969 in Stuttgart für die SPD direkt in den Bundestag gewählt. Der flotte Hotte, der Weiblichkeit sehr zugetan, wurde unter Brandt Kanzleramtsminister und hat unter den „Schwarzen", die sich dort seit der Zeit der CDU-Kanzler Konrad Adenauer, Ludwig Erhard und Kurt Georg Kiesinger festgesetzt hatten, gründlich aufgeräumt. Mit der Maschinenpistole, wie die Betroffenen anschließend grienten. Gunter Huonker, Abgeordneter aus Ludwigsburg, diente dem Kanzler Helmut Schmidt als Staatsminister im Kanzleramt. Mit Helmut Kohl rückte 1982 Philipp Jenninger in diese politische Schlüsselstelle ein. Ihm folgte als Kanzleramtsminister 1984 Wolfgang Schäuble, ehe der zu Beginn der neunziger Jahre ins Amt des Vorsitzenden der Unionsfraktion wechselte. Acht Jahre saß der Nordbadener Bernd Schmidbauer als Staatsminister bei Kohl im Kanzleramt, war dort Koordinator der Geheimdienste und ließ sich gerne „008" nennen. Nach der Bundestagswahl von 1990 trat Anton Pfeifer als Staatsminister bei Kohl an, der immer stärker innerparteilich unter Beschuss kam und dringend der loyalen Rückendeckung durch den Reutlinger Abgeordneten bedurfte.

Wo sich die Schwaben derart drängelten, durften Liberale und Grüne aus Deutsch-Südwest nicht fehlen. Mit Klaus Kinkel, geboren in Hechingen, rückte ein FDP-Mann ins Außenamt ein, der die Sprache der Diplomaten mit so spezifischen Ausdrücken wie „Heilandzack" global bereicherte. Er stürzte weltweit die Dolmetscher auf internationalen Konferenzen in tiefe Ratlosigkeit, weil er ein Deutsch sprach, das sich stets weit von dem entfernte, was sie studiert hatten. Zum Glück bemühte sich sein grüner Nachfolger Joschka Fischer intensiv darum, seine Herkunft aus Gerabronn und damit aus Zentralschwaben nachhaltig zu verbergen. Der Sohn eines Metzgers, in der Jugend lange aktiv als Ministrant, später Taxifahrer, beherrscht das schwäbische Idiom bei passender Gelegenheit allerdings perfekt. Stets tapfer zu ihrer mundartlichen Prägung bekannt haben sich andererseits Rezzo Schlauch, von der gleichen Hebamme auf diese Welt geholt wie Fischer, und Fritz Kuhn. Rezzo war grüner Fraktionsvorsitzender, das „Fritzle" ist es derzeit noch. Nie ist die Beziehung zwischen den beiden Parteifreunden, die sich schon aus gemeinsamen Zeiten im baden-württembergischen Landtag kennen, besser beschrieben worden als in einem Artikel mit der Überschrift „Freundle, Freundle!"

Nicht zuletzt muss der CDU-Bundestagsabgeordnete Julius Steiner erwähnt werden, genannt „Jule." Er darf für sich in Anspruch nehmen, jener Volksvertreter gewesen zu sein, der mit der Büroausstattung mehr geizte als jeder Parlamentarier in einem halben Jahrhundert. Er nächtigte, obwohl das streng verboten war, stets in seinem Bonner Büro. Auf dem Schreibtisch befanden sich bei ihm keine politischen Akten, sondern lediglich leere Bierflaschen. Ihm kam eine zeitgeschichtliche Bedeutung beim konstruktiven Misstrauensvotum zu, mit dem Rainer Barzel 1972 Willy Brandt als Kanzler stürzen wollte. Der Putsch scheiterte bekanntlich, unter anderem deshalb, weil Steiner nicht gegen den SPD-Kanzler stimmte, sondern sich der Stimme enthielt, angeblich weil er dessen Ostpolitik unterstützen wollte. Das war freilich eine arg geschönte Version der Wahrheit: Steiners Stimmhilfe für Brandt war von DDR-Geheimdienstchef Markus Wolf mit 50.000 Mark gefördert worden. Ob er die gleiche Summe noch einmal vom SPD-Politiker und Wehner-Vertrauten Karl Wienand kassiert hat, blieb ungeklärt, galt aber im Blick auf die ausgeprägte schwäbische Zuneigung zu Barem als denkbar. Gleichwohl, der Steiner-Skandal hatte in den Augen vieler CDU-Anhänger auch seine nützliche Seite – Jule hat geholfen, einen für Schwaben gewiss schwer erträglichen Bundeskanzler Rainer Barzel zu verhindern, was schließlich erst den Weg frei gemacht hat für Helmut Kohl.

Wer bedenkt, dass mehrere Schwaben auf einem Haufen als Zumutung betrachtet werden können, mag verstehen, weshalb die Massierung der Spätzle-mit-Soß-Demokraten in der Bundespolitik regelmäßig auf Vorbehalte stieß. Der Umgang mit ihnen war nicht immer vergnüglich. Vollends außer Kontrolle gerät die politische Lage jedoch bis heute vor allem dann, wenn sich Schwaben verschiedener Parteien und Fraktionen gegenseitig bekriegen. Mit „dr Axt neischlage" möchten sie dann am liebsten. Und nicht selten macht ihr Zorn auch bei Parteifreunden nur haarfein vor der Handgreiflichkeit Halt.

Zuverlässiger zeitgeschichtlicher Zeuge ist dafür Gustav Wabro, nicht nur von 1984 bis 1998 Bevollmächtigter des Landes in Bonn, sondern dort zudem noch einige Jahre im Bundesinnenministerium sowie als persönlicher Referent des Amtsvorgängers Adalbert Seifriz vor Ort. Wabro zählt zu jenen Schwaben, denen man auch auf den fünften Blick nicht ansah, dass sie ausgebuffte politische Strippenzieher sind und jeden Trick im politischen Geschäft kennen. Immer herzlich, allemal umgänglich, nie grob, wiewohl dies eher schwäbischem Naturell entspräche. Und allemal schlitzohrig.

In Bonn hatte der ehemalige Landrat des Ostalbkreises und spätere Amtschef Lothar Späths im Stuttgarter Staatsministerium zunächst die politische Koordination der unionsregierten Länder übernommen. Dann rückte er per Dienstalter auf zum Vorsitzenden des Ständigen Beirats, in dem die politischen Interessen der Länder ausgekungelt werden. Wabro war es, der zu Zeiten des Kanzlers Helmut Kohl im Vermittlungsausschuss von Bundestag und Bundesrat für die Pflegeversicherung stimmte, obwohl die damals in Baden-Württemberg mitregierende SPD vor Wut aufheulte und von Ministerpräsident Erwin

Teufel den sofortigen Rauswurf des Bevollmächtigten verlangte. Vergeblich. Kühl erklärte Wabro, Mitglieder des Vermittlungsausschusses seien nun einmal in ihrer Stimmabgabe völlig frei.

Doch selbst dieser Routinier politischer Gefechte hatte zuweilen die liebe Not mit seinen schwäbischen Landsleuten. Ende der achtziger Jahre ging es in der Bonner Landesvertretung vor allem in der CDU-Landesgruppe rund. Wie die Kesselflicker droschen die Kampfhähne damals bei der abendlichen Sitzung zu Beginn jeder parlamentarischen Sitzungswoche aufeinander ein. Hier die „Kampfgruppe Kohl", da die „Späth-Sympathisanten." Wolfgang Schäuble, Dieter Schulte, Anton Pfeifer und Philipp Jenninger, die seit Anfang der siebziger Jahre zusammen mit dem in Oberndorf am Neckar geborenen und ehemaligen Reutlinger Bundestagsabgeordneten Heiner Geissler bedingungslos für Helmut Kohls Kanzlerschaft gekämpft hatten, verdächtigten – nicht zu Unrecht – Späth und seine Anhänger der Intrigen gegen Kohl. Nie wurde das offen ausgesprochen, wenn der Ministerpräsident Späth vor Bundesratssitzungen mit in der Runde saß. Aber das war auch nicht notwendig. Was immer er auch sagte, wurde unverzüglich von den Kohlianern niedergemacht. Die verbalen Schlachten wurden von beiden Seiten schwäbisch grob ausgetragen – und sei es, dass einer, wie geschehen, seinen Redebeitrag mit einem lauten, absichtlichen Furz beendete. Nein, sagt Wabro heute, den Namen des Polit-Pupsers nehme er mit ins Grab.

Späth hat es eines Tages gereicht. Er wies seinen Bonner Vorposten an, Trollinger künftig nur noch nach Ende der politischen Tagesordnung auszuschenken. Außer dem Trollinger-Verbot kannte Wabro jedoch noch einen wirksameren Trick. Gerieten die Diskutanten völlig außer Rand und Band, öffneten sich wie von Zauberhand die Flügeltüren des Sitzungssaals in der Vertretung und die Kellner servierten Schwarzwälder

Kirschwasser. „Das hat funktioniert", erinnert sich Georg Brunnhuber, der derzeitige Landesgruppenchef und als Abgesandter aller anderen CDU-Landesgruppen im CDU/CSU-Fraktionsvorstand ein wichtiger „Teppichhändler" in Berlin. „Wabro hat mit Schnaps manches Mal die Stimmung gerettet."

Die Stimmung ja, die Lage in einem politisch schwerwiegenden Fall jedoch nicht. Es war die baden-württembergische Landesvertretung, in der der Putsch gegen Helmut Kohl verabredet wurde, dem der Kanzler auf dem Bremer CDU-Bundesparteitag 1989 zum Opfer fallen sollte. Viele Nächte hockten damals Lothar Späth, Heiner Geissler, Rita Süssmuth, Norbert Blüm und Richard von Weizsäcker dort konspirativ zusammen. Endlich bekam Späth von Geissler grünes Licht: „Du kannst losschlagen!" Doch die Verschwörer waren viel zu dilettantisch vorgegangen. Längst hatte Kohl vom geplanten Aufstand Wind bekommen. Zudem hatte Späths Sprecher Matthias Kleinert an die Delegierten des Parteitags einen Lothar Späth hochjubelnden Zeitungsartikel verteilen lassen, der jedem klar machte, was die Kohl-Kritiker planten. Der Kanzler, obwohl in jenen Tagen schmerzhaft erkrankt, zog rücksichtslos durch. Späth kniff und trat bei der Wahl zum CDU-Vorsitzenden in Bremen nicht an – und fiel bei der Wahl zum stellvertretenden Parteivorsitzenden glatt durch. Zu viele hatte er enttäuscht, die geglaubt hatten, er werde trotz allem gegen Kohl antreten. Geissler ist bis heute davon überzeugt, dass Späth die Kampfabstimmung damals gewonnen hätte. Wenig später feuerte Kohl auch Geissler mit den Worten: „Heiner, ich werde dich nicht mehr als Generalsekretär vorschlagen."

Menschlich verletzender ist nur noch ein Konflikt in der Bundespolitik verlaufen, an dem Baden-Württemberger beteiligt waren. Jener zwischen der Böblinger CDU-Bundestagsabgeordneten Brigitte Baumeister und Wolfgang Schäuble im

Zuge der CDU-Parteispendenaffäre. Menschliche Abgründe taten sich auf: Zwischen der Frau, die einmal Schäubles engste Vertraute gewesen war, die dank seiner Protektion CDU-Schatzmeisterin und Parlamentarische Geschäftsführerin der Unionsfraktion im Bundestag geworden war. Und dem Mann im Rollstuhl, der seine Position an der Spitze der CDU und der CDU/CSU-Fraktion im Zuge der Affäre um die schwarzen Kassen Helmut Kohls verlor. „Kriminelle Machenschaften" sah Schäuble damals gegen sich am Werk, ferngesteuert von einem Helmut Kohl, der alles tat, um dem ungeliebten Nachfolger den Weg zur Kanzlerschaft zu verlegen, was ihm schließlich auch gelang.

Dabei war es im Grunde eine einfache Situation, vor die sich der zur Klärung der Affäre eingesetzte parlamentarische Untersuchungsausschuss gestellt sah: Wer von den beiden log? Nur einer konnte die Wahrheit sagen. Denn das entscheidende Faktum war unumstritten. Es hatte eine Spende von 100.000 Mark gegeben, aus der Tasche des zwielichtigen Waffenhändlers Karlheinz Schreiber, der sich bis heute nach Kanada abgesetzt hat, weil die deutsche Justiz ihn der Steuerhinterziehung im großen Stil verdächtigt. Die Spende ist in Kohls schwarze Kasse geflossen und nie im CDU-Rechenschaftsbericht ausgewiesen worden. Die einzige wichtige offene Frage ist: Wer hat das Geld wann durch wen erhalten?

Schäuble behauptet bis heute, er habe das Geld am 22. September 1994, am Tag nach einem Essen mit kapitalkräftigen CDU-Sympathisanten im Bonner Hotel „Königshof", bekommen; übergeben habe es ihm Schreiber persönlich, in seinem Büro im Bundestag. Laut Baumeister war alles ganz anders: Danach hat sie am 11. Oktober 1994 bei einem Treffen im bayerischen Kaufering von Schreiber einen Umschlag für Schäuble erhalten und diesen an den damaligen Fraktionschef weitergereicht. Natürlich, sagte Baumeister, habe sie den an Schäuble adressierten Umschlag nicht geöffnet. Natürlich könne sie deshalb nicht mit letzter Sicherheit sagen, ob darin tatsächlich 100.000 Mark in bar waren. Eine Spendenquittung gibt es nicht.

Beide haben ihre Version damals an Eides statt versichert. Damit drohten ihnen strafrechtliche Ermittlungen wegen Abgabe einer falschen eidesstattlichen Versicherung oder – wenn der Ausschuss sie vereidigt hätte – wegen Meineids. Welche machtpolitische Bedeutung dieser Konflikt zwischen den beiden Landsleuten um eine Spende für den verdeckt geführten innerparteilichen Kampf um Macht und Einfluss hatte, war klar. Da war ein Helmut Kohl, der jede noch so kleine Chance suchte, den früheren treuen Gehilfen Schäuble klein zu halten, indem er ihn ebenfalls in seinen Spendensumpf zog. Und da war ein Schäuble, dem klar war, dass er sich nicht die geringste Blöße geben durfte, wenn er im System oben bleiben wollte. Den CDU-Vorsitz hat ihn die Affäre letztendlich doch gekostet – der Weg für Angela Merkel war frei.

Es war nur ein Nebenschauplatz in der ganzen großen Affäre um Helmut Kohls System der schwarzen Kassen. Aber auf diesem Schauplatz hat es den bislang größten Schaden gegeben – für beide beteiligten Politiker. Brigitte Baumeister sagte später: „Das Einfachste wäre gewesen, wenn ich Wolfgang Schäubles These gestützt hätte". Stattdessen sei sie „einen verdammt schweren Gang gegangen" und habe sich „viel Kummer bereitet". Nachdem sie öffentlich von Schäubles Version abgerückt war, beschimpfte der sie am Telefon, so Baumeister, „wahrscheinlich sei ich geistesabwesend, nicht mehr ganz richtig im Kopfe".

Baumeister saß noch zweieinhalb Jahre nach dieser Affäre im Bundestag, dann war ihre politische Karriere zu Ende. Die Wahrheit über die 100.000 Mark, ihre Übergabe und ihren Verbleib wurde bis heute nicht gefunden. Politisch-atmosphärisch wirkt die Affäre bis heute nach: Schäuble und Oettinger verbindet über das gleiche Parteibuch hinaus nichts außer einer gepflegten Abneigung. Grund dafür sei, so intime Kenner der Beziehung, dass Oettinger intern damals die Spendenaffäre mit dem Satz kommentiert haben soll, die Wahrheit sei wahrscheinlich in Baumeisters Version zuhause.

Wer nach Gründen sucht, weshalb Oettinger als Ministerpräsident in Berlin bis heute kaum politisches Gewicht auf die Waage bringt, muss diesen Punkt einkalkulieren. Wolfgang Schäuble verharrt in sorgsam gehüteter Distanz zu ihm. Der Fraktionsvorsitzende Volker Kauder war als baden-württembergischer CDU-Generalsekretär stets der Mann des Ministerpräsidenten Erwin Teufel, den Oettinger nicht schnell genug aus dem Amt drängen konnte. Und mit Annette Schavan, der Merkel-Vertrauten, sitzt eine Politikerin in der Bundesregierung, die mit Oettinger nichts verbindet als herzliche Antipathie. Natürlich war es kein Zufall, dass Oettinger der Kanzlerin nicht mal ein klitzekleines nettes Wort wert war, als sie im vergangenen Jahr zusammen mit dem Ministerpräsidenten am 50. Jubiläum der Gründung der baden-württembergischen Landesgruppe teilnahm. Und selbstverständlich wurde in Berlin auch aufmerksam registriert, wie gnadenlos Merkel – auf Zuruf von Schavan – den Parteifreund aus dem Südwesten öffentlich vorgeführt hat, als dieser den verstorbenen Alt-Ministerpräsidenten Hans Karl Filbinger zum Gegner des NS-Regimes hochstilisiert hatte.

Der Chef des zweitstärksten CDU-Landesverbandes besitzt in Berlin bislang keine Autorität. Ihn kann man deckeln, über ihn darf gelächelt werden. So wie zuletzt, als er wegen seiner dubiosen italienischen Freunde im Gerede war. Weshalb hat er seine Eheprobleme nicht so elegant offen gelegt wie ein Christian Wulff? Zu selten ist er in Berlin präsent, selbst an den Sitzungen des CDU-Präsidiums und des CDU-Bundesvorstands nimmt er eher sporadisch teil. Bayerns neuer Ministerpräsident Günther Beckstein ärgert sich, wie der Kollege Oettinger sich zum neuen Chef der „Südschiene" der Republik erklärt hat.

Die Schwaben in Bonn, eine hoch respektierte ehrenwerte Gesellschaft – das war einmal. Unter Erwin Teufel, der in Bonn wie in Berlin immer fremdelte, hat der Abstieg begonnen. Seine vorgeschobenen politischen Beobachter Rudolf Köberle und Willi Stächele waren bar aller bundespolitischen Erfahrungen und von zu provinziellem Zuschnitt, um in Berlin Beachtung zu finden. Oettinger schickte dann Professor Wolfgang Reinhart nach Berlin, der über Weine viel besser zu parlieren weiß als über Politik und seither nur darauf wartet, in Stuttgart Finanzminister zu werden.

„Die Landesvertretung ist heute ohne politische Bedeutung", klagen die Abgeordneten aus Baden-Württemberg. Gerne würde Oettinger in den Schuhen von Friedrich Merz stehen und die schmerzliche Lücke füllen, die der einstige Vorsitzende der Bundestagsfraktion im Bereich der Wirtschaftspolitik hinterlassen hat. Sie sind ihm viel zu groß. Die Pressearbeit der Landesvertretung ist im Vergleich zu anderen Unionsländern dilettantisch. Oettingers Regierungssprecher Christoph Dahl fremdelt in der politischen Bundesliga wie sein Chef. Und demnächst wird ein schlichter Ministerialdirektor Chef des Domizils am Rande des Tiergartens sein. Was soll sich jemals zum Besseren wenden?

Es gab einmal die „Stallwächter-Party" in Bonn. Während der politischen Sommerpause war sie stets hochrangig besetzt. Eine Informationsquelle ohnegleichen, denn hier versammelte sich, was schwäbischer Herkunft war in Politik und Ministerialbürokratie. Ehepartner blieben ausgesperrt. Das waren seriöse Gespräche, kein Party-Talk. Das war keine Party wie alle anderen in der sommerlichen Szene der Bundespolitik. Da wurde nicht repräsentiert, da wurde Politik gemacht. Heute sind auch Ehepartner geladen, der Ministerpräsident Oettinger zieht einen Schurz an und schneidet auf der Bühne Torten klein. Man kann den Niedergang auch ergoogeln. Eine Fundstelle, die vermerkt, was es politisch mit der schwäbischen Mafia einmal auf sich hatte, findet sich nicht. Immer nur die Stichworte „Oettinger" und „Mafia".

Das Land der Landräte

Fromm und heimlich seitwärts in Oberschwaben

Von Josef-Otto Freudenreich

Der Bussen ist ein Berg mit mystischer Kraft. Er heißt auch der Heilige Berg und ist mit seinen 767 Metern die höchste Erhebung Oberschwabens. Alljährlich ziehen Männer, die sich ein Kind wünschen, zu ihm hinauf, um oben in der Kirche („Zur schmerzhaften Mutter") zu Gott zu beten und seinen Segen für seine zu erwartenden Schafe zu erbitten. Nun ist nicht überliefert, wie häufig ihr Ansinnen erhört wurde, festgehalten ist aber die Geschichte des Hauses neben der Kirche, in dem heute Franziskanerinnen leben. Gott sei Dank. Früher hausten hier nämlich Kommunarden, Kerle mit langen Haaren, unordentlichen Kleidern und unzüchtigen Lebensgewohnheiten.

So erinnert sich der Landrat Wilfried Steuer, der nach allem, was man bisher wusste, ein frommer Mensch ist, und diesem Treiben nicht tatenlos zusehen wollte. Sie hätten keine Vorhänge vor den Fenstern gehabt, berichtet er, aber schamlos dahinter „geveglet", was auf Hochdeutsch die Ausübung des Geschlechtsverkehrs bedeutet. Das hätte er noch geduldet, versichert der sichtlich empörte Christdemokrat, aber dass die Köter der Kommunarden auch noch die Weihwasserkessel auf dem Friedhof ausgesoffen haben – nein, das war zu viel der Blasphemie.

Also hat der Landrat, der kraft Amtes und Autorität die Deutungshoheit hat, eine Pressekonferenz gegeben, auf der er jenen Satz sagte, der ihm eine Berühmtheit bescherte, die weit über den Bussen hinausreichte: „Fanget die Kerle und gucket, was se machet". Im Nachhinein wundert er sich ein wenig über das Echo, das er mit seinem Spruch ausgelöst hat. Der sei halt so aus seiner Gosch gefallen, sagt er, eigentlich nicht zum Mitschreiben. Der Redakteur von der Schwäbischen Zeitung in Biberach, der immer der einzige war, der seinen Worten lauschte, wusste stets zu unterscheiden, was man drucken konnte und was nicht. Oder er hat es einfach nicht gehört, weil er in dem Augenblick ein Foto gemacht hat, das er mit einer längeren Bildunterschrift zu versehen pflegte. Oder er hat gerade sein drittes Bier bestellt, das ihm die Mühsal der Arbeit erleichterte. Das kann Steuer nicht mehr mit letzter Bestimmtheit sagen. Was er aber noch weiß, ist, dass eine Praktikantin aus Laupheim angereist war, die das Zitat aufgeschnappt und in die Zeitung gesetzt hat.

Nicht, dass er darüber böse gewesen wäre. Das hat seinem Ruf als schwarzem Sheriff eigentlich nur gut getan, aber irgendwie hat er gemerkt, dass er ein bissle vorsichtig sein muss, wenn ihn seine Moral übermannt, die in Oberschwaben zwar als offizielle gilt, aber nicht immer die real praktizierte ist. Steuer ist das, was man in diesen Breitengraden einen Spitz nennt. 24 Jahre lang war er Landrat, das „Herrgöttle von Biberach", das Trachtenjanker und Filzhut trug, und sich am wohlsten fühlte, wenn er von Filbinger, Mayer-Vorfelder, Strauß und Späth, Teufel und Ernst Jünger umgeben war. Schwarz eben wie die Soutanen der Pfarrer, aber lustig in einem Landstrich unterwegs, in dem Gottesfurcht und Seitensprünge eng beieinander liegen.

Heute lebt der 73-jährige Erzkatholik im alten Schulhaus von Emerfeld, einem Albdorf nahe des Bussens, und schwelgt in Erinnerungen. Wie es damals war, in den siebziger, achtziger und neunziger Jahren, als er nachts um eins im Ochsen anrufen und Metzelsuppe bestellen konnte. Die Wirtsleute haben dann die Kochkittel über die Schlafanzüge geworfen, den Herd angefeuert und den Zapfhahn weit aufgedreht, weil sie wussten, dass im Gefolge des späten Zechers auch die Bauern des Dorfes auf ihren Traktoren eintreffen würden. Beim ersten Hahnenschrei sind sie zurückgetuckert, die Kühe melken. Ja, das war sein Land, das Himmelreich des Barock.

Besuchern zeigt er es gerne. Dazu steigt er in seinen roten Audi Quattro, fährt die sanften Hügel der Voralb rauf und runter, um bei der Wacholderweide zu halten, auf der seine 150 Schafe grasen. Auf sie ist er mächtig stolz, weil sie die Alb vor der Versteppung schützen, als ökologische Rasenmäher sozusagen. Noch mehr beeindruckt ihn freilich sein eigenes Kreuz, das er an der höchsten Stelle hinter Emerfeld hat in den Boden rammen lassen. Massiv Holz, übermannshoch und mit seinem Lebensmotto versehen, das Gottes Wohlgefallen finden wird:

> „Gläubig aufwärts,
> mutig vorwärts,
> dankbar rückwärts".

Sie sollen wissen, seine Nachfahren weit und breit, wie er durchs Leben gegangen ist, stets prinzipienfest und in der Hand des

Ex-Landrat Wilfried Steuer und sein Kreuz.

Schöpfers, der es gut gemeint hat mit ihm. Was sie nicht wissen sollen, hat er dem Bildhauer verboten, ins Holz zu schnitzen:

„Heimlich seitwärts".

Steuer erzählt es mit einem glucksenden Lachen, bei dem der Pfarrer gewiss drei Kreuze geschlagen und seine junge Frau Lisa wieder allen Anlass gesehen hätte, ihrem Mann den Obstler zu verbieten.

Wer weiß, ob es mit dem oberschwäbischen Reizklima zusammenhängt, dass die Landräte in erotischer Hinsicht gefährdet sind? Steuers Kollege Jürgen Binder etwa, der Amtsträger von Sigmaringen, musste vor den Kadi, weil er 146 Reisen angetreten hatte, die mit seinem Job nichts zu tun hatten. Sie basierten eher auf seiner Schwäche für das weibliche Geschlecht, gegen das er sich einfach nicht ausreichend zur Wehr setzen konnte, wie Eingeweihte sagen. Man hätte gerne Mäuschen gespielt, als die Landräte in Hailtingen, im Wirtshaus von Frau Rupf, zusammengehockt sind und ausbaldowert haben, was sie vor dem Hechinger Landgericht, wo gegen Binder verhandelt wurde, sagen und was nicht. Über allen der Geist Ernst Jüngers, der hier gerne einen pichelte.

Das sind diese Orte im tiefen Hinterland, bei denen kein Mensch denken würde, dass sie etwas zu bedeuten haben. Hailtingen, 450 Einwohner, ein Straßendorf am Fuss des Bussen, und mitten drin das Brauhaus Adler, das äußerlich überhaupt nichts hermacht. Drinnen die übliche Rustikalität, die Kreuze an der Wand, und Anna Rupf, die mit ihren 80 Jahren immer noch den Laden schmeißt. Zu ihr sind sie alle gekommen, weil sie einen ordentlichen Schweinsbraten auf den Tisch gestellt hat, nie auf die Sperrstunde geachtet hat und vor allem verschwiegen war. Zu ihrem Achtzigsten sind sie wieder angereist, die Landräte und die Bürgermeister und Erwin Teufel. Der Altministerpräsident, ein streng katholischer Mann, wird sich gewiss sehr über das „Bussen-Kindle" gefreut haben, das im Adler ausgeschenkt wird. Das Bier hat Anna Rupf erfunden, nachdem sie gemerkt hat, wie sprunghaft die Zahl der Wallfahrer gestiegen ist.

Man neigt nun gerne dazu, sich über das Bäuerliche, bisweilen Bigotte, auch Folkloristische zu amüsieren und diesen Menschenschlag zu unterschätzen. Steuer grinst darüber nur, und zitiert den Spottvers, der ihm als Landtagsabgeordnetem in Stuttgart immer gesungen wurde: „Wo hoch die Kanzel und tief der Verstand, da ist das schwäbische Oberland". O wenn sie nur wüssten, die überheblichen Unterländer, wie kurzbeinig ihr Pony ist, auf dem sie sitzen.

Steuer war ja nicht nur Landrat und Landtagsabgeordneter, sondern auch noch der Vater aller Steckdosen, aus denen der schwäbische Strom kam. Vorsitzender der Oberschwäbischen Elektrizitätswerke (OEW) und der Energieversorgung Schwaben (EVS) war er, und damit Verwalter von Milliarden Mark, die er bevorzugt in die Kernkraft investierte, was ihm wiederum den Kampfnamen „Atom-Steuer" eintrug. Die Energieversorgung Baden-Württemberg (EnBW), in der die EVS aufging, ist mit sein Kind und deren Atompolitik auch. Der Zweckverband OEW, der einer von zwei Hauptaktionären der EnBW ist, mit einem Paket im Wert von rund sieben Milliarden Euro, ist geblieben, und heute noch der Landräte liebstes Spielzeug. Zum einen, weil es jährlich 50 Millionen Euro Dividende an sieben Landkreise ausschüttet, zum anderen, weil damit die Zwiebelkirchen aufs Schönste aufzupolieren sind.

Klöster, Kirchen, Rathäuser, alle beherbergen irgendwelche Kunstwerke, vorzugsweise Madonnen, die mit OEW-Geldern finanziert wurden. Gerne auch mit dem Segen des Bischofs versehen, der nicht lange zu festlichen Einweihungen gebeten werden musste, wusste er doch, dass sich die OEW spendabel zeigen würde, wenn wieder ein Kirchendach renoviert werden musste. Die Pflege der Kulturlandschaft hatte sich die OEW auf die Fahnen geschrieben, wobei Kultur als weiter Begriff gefasst wurde. Kultur war auch, wenn es galt, Bürgermeister, Kreisräte, Fürsten mit dem schwarzen Band der elektrischen Sympathie zu verknüpfen oder entbehrliche Amtsträger mit einem neuen Job zu versorgen. Insofern war und ist die OEW eigentlich nichts anderes als eine Loge von Landräten, die im Geheimen wirtschaftet und das Volk mit Kunst darüber hinweg tröstet, dass die Strompreise stetig steigen.

Einer, dem das so egal wie recht ist, wohnt und arbeitet direkt neben dem Fürsten, im Schulhaus derer von Waldburg-Zeil, hoch oben bei Leutkirch, von wo aus Wiesen, Wälder und Kliniken zu betrachten sind, die alle seiner Durchlaucht gehören. Es ist der Maler Manfred Scharpf, den man nicht an diesem feudalen Platz erwarten würde, weil er eigentlich eher ein Anarchist ist. Einst hat er sich im Sarg durchs verschneite Allgäu ziehen lassen, einen Landrat als miesen Meineidschwörer gemalt und sich darüber gefreut, wenn sich die Bauern bekreuzigt haben, sofern jemand nach dem Weg zum „Künschtler" gefragt hat. Das ist lange vorbei. Heute ist der 61-Jährige in der Mitte der Gesellschaft angekommen.

Seine Bilder sind von bestechender Präzision, die Farben so satt wie das oberschwäbische Braunvieh, die nackten Frauen, die er mit Vorliebe auf die Leinwand bannt, so drall wie die Barockengel in den Kirchenschiffen. Und weil die Honoratioren zwischen Ulm und Bodensee solche Rundungen lieben, hängt bei jedem, der etwas auf sich hält, ein echter Scharpf im Zimmer. Warum auch nicht? Sollten sie auf zuviel Nacktes hingewiesen werden, können sie immer noch sagen, der fürchterliche Kerl habe mal als Kirchenmaler angefangen, außerdem würden

Wilfried Steuer und der Dichter Ernst Jünger (Mitte) verabschieden Helmut Kohl, der mit dem Hubschrauber entschwindet.

seine Gemälde bei Sotheby's gehandelt und hingen in New Yorker Galerien. Und seitdem er abgestürzte Wehrmachtspiloten in Tschechien ausgebuddelt hat, ihre Haare auf Jute aufgetragen und mit Zinnober, Ultramarin und Indigo veredelt, und das Ganze zum „Phönix-Brückenschlag" zwischen West und Ost erklärt hat, ist die CDU, von Wangen, Stuttgart bis Berlin, ganz auf seiner Seite. Der Abgeordnete vor Ort hilft, wo er kann, der Landtagspräsident schreibt ergriffene Grußworte zu einer Ausstellung in der Brüsseler Vertretung, der Staatssekretär im Berliner Verteidigungsministerium spricht staatstragende Worte auf dem Flughafen Tempelhof, wo die Scharpfschen Exponate Europa versöhnen sollen.

Das sieht Scharpf mit Wohlgefallen, auch mit der Milde des Älteren, der sich lange genug gegen die Enge von Raum und Köpfen aufgelehnt hat. Nur manchmal noch, wenn die Erinnerungen an die wilden Zeiten zurückkehren, wird der Anarcho in ihm wach. Dann erzählt er öffentlich, dass er am liebsten im Puff gemalt habe und die Kunst mit der Beschmutzung der Windeln beginne und mit dem Zuklappen des Sarges ende. Und dann schreibt der Berichterstatter der Schwäbischen Zeitung, man verspüre ein klebriges Gefühl und das dringende Bedürfnis, sich die Hände zu waschen. Worauf wiederum der Beschimpfte dem Nachbarn, dem sehr geehrten Fürsten und lieben Erich, mitteilt, dass die Qualität der Zeitung „nicht die Würde Ihres Hauses, Ihrer Familie und dieser begnadeten Region" widerspiegele. Das ergibt insofern einen Sinn, als das kritisierte Druckerzeugnis zu Teilen dem Fürsten gehört. Oberschwaben ist eben ein überschaubares Gebilde.

Im Herzen dieser begnadeten Region liegt Ravensburg, die Stadt der Türme und eines Landrats, der selbstverständlich auch einen Scharpf in seinem Amtszimmer hängen hat. Einen nackten Busen, auf dem ein Ei liegt, 10.000 Euro teuer und „ländliches Frühstück" genannt. Hinter ihm steht, wohl als Ausgleich gedacht, der Heilige Johannes. Wir sind bei „Black Jack". Richtig heißt der Landrat Kurt Widmaier, aber weil ihn seine Freunde, von denen er viele hat, „Jack" rufen und er ein Christdemokrat ist, liegt die Verknüpfung nahe. Zu seiner Wiederwahl im August 2007 haben ihm die Grünen auch noch das entsprechende Kartenspiel dazu geschenkt. Kurt alias „Jack" ist der politische König von Oberschwaben, wofür der 57-Jährige viele Qualifikationen mitbringt. Geboren ist er in Bad Waldsee, gelernt hat er den Beruf des Journalisten bei der Schwäbischen Zeitung, studiert hat er in Tübingen und dort bei der Verbindung „Cheruskia", die als CDU-Kaderschmiede ausgewiesen ist. Der frühere Verkehrsminister Hermann Schaufler hat sich hier das orange-weiß-blaue Band um den Bauch gebunden, ebenso wie mehrere Abgeordnete und der einstige Innenminister Dietmar Schlee, der den quicken Juristen Widmaier alsbald zu seinem persönlichen Referenten machte. Dass „Jack" danach Vizepräsident im Tübinger Regierungspräsidium und anschließend Landrat wurde, als Nachfolger des Bundesbruders Guntram Blaser, versteht sich quasi von selbst.

Widmaier ist leutselig, trinkt gerne (auch mit den Grünen) und freut sich riesig, wenn ihm Blasmusiker aufspielen und Kreisräte mit Zitaten aus Samuel 12, Vers 13 huldigen: „Seht, hier ist euer König, den ihr verlangt und den ihr euch erwählt habt. Ja, der Herr hat euch einen König gegeben." Da stimmt auch Seine Durchlaucht, Johannes Fürst von Waldburg-Wolfegg und Waldsee, mit ein, der für die CDU im Kreistag sitzt. Der „Jack" sei sehr volksnah, zielstrebig und entscheidungsstark, sagt der Adelsherr, ehe er im schwarzen VW Phaeton davon rauscht. Das hat der Parteifreund zuletzt unter Beweis gestellt, als er auf dem fürstlichen Golfplatz in Waldsee einen Preis verliehen und sich gewundert hat, dass dort ganz normale Menschen verkehren. Sogar eine Dame vom Landratsamt.

Bei den Menschen ist Widmaier auch mit seinen zahlreichen Ehrenämtern, unter denen ihm eines besonders wichtig ist: Der Vorsitz im Stiftungsrat der Deutschen Krebsnachsorge, die in Tannheim im Schwarzwald eine Kinderklinik betreibt. Dort trifft er sich mit Herzog Carl von Württemberg, Gerhard Mayer-Vorfelder, der Mutterexpertin Eva Herman und mit der SWR-Moderatorin Sonja Schrecklein („Fröhlicher Feierabend"), die er sehr schätzt. Von diesen Zusammenkünften kann er immer wieder schwärmen.

Weniger vergnüglich ist sein wichtigster Job, der ihn als „Milliardär" zum Objekt bundesweiter Neugier werden ließ: der Vorsitz bei der schon erwähnten OEW. Ständig riefen Journalisten bei ihm an und wollten wissen, was er nun zu tun gedenke mit dem zweiten Hauptaktionär bei der EnBW, der Électricité de France (EDF), die, so ging die Kunde, seine Landratstruppe als „Rocky-Horror-Picture-Show" verspottete. Und insbesondere sollte er Auskunft geben über den glamourösen und inzwischen ausgeschiedenen EnBW-Chef Utz Claassen. Geantwortet hat er eigentlich nie wirklich, nur geseufzt. Sollte er sagen, dass ihm der teure Pfau mächtig auf den Senkel ging, wenn er mit seinen Bodyguards anreiste und wieder einmal Deutschland via Bildzeitung retten wollte? Sollte er so frei sein wie sein Landratskollege Wilfried Steuer, der beim Thema Claassen fast die Weinflasche, die Seelen und die Brezeln vom Tisch fegt und errechnet, dass der Spitzenmanager „beim Scheißen so viel verdient wie ein Arbeiter im Monat?"

Nie würde Widmaier so etwas öffentlich sagen, schon gar nicht in seiner OEW-Funktion, die Schweigen zum Prinzip erhebt. Die Qual musste geheim bleiben, was um so schwerer fiel, als seine Wähler, die er sonst für die „glücklichsten Zeitgenossen der Republik" hält, nachhaltig zu murren begannen. Sie mochten nicht mehr verstehen, warum Claassen den Spickzettel des Fußballtorwarts Lehmann für eine Million Euro erwarb und zugleich die Strompreise erhöhte. „Das konnte nicht gut gehen", sagt Widmaier und blickt sinnend dem Rauch seiner R1 hinterher, der sich über dem Heiligen Johannes verflüchtigt. Seine Oberschwaben ertragen viel, aber nicht alles.

Ja, der „Jack" ist bei den Leuten. Das bestätigt auch Hubert „Hubsi" Locher, der Widmaier für den stärksten unter den Landräten hält. „Hubsi" muss es wissen: Er zählt zu den stärksten Strippenziehern der Region. Der frühere Hörfunkdirektor des Südwestfunks (SWF) und begnadete Kommunikator wird auch das „Tallyerandle von Tübingen" genannt, was ausdrücken soll, dass er das geschmeidige Scharnier zwischen Politik, Klerus und Medien ist. Über Jahrzehnte hinweg hat der heute 80-Jährige am schwarzen Filz gewoben und im eigenen Beritt auf denselben Geist geachtet. Wer heute in die Führungsetage des Südwestrundfunks (SWR) schaut, findet alle seine Zöglinge wieder. Zum Beispiel die Direktoren Willi Steul, Bernhard Hermann und Viktor von Oertzen.

Gut möglich, dass sie schon alle der Klostermusik lauschen mussten, die ihr Mentor mit seinem Freund, dem eingangs erwähnten Landrat Steuer, ins Leben gerufen hat – mit dem Verein zur Förderung der Musik Oberschwabens. Diesen Klub hatte er aus einer Schatulle finanziert, die mit 60.000 Mark gefüllt war, dem Erlös aus einer Schallplatte, auf die seine Gespräche mit dem Philosophen Ernst Bloch gebannt waren. Die SWF-Produktion hatte sich prima verkauft, nur das Geld wurde langsam heiß und musste deshalb gemeinnützigen Zwecken zugeführt werden. Und so wurde der Marxist Bloch zum Sponsor der Kirchenmusik. Darüber kann der konservative Knitz noch heute mit einer Begeisterung berichten, als wäre es gestern gewesen. Die rote Plattenhülle in seinem Regal hütet er wie seinen Augapfel.

Lochers Biographie ist für solche Schachzüge wie geschaffen. Er ist der Sohn eines Ostracher Bankdirektors, der für den Nachwuchs gut gesorgt hat. Der Filius, der einst Pfarrer werden wollte („weil ich so in den Himmel komm"), erbte Beteiligungen an zahlreichen Kiesgruben und war damit den irdischen Sorgen enthoben, was ihn nicht daran hinderte, Redakteur bei der Stuttgarter Zeitung, Leiter des Tübinger Studios des Südwestfunks und schließlich Hörfunkdirektor des Senders in Baden-Baden zu werden. Der ideelle Gesamtoberschwabe hat in dieser Zeit alle kennengelernt: Bürgermeister, Landräte, Regierungspräsidenten, Minister, Bischöfe, Intendanten, Firmenchefs. Und den meisten ist er nur im sogenannten Bobby-Weitwurf unterlegen, einem Wettbewerb im Tübinger SWR-Studio, bei dem die metallenen Spulen der Tonbänder in die Wiese geschleudert werden mussten. Angeführt wird die Rangliste vom einstigen Regierungspräsidenten Wicker (12,50 m), weit dahinter folgen der verstorbene Schlee (9,20 m), die zurückgetretenen Schaufler und Christoph Palmer (jeweils 8,70 m) und Voß (8,30 m), der Seitwärts-Steuer (7,50 m) noch vor Bischof Fürst (6,70 m). Erst an siebzigster Stelle rangiert Locher mit 6,60 m, aber noch drei Plätze vor Oettinger, der mit schlappen 6,40 m notiert ist.

Locher kann heute nicht mehr mitwerfen. Er ist zu alt und Dialysepatient, aber ansonsten guter Dinge. Der Besucher darf morgens schon Dom Perignon von Aldi trinken, die Perser auf dem Boden und die Grieshabers an der Wand bewundern und den prachtvollen Blick genießen, den man hat, wenn die angeregten Sinne von seinem Balkon auf dem Tübinger Österberg übers Tal schweifen. Aber glaube keiner, hier sitze ein Rentner in seinem schwarzen Ledersessel und warte darauf, dass ihn der Allmächtige heimruft. Gerade klingelt wieder Siegfried Weishaupt an, der Patriarch der Ölbrenner, die in Schwendi bei Biberach gefertigt werden, einem 6000-Seelen-Dorf, in dem es eine Weishaupt-Realschule, eine Weishaupt-Straße, ein Weishaupt-Kino und ein Weishaupt-Pflegezentrum gibt. Weltweit schaffen 2800 Mitarbeiter für das Unternehmen, dessen Erfolgsmodell „Monarch" gar die Sixtinische Kapelle beheizt. Weishaupt erzählt Locher von seiner Geschäftsreise nach Ungarn, und hinterher berichtet Locher von seinen Kuraufenthalten mit Weishaupt im spanischen Marbella. Fünf Sterne mindestens.

Klar, dass Locher auch den anderen oberschwäbischen Magnaten kannte: Hans Liebherr, den 1993 verstorbenen Gründer des Kräne- und Waschmaschinenimperiums aus Ehingen. Der Maurermeister hat sich nach dem Krieg gefragt, was die Leute brauchen, und ist auf Kräne und Waschmaschinen gekommen, womit der Konzern heute einen Umsatz von 6,4 Milliarden Euro erwirtschaftet und 26.000 Mitarbeiter beschäftigt.

Klar auch, dass Liebherr nur ein müdes Lächeln für das Ansinnen des Ministers Schlee hatte, das Stammwerk nach Sigmaringen, in seinen Wahlkreis, zu verlegen. „Der Hans hat gleich abgewunken", erzählt Locher, die Leut' in Sigmaringen täten ja nix schaffe. Dasselbe soll er auch von Tübingen gedacht haben, wo die Firma Zanker zum Verkauf gestanden hat. In einer Unistadt sei alles noch viel schlimmer, habe der gelernte Malocher befunden und eine Übernahme sofort abgelehnt.

Liebherr habe auch in seiner Familie ein strenges Regiment geführt, erinnert sich Locher, und wer weiß, vielleicht hat das auch dazu geführt, dass Sohn Hubert noch strenger wurde als es der übermächtige Vater schon war. Mit zehn war er ein braver Schulbub, der nicht ohne Nachtgebet zu Bett ging. Mit zwanzig ein reicher Playboy, und mit 38 ein Bekehrter, der sein dreistelliges Millionenerbe an den Vater zurückgab, weil er Gott dienen wollte, was er seit nunmehr 20 Jahren tut. Der heute 57-jährige Ingenieur verkündet das Evangelium auf Pilgerreisen, vor allem in dem bosnischen Marienwallfahrtsort Medjugorje.

In der Reihe der Milliardäre fehlt noch Adolf Merckle, der Gründer von Ratiopharm, Europas größtem Generikahersteller. Er sei ein ganz bescheidener Mensch, sagt Locher, ein untersetzter älterer Herr, den man auf der Straße nicht erkennen würde, weil er so gar kein Aufhebens um sich machen würde. Aber der wahrscheinlich reichste Oberschwabe. Die Merckle-Gruppe, die Anteile an Daimler und HeidelbergCement hält, Windkraftgeneratoren und Pistenbullis fertigt und sogar Schafe züchtet, verzeichnet einen Umsatz von rund 18 Milliarden Euro. Ratiopharm war zuletzt in die Schlagzeilen geraten, nachdem dem Unternehmen vorgeworfen wurde, Ärzte bestochen zu haben. Doch die unerquickliche Angelegenheit scheint erledigt, seitdem die Blaubeurer Familie wieder das Management übernommen hat, mit den Werten, die am Blautopf etwas gelten: harte

Arbeit und sauberes Gewissen. Man will sich ja in die Augen sehen können. Zum Beispiel dann, wenn man sich in der ehrwürdigen Alma mater Tübingens trifft. Merckle und Locher sind dort Ehrensenatoren.

In der Schlusskurve eines langen erfüllten Lebens hat Locher eigentlich nur einen kleinen Ausrutscher: die Assisi-Affäre. Es begab sich am 4. Oktober 2005 im Pilgerheim in dem umbrischen Wallfahrtsort, dass sich der Tübinger Presseclub mit Gesprächsbedürfnissen und der Rottenburger Bischof Fürst mit einem dicken Hals einfanden. Der Mann Gottes hatte sich von Sozialminister Andreas Renner anhören müssen, er solle doch erst mal selber Kinder zeugen, bevor er ihn als Schirmherr der Schwulenparade am Christopher Street Day kritisiere. Das hat Fürst sehr geschmerzt und ihn bewogen, es seinen Vertrauten Hubert Locher und Andreas Narr, dem Tübinger SWR-Studioleiter, den er ja vom Bobby-Weitwurf kannte, zu erzählen. Daraufhin beschlossen die beiden, Renners Chef Oettinger über die Ungeheuerlichkeit zu informieren, um die Sache im Guten zu regeln. Aber der evangelische Ministerpräsident hatte offenbar Wichtigeres zu erledigen, als mit dem Bischof zu sprechen, und so kochte der katholische Kessel vor sich hin, bis Narrs Anstalt den Deckel lupfte und exklusiv über Renners Rücktritt spekulierte – der dann auch kam. Locher rätselt bis heute darüber, warum Oettinger nicht spurte. Er weiß nur, dass der Abgang des Lausbuben Renner das Beste war, nachdem seine Geheimdiplomatie ausnahmsweise nichts gefruchtet hatte.

Teebrillen und andere Scheuklappen
Ein Regierungschef und das vierte „G'wältle"

Von Rainer Nübel

In einem Musterland wie Baden-Württemberg zu arbeiten, kann ziemlich anstrengend sein. Nehme man nur mal die Politiker, die das nämliche Vorzeige-Bundesland nach innen und nach außen repräsentieren. In ihrem sprachlichen Wirken dürfen sie zwar gegen Gesetze verstoßen, nämlich gegen die der hochdeutschen Grammatik und Orthographie, die wo bekanntlich sehr streng und gerade für ins Perfekt verliebte Schwaben wenig einleuchtend sind (wer sagt zum Beispiel schon präteritum-gerecht „ich feierte extensiv", wenn er saumäßig einen draufgemacht hat?). Doch ansonsten müssen Landespolitiker alles können. Vor allem diejenigen, die der Regierung angehören. Denn das gibt ihnen die selbst in Auftrag gegebene PR-Kampagne vor. Immerhin wirbt das Musterland damit seit langem bundesweit, also weit über Heilbronn hinaus. Im Klartext: Sie sollten nicht nur das Perfekt beherrschen – sie müssen einfach rundum perfekt sein.

Was sie in der Regel natürlich auch sind. Baden-württembergische Regierungspolitiker forcieren den Fortschritt, sichern die Jobs, senken die (eh schon niedrige) Arbeitslosigkeit, bringen die Bildung, gegen alles schräge Pisa-Geunke, konsequent voran, investieren elitemäßig in die Hochschullehre und Forschung, beflügeln die Kultur und gehen als Super-Sparer mit den Haushaltsmitteln vorbildlich um. Dabei verbinden sie realistischen Durchblick mit humanitärem Anspruch. Bittet etwa ein finanziell etwas indisponierter Markgraf um Hilfe, wollen sie ihm unbürokratisch-schnell unter die Arme greifen und seine Kunstschätze erwerben. Wenn auch der Großteil schon in Landesbesitz ist. Sei's drum, sie denken jedenfalls immer und überall ans Wohl ihrer Bürger. Und im übrigen benehmen sie sich stets ordentlich, in der Öffentlichkeit, privat und natürlich auch im trauten Kreis ihrer Parteifreunde.

Immer perfekt zu sein, ist ein Segen (protestantische Landeskinder würden sagen: ein „Sägen"). Wobei: Immer perfekt sein zu müssen, kann mitunter auch verflucht schwierig sein. Daher grenzt das Dasein einer baden-württembergischen Regierung ja auch ans Übermenschliche. Womit sich wohl auch die ehrfürchtige Frage erklärt, die in einigen Teilen der Bevölkerung gerne gestellt wird: Sind das eigentlich lauter Herrgöttle?

Eine derart massierte Mustergültigkeit bringt es derweil mit sich, dass neben Politikern auch einige andere Zeitgenossen in diesem paradiesähnlichen Land einen richtig schweren Job haben. Vor allem, wenn diese partout Anlass sehen, das Innenleben des bundesrepublikanischen Kleinods kritisch zu mustern. Oder darin gar ihre Aufgabe besteht. Wo so viel Licht ist, hell und klar, gibt es nach den Gesetzen der Naturwissenschaften zwar auch viel Schatten. Doch muss man sich wirklich damit beschäftigen? Muss man argwöhnisch die Augen zukneifen und nach schwarzen Punkten suchen? Nach dem Dunklen, das doch nur runterzieht? Man ahnt es: Es geht um die Medien, die „vierte Gewalt", wie alleskönnende Regierungspolitiker offiziell gern betonen. Um insgeheim zu denken, ein viertes „G'wältle" tät's auch.

Wer in ziemlicher Nähe zu den politischen Lichtgestalten des Musterlandes journalistisch arbeitet, hat es besonders schwer. Denn es liegt nicht unbedingt in der Natur der Sache, dass diese frei heraus von ihren Schattenseiten erzählen. Wenn sie denn je welche hätten. Noch heikler ist es, sie danach keck zu fragen.

Das goutieren sie nicht. Andererseits könnte die Gefahr drohen, dass man angesichts des gleißenden Lichts regelrecht geblendet wird. Wenn man nicht gerade eine Teebrille zur Hand hat. Womit wir bei der Landespressekonferenz wären, abgekürzt LPK, jener Gruppe von Journalisten, die mit kritischem Sachverstand über die Landespolitik und deren Akteure berichten. Und bei so manchem Musterbeispiel dafür, wie hart deren Leben sein kann.

Es begab sich zur Vorweihnachtszeit 2007, dass die Liebe unter den Menschen des Musterlandes ein trauriges Kapitel schrieb. Ein prominentes Paar gab das Ende seiner Ehe bekannt: Günther und Inken Oettinger. Der CDU-Ministerpräsident und die First Lady hatten sich, nach eingehender Prüfung, „im Einvernehmen dazu entschieden, getrennte Wege in Freundschaft zu gehen". Das Volk bedauerte die Nachricht. Hatte sich Oettinger mit seiner hübschen Frau und dem Sohn Alexander nicht immer so nett als intakte Familie präsentiert – vor allem im Jahr

Ministerpräsident Günther Oettinger mit Ehefrau Inken durfte 2006 zur Privataudienz bei Papst Benedikt XVI.

2004, als er gegen die kinderlose Parteikollegin Annette Schavan um die Teufel-Nachfolge angetreten war?

Die Landespressekonferenz, traditionell die journalistische Speerspitze in Sachen Seriosität, zeigte sich indes irritiert. Um nicht zu sagen: indigniert. Denn der Ministerpräsident hatte sein Ehe-Aus auf dem Boulevard verkündet, ausgerechnet, in der Zeitung mit den großen Lettern. Dabei hatte man doch selbst immer wieder diskret in der Regierungszentrale angeklopft, ob der Herr Ministerpräsident, wenn es denn etwas zu seinen privaten Verhältnissen zu sagen gäbe, dies doch bitteschön in einem seriösen Organ tun könnte. Und wie lange hatte man sich, der Privatsphäre eines Politikers streng verpflichtet, jederlei Veröffentlichung verkniffen, obwohl es fast schon jeder CDU-Politiker von den Hinterbänken geflüstert hatte: Der Günther werde demnächst den Sarkozy machen. Anzeichen dafür gab's ja genug. Man kannte sie alle, hatte sie auf den Landtags-Fluren tuschelnd eingesammelt und in die Redaktionen getragen. Vorsicht heiß, nicht die Finger verbrennen. Jetzt war die pikante Sache klar, der Kommentar schnell formuliert: Oettinger muss unter dem Druck der bösen Boulevardpresse gestanden haben. Plötzlich erinnerte sich mancher Vertreter der LPK daran: Hatte es bei Oettingers Dienstreise Ende August nach Südafrika nicht so manchen, sagen wir mal, delikaten Vorgang gegeben? Der angeblich als Foto verewigt wurde? Klar, man war ja damals mit im Reisetross. Der geneigte Leser erfuhr davon freilich nichts. Selbstredend aus Gründen der Seriosität. Politik ist Politik, und privat ist privat. Obwohl: Wenn man's ganz genau betrachtet, war Oettinger als Repräsentant des Musterlandes ans Kap gereist.

Manfred Zach, früherer Sprecher von Lothar Späth und späterer scharfsinniger Beobachter der „Beziehungskisten" zwischen Politikern und Journalisten, weiss, warum das so ist.

In seinem Buch „Die manipulierte Öffentlichkeit" erzählt er, wie prima Reisen sind, bei denen die „Schreibchargen" allerlei Abenteuer erleben dürfen. In den Bühnenkulissen, die extra für sie errichtet worden sind. Sei's beim Botschafter des gastgebenden Landes, sei's beim afrikanischen Despoten, dem der MP eine Liste von Amnesty International zukommen lässt, um hinterher sagen zu können, er habe die Menschenrechte angesprochen, sei's beim Wirtschaftsmagnaten, in dessen Schloss die publizistischen Reisebegleiter „stumme Mäuschen" an der Wand spielen dürfen. Das baut Distanz ab und Identifikation auf, die durch hintergründige Briefings und abendliche Einladungen zum Drink an der Bar „wirkungsvoll unterstützt" werden kann, bilanziert Zach. Die Wegelagerer avancierten so zu Staatskarossen-Fahrgästen, die sich der Ehre politischer Teilhabe würdig erwiesen – in der gemeinsamen Überzeugung, dass das, was jedem nützt, dem Ganzen nicht schaden kann. Dazu zählen auch die überproportional vielen Orden, die Journalisten gerne bei runden Geburtstagen verliehen werden.

Doch zurück zu Oettinger. Sein medialer Fehltritt war gerade verschmerzt, seine Klage, in Deutschland seien fast schon „englische Verhältnisse" eingekehrt (dabei hatte er selbst die Boulevard-Zeitung über sein Ehe-Aus informiert), fein säuberlich berichtet. Da traf die wackeren Berichterstatter eine Woche später der nächste Schlag. Bei der Sonntags-Schwester des Boulevardblattes hatte ihr Ministerpräsident ein Interview gegeben – zu solch hochpolitischen Fragen wie der, ob er eine Freundin habe und seine Noch-Frau von ihrem neuen Porsche-Partner schwanger sei. Illustriert war die Veröffentlichung mit einem großen Foto, das beim Neujahrsempfang der baden-württembergischen Landesvertretung in Brüssel Ende Januar 2007 geschossen worden war. Einem amtlichen Termin, an dem EU-Prominenz zugegen war, darunter EU-Kommissar Günther

Verheugen und EU-Parlamentspräsident Hans-Gert Pöttering. Das Foto zeigte die Feierlichkeit zur vorgerückten Stunde: In der „Schwarzwaldstube" der Landesvertretung spielt eine Folkloregruppe munter auf, am Tisch lachen dem Betrachter heitere Mienen und auf dem Tisch eine ganze Batterie an geleerten Weinflaschen und Biergläsern entgegen. Mittendrin der Hausherr, der sich mannhaft bemüht, die politisch korrekte Haltung und den vollen Durchblick zu behalten: Ministerpräsident Oettinger trägt ein lustiges Käppi auf dem Kopf – und zwei Teesiebe als Brille vor den Augen.

Wobei, so berichteten Augenzeugen, zu diesem Zeitpunkt der Abend noch lange nicht seinen Höhepunkt erreicht hatte. Der gesellige Regierungschef soll später zunächst den Tisch, mithin den Flaschenberg erklommen haben, um kurz darauf in der Tiefe des Raumes das Geschehen bis aufs letzte Promille zu analysieren. Augenzeugen für die erstaunliche Brüsseler Spitzen-Präsentation des Musterländles gab's genug, sie waren sogar hautnah dabei: Oettinger war in Begleitung von Journalisten der Landespressekonferenz nach Brüssel gereist.

Doch muss man denn gleich über alles berichten, wenn ein Regierungschef bei einer vom Land (also vom Steuerzahler) finanzierten Feier ein bissle über die Stränge schlägt? Immerhin sollte er ja auch einmal ganz Mensch sein dürfen. Wie also konnte die Boulevard-Presse nur dieses optisch schiefe Oettinger-Bild bringen? Und typisch, danach ließen sich auch noch Oettinger-kritische CDU-Größen teebrillentechnisch zitieren, anonym natürlich: Das sei doch absolut peinlich fürs Land.

In diesen für den Ministerpräsidenten und die Landespressekonferenz so harten Tagen kam noch etwas erschwerend hinzu. Recherchen einer Zeitschrift hatten die bösartige Frage aufgeworfen, ob Günther Oettinger auf Mallorca einen alten Duzfreund mit heiklem Handicap die Ehre seines Besuches erwiesen hatte. Promi-Wirt Maurizio Olivieri, der in Stuttgart das von Politikern, Wirtschaftsbossen und prominenten Künstlern häufig besuchte Edellokal „Come Prima" betrieben hatte, war Mitte 2006 mit Schulden im Gepäck über Nacht auf die Ferieninsel geflohen. Lieferanten waren auf nicht bezahlten Rechnungen sitzengeblieben. Der Italiener stand im Visier der Stuttgarter Staatsanwaltschaft, wegen des Verdachts, Sozialversicherungsbeiträge für seine früheren Mitarbeiter nicht abgeführt zu haben. Olivieri hatte auf Mallorca gegenüber Journalisten, die für die Zeitschrift arbeiten, offen über sein Schuldenproblem geredet. Und dabei erzählt, „der Günther" habe im August 2007 plötzlich sein neues Lokal im Nobelort Andratx betreten, ihn umarmt und freundschaftlich „Du Arschloch" zu ihm gesagt. Wobei letzteres Bonmot von Oettinger-Kennern als besonders realistisch eingeschätzt wurde. Er liebe halt mitunter das direkte Wort. Der Ministerpräsident aber bestritt jeglichen Besuch beim Schuldenwirt vehement. Ein Dementi allerdings mit gravierenden Schönheitsfehlern: Oettinger verhedderte sich nicht nur heillos in Widersprüche – er sagte gleich zwei Mal nachweislich die Unwahrheit: Zuerst wollte er noch nie in seinem Leben auf Mallorca gewesen sein. Dabei hatte er im Jahr 2005 dort gleich zwei Mal Urlaub gemacht und in Interviews mit dem „Mallorca-Magazin" in den höchsten Tönen von der Ferieninsel geschwärmt. Dann behauptete Oettinger, er sei zuletzt auf Malle gewesen, bevor Olivieri dorthin gezogen sei. Was er kurz darauf auch wieder korrigieren musste: Ja, er sei an Pfingsten 2007 auf der spanischen Insel gewesen – aber keinesfalls in Olivieris Lokal. Dem italienischen Wirt, von Oettinger in Stuttgart öffentlich noch als „baden-württembergischer Weltmeister des Seitensprungs" geadelt, wurde derweil die Sache höchst unangenehm, als Presseberichte über den angeblichen Oettinger-Besuch bei ihm erschienen waren. Wohl ahnend, dass „der Günther" Probleme bekommen könnte, übernahm der Wirt selbst die Zeche. Plötzlich offerierte Olivieri ein ganzes Bündel etwas ungelenker Korrekturen: Entweder habe er gelogen, oder sei besoffen gewesen oder missverstanden worden. Im übrigen sei alles, was Oettinger sage, richtig. Der Persilschein ging aufs Haus.

Für weite Teile der Landespressekonferenz aber war Gefahr im Verzuge. Teebrillen-Foto und die Mallorca-Sache, bei der Oettinger gar noch von Rücktritt sprach, sollte ihm der Olivieri-Besuch nachgewiesen werden – das waren gleich zwei Attacken auf den Ministerpräsidenten. Ach was, aufs ganze Musterland. Üble Angriffe von außen, jenseits des LPK-Zirkels. Woher sonst? Also taten LPK-Vertreter das, was seriöse, sachkundige und immer auf Distanz zur Macht bedachte Journalisten tun müssen: Sie warfen sich in Berichten und Kommentaren vor den Regierungschef wie weiland Winnetou vor Old Shatterhand, als der feige Fiesling Santer den Finger am Abzug hatte.

Manfred Zach, der die Spiele alle kennt, deutet diesen Mechanismus psychologisch. Der Narzismus, die Nähe zur Macht für einen Spiegel eigener Bedeutsamkeit zu halten, sei weit verbreitet, meint der ehemalige Regierungssprecher. Wer mit dieser Grundeinstellung arbeite, ohne sich immer wieder selbstkritisch zur Normalität aufzurufen, sei ein dankbares Manipulationsobjekt. Dann sitze der Journalist unversehens mit den Hintrimmern und Unterdrückern in einem Boot, statt sie zu korrigieren und bloßzustellen. In seinem Buch ist vom „Schmiergeld namens Nähe" die Rede.

In der Causa Oettinger war die Stunde der feinsinnigen Nahesteher angebrochen. Das Anrecht auf Schutz, das Politiker wie alle anderen Bürger im Kernbereich ihrer privaten Lebensgestaltung genießen würden, verliere sich allmählich in der postdemokratischen Medienwelt, wurde bedauernd konstatiert. Oettinger versinke in „Klatsch und Gerüchten". In bewährter, medientypischer Kollegialität wurde zudem sinniert, dass die Zeitschrift, die von Oettingers Mallorca-Widerspruchsfestival berichtet hatte, einfach nur beleidigt reagiert habe, weil sie die Scheidungsgeschichte verschlafen habe. Oettinger-Freund Olivieri mutierte rasch zum „windigen Wirt", dem man doch bitteschön weniger Glauben schenke könne als dem Herrn Ministerpräsidenten. Auch von „Sturmgeschützen" der Springerpresse war die Rede, gegen den Regierungschef in Stellung gebracht. Und als wären LPK-Matadore telepathisch miteinander verbunden, kreierte ein anderer Chronist die kompatible Schlagzeile „Mediale Treibjagd auf Oettinger". Ein ganzer Strauß kluger und sensibler Analysen, mit der schonungslosen Genauigkeit einer Endoskopie. Natürlich war das Ganze kein Fall Oettinger – wie auch, der Ministerpräsident hatte ja nur gelogen und sich derangiert gezeigt – sondern eindeutig eine Medien-Affäre. Oder um es mit der allzeit beliebten Formel zu sagen, mit der Oettinger-Getreue aus der CDU-Ministerriege rasch zitiert wurden: „eine Medienkampagne auf unwürdigstem Niveau".

Günther Oettinger machte denn auch einen gelassenen, fast schon aufgeräumten Eindruck, als er vor die Landespressekonferenz trat. Die Brüsseler Feier-Szene soll peinlich sein? Ach, woher denn! Immerhin hätten, so versicherte der Ministerpräsident, die Brille vor ihm acht Personen und nach ihm drei getragen. Auch Journalisten. An dieser Stelle meinte man bei manchem hart nachfragenden LPK-ler ein kurzes Zucken zu bemerken. Er habe sich an jenem Abend genauso verhalten wie 80 weitere Personen auch, fuhr Oettinger fort und hob zu einer Ankündigung an, die draußen im Musterland ganz sicher ein Aufatmen hervorrufen musste: „Ich habe weiter die Absicht, außerhalb der Kernarbeitszeit gesellig zu bleiben, leutselig und bürgernah." Außerhalb der Kernarbeitszeit – auf diesen Terminus für legitime Politiker-Gelage muss man erst einmal kommen. Eine Pretiose deutscher Rhetorik. Sportkundige Beobachter der Pressekonferenz hätten derweil schwören können: So befreit tritt man nur bei einem Heimspiel auf.

Oettinger genoss da ja auch die „volle Rückendeckung" der CDU-Fraktion, wie es sich für ein perfektes Krisenmanagement gehört. Was immer auch darunter zu verstehen war. Sie stehe hinter dem Ministerpräsidenten, hatte Fraktionschef Stefan Mappus betont. Und die Berichterstattung über Oettinger als „Schmutz" bezeichnet. Wobei, das mit dem Schmutz könnte Mappus durchaus doppeldeutig gemeint haben. Denn: Just als das Teebrillen-Foto erschienen war und einige CDU-interne Oettinger-Kritiker schon von dessen Rücktritt sprachen, wurde über Mappus Delikates in Umlauf gebracht. Von der Presse? Weit gefehlt: von CDU-Kreisen. Mappus zählte zu den potentiellen Oettinger-Nachfolgern ...

Man muss dazu wissen: Die CDU in Baden-Württemberg ist eigentlich eine große Familie. Und wie es in jeder großen Familie nicht nur traute Harmonie, sondern mitunter auch garstige Streitereien gibt, kann es dies eben auch in der Landes-Union geben. Und, man sollte es vielleicht nicht glauben: Es gibt sie auch. Verschärfend kommt hinzu, dass ein alter Spruch doch eine verblüffende Wahrheit in sich birgt: Es gibt keine schlimmeren Feinde als Parteifreunde. Mit der „Kampagne", die Oettinger und seine treuen Vasallen in der Vorweihnachtszeit 2007 witterten, ist es daher so eine Sache. Der CDU-Chef meinte damit natürlich die bösen Medien. Freilich nicht die LPK, sondern Blätter, die jenseits des Musterlandes ihren Sitz haben. Dabei war Günther Oettinger geflissentlich entfallen, dass es in der baden-württembergischen Politik geradezu einen Hort beeindruckender Kampagnen-Fähigkeit gibt: die CDU. Genauer: das CDU-Lager um Oettinger selbst.

Nicht nur Vertreter der Landespressekonferenz, sondern auch

andere Journalisten haben dazu einen reichen Erfahrungsschatz. Prompt und unaufgefordert waren ihnen aus dem Oettinger-Lager vermeintliche Informationen geradezu aufgedrängt worden, als Ende 2004 der damalige Fraktionschef anhob, endlich das jahrelange Kronprinzen-Dasein abzulegen und in die Villa Reitzenstein einzuziehen. Zunächst musste der „Alte" weg, Ministerpräsident Erwin Teufel. Mit viel Liebe, weniger zu Teufel als zum uncharmanten Detail über ihn wurde versucht, allerlei parteiinterne Geschichten in die Notizblöcke zu diktieren. Die alle denselben schlanken Tenor hatten: Mit dem betulichen Teufel, der kaum noch etwas höre und auf niemanden mehr höre, lasse sich keinen Staat mehr machen. Die verbalen Heckenschützen lagen überall auf der Lauer: im Stuttgarter Landtag, in Hintergrundgesprächen, bei Parteiveranstaltungen.

Als Erwin Teufel schließlich aufgab und seinen Stuhl räumte, galt es für Oettinger, sich gegen die parteiinterne Konkurrentin um das Ministerpräsidenten-Amt durchzusetzen. Einen „fairen Wettbewerb" mit der „Parteifreundin" kündigte Oettinger an. Schlimmer hätte die Drohung für Annette Schavan nicht ausfallen können. Tatsächlich wurden Medienvertreter mit Details über die damalige Kultusministerin überhäuft – primär aus dem Bereich, den Oettinger zwei Jahre später für sich selbst reklamierte: aus dem Privatleben. Details, die ins Intime gingen und deren Qualität erstaunlich häufig weit unter der Grasnarbe lagen. Klassische Kampagnen eben. Tatsächlich „auf unwürdigstem Niveau". Mancher der Oettinger-nahen Affärenflüsterer wurde ob seiner ausgefeilten kommunikativen Leistung belohnt, als das Ziel erreicht war – und avancierte zum Interpreten der Regierung.

Derart politisch hyperkorrekte Arbeit geht freilich nie aus. Immerhin gab es nach Oettingers erfolgreichem Kampf um die

Macht in der trauten CDU-Familie ja immer noch einige unbelehrbare Anhänger von Erwin Teufel und Annette Schavan. Potentielle Widersacher also. Leute wie Christoph Palmer. Der frühere Staatsminister hatte sich zwar durch die Ohrfeige, die er in der OB-Wahlnacht 2004 seinem Parteikollegen Pfeiffer verpasst hatte, selbst aus dem hohen Amt gekegelt. Doch die Halbwertszeit solcher Affären ist inzwischen überschaubar, auch in Baden-Württemberg. Und Palmer war zuvor immer wieder attestiert worden, dass er das Zeug zum Ministerpräsidenten habe. Es gibt Zufälle, die man nicht für möglich halten würde: Ausgerechnet in der Zeit vor der Landtagswahl 2006, als sich Palmer überlegte, ob er sich für ein Mandat im Landtag zur Wahl stellen soll, standen plötzlich Boulevard-Reporter in seinem Vorgarten und kramten in seinem Privatleben. Ihre „Mission": Palmer soll Eheprobleme haben. Der CDU-Politiker warf erbost die Reporter von seinem Grundstück und wollte wissen, woher diese „grottenfalsche" Nachricht gekommen war. Seine Recherche beförderte Erhellendes zu Tage: offenbar aus dem engsten Umfeld des neuen Ministerpräsidenten. Womit sich das Sittengemälde der trauten CDU-Familie rundet. Bei derart beeindruckenden Mustern an politischer Seriosität wird klar, dass nicht nur die Landespressekonferenz in Baden-Württemberg einen harten Job hat. Sondern alle Journalisten. Die Chance, bei Recherchen über Missstände auf die Hermetik eines geschlossenen und verschwiegenen Systems zu stoßen, ist groß – genau so groß wie die Gefahr, instrumentalisiert zu werden. Journalisten leben von Informationen und Informanten, eine Binsenwahrheit. Doch welcher Informant hat welche Motivation? Und wie sicher sind seine Infos? Da fängt das Problem schon an. Politische Informanten sind oft scheu wie Rehe. Das mag in Baden-Württemberg an einer gewissen Tradition liegen, die im Laufe der Jahre gewachsen ist. Lothar Späth, so berichten

Kenner des früheren Ministerpräsidenten glaubhaft, hätte mit enttarnten Presse-Informanten aus seinem Haus kurzen Prozess gemacht: ab in die Versenkung. Ein tiefer Sturz. Sein Nachfolger Erwin Teufel wiederum hatte seine ganz eigene Methodik, wenn es um kritische Journalisten ging: Er strafte sie damit, dass sie zu keinem Hintergrundsgespräch eingeladen wurden. Damit mussten sie Regierungs-Interna aus anderer Quelle beziehen. Woher? Siehe oben.

So kommt es, dass sich auf den Schreibtischen so mancher Journalisten seit Jahren Aktenordner mit durchaus wichtigen, sogar spektakulären Fällen stapeln – die meisten tragen allerdings den Aufdruck: „Derzeit nicht beweisbar – Wiedervorlage". Und daher werden Reporter partout den fatalen Eindruck nicht los, dass so mancher aktuelle und ehemalige Landespolitiker über sie schmunzelt. Wenn nicht sogar sich lachend auf die Schenkel haut. Weil's das vierte „G'wältle" zwar immer wieder versucht, es aber im Endeffekt doch nicht so recht schafft, Schattenseiten der Lichtgestalten ganz auszuleuchten.

Sage aber niemand, die Wirtschaft im Musterland könne mit der Politik nicht mithalten – was die Selbstinszenierung von Kampagnen angeht. Und den Versuch, Journalisten für ihre Interessen einzuspannen. So mancher Konzern entwickelt darin eine enorme Phantasie, so dass man selbst in der Villa Reitzenstein noch etwas lernen könnte. Besonders spannend ist der Fall eines baden-württembergischen Energieunternehmens, der sich in jüngerer Vergangenheit abspielte. Er hat in seiner schaurigschönen Dramaturgie etwas 007-Mäßiges – als ob James Bond höchstpersönlich im Spiel gewesen wäre. Um sich an einem ehemaligen Vorstandschef und einem von ihm eingesetzten Juristen schadlos zu halten (böse Menschen würden sagen: um beide zu schädigen), wurden in den oberen Etagen dieses Unternehmens Unterlagen geschnürt, die unlauteres Geschäftsgebaren beweisen sollten. Die neuen Chefs sahen es freilich nicht für opportun an, mit offenem Visier vorzugehen und selbst die „skandalösen" Verfehlungen vor ihrer Zeit an die Öffentlichkeit zu bringen. Wozu hat man denn die Presse?

Also wurden eifrig Kontakte zu Journalisten verschiedener Medien hergestellt, sehr diskret natürlich. Mitarbeiter der Chefs mussten die Reporter anrufen: Ob sie nicht an den Verfehlungen der Herren X. und Y. interessiert seien? Weil das recht interessant klang, gingen Journalisten auf die klandestinen Einladungen ein. Doch weil das angeblich „heiße" Material sich bei genauer Betrachtung eher als kalter Kaffee erwies, wurde die Zahl interessierter Journalisten nach und nach immer kleiner. Das enttäuschte die Chefs: Auf die Presse konnte man sich einfach nicht verlassen. Also entschieden sie sich, ein klein wenig aus der Deckung zu gehen. Bei den nächsten Versuchen traf sich ein Spitzenmanager selbst mit den Journalisten, in Absprache mit dem damaligen Vorstandschef. Und damit errang das Ganze fast Hollywood-Qualität.

Agententhriller, Klappe eins, Action: Wir sind in der Lobby eines Stuttgarter Hotels. Der Journalist sitzt an der Bar, trinkt schon den zweiten Kaffee und raucht die dritte Zigarette (was zum Zeitpunkt dieses dramatischen Geschehens in Baden-Württemberg noch erlaubt war). Der Topmanager, der sich angesagt hat, ist schon dreißig Minuten über dem vereinbarten Termin. Plötzlich betritt er die Lobby, er ist über den Hintereingang des Hotels gekommen. Dunkler Maßanzug, blaue Krawatte, den leichten Mantel trägt er lässig über dem rechten Arm. Mit dem geübten Blick eines Super-Spezialagenten prüft er sekundenschnell alle Gäste der Bar. Zielsicher geht er zu dem Mann in Jeans und Blazer. Dass der schon den zweiten Kaffee trinkt und die dritte Zigarette raucht, weiß der Spitzenmanager nicht. Es interessiert ihn auch nicht. „Ich will von Ihnen nur eines wissen", flüstert er dem Journalisten zu. „Warum soll ich ausgerechnet Ihnen die Unterlagen geben?" Der Journalist ist etwas irritiert. Dann sagt er: „Das müssen Sie schon selbst wissen." Der hohe Firmenvertreter zuckt mit einer Augenbraue. Und schweigt. Plötzlich hebt er mit der linken Hand den Mantel, den er lässig über dem rechten Arm trägt – darunter verbirgt sich ein Päckchen. Er legt es auf den Tresen. „Machen Sie was daraus", sagt er – und verschwindet durch den Hintereingang.

Der Journalist machte nichts daraus. Weil der eigentliche Zweck der Übung auch ihm aufgefallen war. Die Folge waren zunehmend verärgerte Anrufe von Mitarbeitern des Unternehmens, die für den noch verärgerteren Vorstandschef anrufen mussten. Der fand schließlich, nach einem Jahr intensivster Bemühungen, doch noch einen Journalisten, der die Geschichte machte. Sie erreichte freilich keine breite mediale Aufmerksamkeit – weil sie schlicht zu dünn war. Künstlerpech.

Dabei hatten sich die Kampagneros aus der Chefetage sogar auch außerhalb ihrer Kernarbeitszeit engagiert. Medienleute sind einfach blind. Als ob sie Teesiebe auf den Augen hätten.

Das Manifest

Big Money: Der Fall Flowtex und seine Rätsel

Von Meinrad Heck

Dass Manni fest an den Herrgott geglaubt hätte, ist nicht überliefert. Aber einmal war er dem Allmächtigen doch ein wenig nahe gekommen. An einem Sommertag des Jahres 1997 in einem dieser schmucken badischen Dörfer unweit des Rheins war es gewesen. Manni hatte dort einen alten Bekannten aufgesucht, der über höchst außergewöhnliche Fähigkeiten verfügte. Manni war zu jener Zeit ein gerissener, in jeder Hinsicht schwergewichtiger und außergewöhnlich erfolgreicher Gauner in den besten Mannesjahren. Keiner von dieser üblen Sorte, die sich in finsteren Ecken den Weg freiballern oder Menschen wildgeworden an die Gurgel springen. Sein Talent entfaltete sich in den achtziger Jahren zunächst in den Vor- und Hinterhöfen gewiefter Gebrauchtwagenhändler, in den Neunzigern war er bereits ein begehrter Kunde in den Vorstandsetagen mächtiger Banken, aber auch schon gut Freund mit diversen Landes- und Bundesministern. Unglücklicherweise wird er nach der Jahrtausendwende für elfeinhalb Jahre in den Knast wandern. Peinlich für das Musterländle, denn einige Politiker werden ihren Job an den Nagel hängen müssen.

Aber so weit war die Geschichte an jenem Sommertag des Jahres 1997 noch nicht fortgeschritten. Damals war Manni nur auf eine seiner pfiffigsten Ideen gekommen. Er brauchte Geld auf dem Konto. So um die 80 Millionen, mit denen er vorhatte, seine Geschäftspartner mächtig zu beeindrucken. Für seine Verhältnisse nicht übermäßig viel. Die Moneten gedachte er sich mit einer List zu verschaffen. Er würde sie einfach drucken lassen. Natürlich keine Blüten, so bescheuert wäre er nie gewesen. Etwas raffinierter durfte es schon sein. Und das Ganze ein bisschen in Anlehnung an den Allmächtigen. Dessen Stellvertreter auf Erden hieß in jenen Tagen Papst Johannes Paul II. Und mit den Herrschaften vom päpstlich-vatikanischen Büro hatte unser Manfred eines gemeinsam, nämlich den Draht zu jenem Mann in dem hübschen Dörfchen am Rhein. Der hatte dort ein alteingesessenes kleines, aber sehr feines Familienunternehmen, und so wie er dem Heiligen Vater schon zu Diensten hatte sein dürfen, so würde er auch Manni behilflich sein können.

Manni hieß im wirklichen Leben Manfred Schmider. Volkes Stimme durfte ihn auch gerne Manfred den Großen oder auf gut Deutsch „Big Manni" nennen. Wer in seinem Umfeld der englischen Sprache einigermaßen mächtig war, der konnte in zwei Worten die ganze Geschichte erzählen, um die es eigentlich ging: Big Money.

Manfred Schmider also war seinerzeit seit ziemlich genau zehn Jahren der ausgebuffteste Betrüger der Republik. Er wohnte und wirkte im symbadischen Teil unseres Musterlandes nahe Karlsruhe. Von dort stammen Karl Friedrich Drais von Sauerbronn, der Erfinder des Zweirades, und der Automobil-Pionier Carl Benz. Dort waren und sind bis heute die Denker, Tüftler und Forscher in ihrer selbsternannten Technologieregion zuhause, dort hatten und haben sie ihrer eigenen Selbsteinschätzung und einem hübschen Werbespruch zufolge heute noch „viel vor und viel dahinter". Genau da war er seinerzeit richtig und dort nannte ihn alle Welt einen Visionär oder einen Vorzeigeunternehmer, weil er so unermesslich reich, so erfolgreich und vor allem natürlich immer so spendabel gewesen war. Sein Unternehmen Flowtex ließ sich seit 1988 von sehr vielen großen Banken sehr viele und sehr teure Bohrmaschinen finanzieren. Viel mehr war eigentlich nicht dahinter.

Es ging um solche Maschinen, die Leitungen und Kabel unter einer Straße oder einer Autobahn hindurch verlegen konnten, ohne sie aufzureißen. Das war in jenen Zeiten ganz schön clever gewesen, weil die ganze Welt verkabelt werden wollte und eine solch wundersame Technik zu brauchen schien. Noch viel cleverer war, dass es die allermeisten der zuletzt dreieinhalbtausend Horizontalbohrgeräte als angebliches Flowtex-Vermögen überhaupt nicht gegeben hatte. Nur ein paar wenige Maschinen bohrten des schönen Scheins wegen in der besagten Horizontalen oder sie standen in Hallen und auf Hinterhöfen herum. Stückpreis: bis zu 1,6 Millionen Mark, finanziert auf Pump. Für den Fall, dass ein allzu pflichtbewusster Banker einmal sehen wollte, wofür er eigentlich Geld ausgab – was aber ziemlich selten geschah. Denn unser Manni hatte seine Finanziers gut im Griff und ein beeindruckendes Netz von Tarnfirmen rund um den Globus gesponnen. Keiner außer ihm und seinen Vertrauten sollte wissen, dass er über Strohmänner alles kontrollierte.

Meist landete das Geld seiner Banken also im Blindflug auf einem seiner 383 Konten. Als Sicherheit genügte diese wunderschöne Optik, und so fütterten einige Dutzend Geldinstitute unseren Visionär im Lauf der Jahre zuerst mit ein paar hunderttausend Mark, später einigen hundert Millionen und am Ende mit ein paar Milliarden. Big Manni war proportional zu diesem Geldsegen natürlich immer besser und erfolgreicher geworden. Er hatte auf dem Papier ein ebenso fulminantes wie abenteuerliches Wachstum hingelegt und deshalb Geld und immer mehr Geld für seine Luftnummern erhalten. Das hatte er auch gebraucht. Ziemlich dringend sogar. Zum einen für seine gut versteckten Depots in der Schweiz und Liechtenstein oder seinen bescheidenen Lebensstil mit ein paar Privatflugzeugen, Ferraris, diversen Yachten oder formidablen Palästen in aller Welt, für die er in toto so um die 320 Millionen Mark hingeblättert hatte. Aber auch für seine vielen netten und geselligen Abende in seiner prachtvollen Villa in edler Lage am Turmberg zu Karlsruhe-Durlach, auf die sich manche Stuttgarter Regierungsvertreter und andere Honoratioren in all den Jahren immer so sehr hatten freuen dürfen.

Eine ausgesprochen noble Geste war auch, dass er der öffentlichen Hand seine eigene nicht ganz so saubere reichte und ein paar der ergaunerten Millionen in den Umbau eines alten Luftwaffenstützpunktes steckte, damit auch die Badener endlich ihren eigenen Flughafen bekamen. Das sollte nicht ganz uneigennützig geschehen. Zum einen war unser Visionär damit als Gönner ziemlich unantastbar geworden und die öffentliche Hand revanchierte sich mit 56 Millionen Mark Zuschuss aus dem Steuersäckel. Der Flughafen nannte sich nicht nur Airport, sondern wurde gleich als Airpark mit anschließendem Gewerbegebiet verkauft. Das war ein stattliches Areal nahe Baden-Baden von rund 700 Hektar Größe, das Gelände war schon ein bisschen grün gewesen, vor allem aber hatte es noch viel vom olivgrünen Charme aus alten Militärzeiten. Das Projekt kam seinerzeit nie, sondern erst lange nach Manni, so richtig in die Gänge, aber hörte sich fantastisch an, und ein derart großzügiges Geschenk nahmen seine Badener im Jahr 1996 freudig entgegen. Endlich konnten auch sie so wie die schwäbischen Flieger in Stuttgart vor ihrer eigenen Haustüre abheben und durchstarten. Das tat gut. Unser Visionär hatte also Badens Tor zur Welt geöffnet und sich gleichsam in der Geschichte des so selbstbewussten Landesteils verewigt. Das würden ihm seine Landsleute und vor allem die beflissenen badischen Repräsentanten so schnell nicht vergessen.

Der sprichwörtliche Rubel musste selbstverständlich auch in die Taschen unseres Visionärs rollen, weil dessen Banker natürlich irgendwann ihre Kohle zurückhaben wollten, und Manni diese Schulden selbstverständlich bezahlte – mangels Masse jedoch nicht etwa aus den Erlösen seines Vorzeige-Unternehmens, sondern mit den Millionen, die er immer wieder neu ergaunerte.

Derart wundersame Geldvermehrung badischer Prägung sollte eines noch fernen Tages als das so genannte Flowtex-Schneeballsystem in die Kriminalgeschichte eingehen. Jahre später erst, im Februar 2000, platzte die Blase. Dann erst wanderte Big Manni hinter schwedische Gardinen, um dort ein bisschen gehätschelt zu werden, damit er nichts über seine einflussreichen Förderer ausplauderte, was er bis auf wenige Ausnahmen auch befolgte. Das Musterländle durfte sich alsbald einer weiteren Spitzenstellung rühmen – am Fuß des Schwarzwaldes war der größte Betrug der deutschen Nachkriegsgeschichte mit einem Volumen von fast viereinhalb Milliarden Mark ausbaldowert worden. Ein paar seiner kleinen Bediensteten, dem Hausmeister oder den Sekretärinnen, war das System Schmider nicht verborgen geblieben, nur die so ausgefuchsten Bankmenschen sowie ganze Heerscharen von Wirtschaftsprüfern, zahllose Staatsanwälte oder Finanzbeamte und vor allem die vielen prominenten Freunde unseres Vorzeigevisionärs, von denen noch zu erzählen sein wird, wollten zehn Jahre lang nichts bemerkt haben.

Big Manni hatte mit seinem Unternehmen auf Hochglanzpapier stets höchst beeindruckende, aber eben nur gefälschte Bilanzen vorweisen können. Weltweit schien er Milliardenumsätze zu machen. Seine Herren Bankiers durften kräftig mitverdienen und auch der Fiskus sahnte mit vielen hundert Millionen Mark gut ab. Der aberwitzige Schwindel funktionierte auch, weil angeblich um die 1500 Menschen weltweit für den Vorzeigeunternehmer arbeiten durften. Es waren am Firmensitz badischen Ettlingen zwar nicht viel mehr als 50. Aber gezählt hatte sie keiner, gesehen schon gar nicht, und die 1500 Mitarbeiter ließen sich vorzüglich verkaufen – geschöntes Papier ist eben ausgesprochen geduldig. Ein Papier von solcher Qualität hatte unser Vorzeigeunternehmer an jenem Sommertag 1997 im Sinn, als er zu den Ufern des Rheins aufbrach, um diesen alten Bekannten in dessen dörflicher Druckerei aufzusuchen.

Dessen Familienunternehmen war nicht etwa irgendeines unter vielen, sondern ein ganz besonderes. Es beschäftigte Heraldiker und andere Spezialisten, welche die kunstvollsten Schriften, Schnörkel und Wappen entwerfen und zu Papier bringen konnten. Eine kleine aber feine Firma also, die ob ihrer außer Frage stehenden Druckkunst edelster Qualität die höchsten Würdenträger auf Erden zu ihren Kunden zählen durfte. Im normalen Leben druckte die kleine feine Firma schon mal die Wappen des Herrn Bundespräsidenten oder diverser Prinzen und Bischöfe, vor allem aber das persönliche Briefpapier des Papstes. Demnächst eben noch ein paar gefälschte Blanko-Kontoauszüge mit dem Schriftzug einer großen deutschen Bank für unseren Manni. Diesen kleinen Freundschaftsdienst hatte der Visionär von seinem Bekannten erbeten, und eine solche Herausforderung ließ sich vom Drucker diskret am Wochenende gegen ein Zusatzsalär von 50.000 Mark erledigen.

Ein paar Tage später schon hatte dann ein ziemlich tüchtiger Flowtex-Angestellter mit flinken Fingern am Computer auf unternehmerischen Zuruf schwindelerregende Zahlen, Zinsen und Umsätze in die druckfrischen Blanko-Vorlagen eingetragen, so wie es Big Manni vorschwebte. In Windeseile war Manfred Schmider um exakt 84.640.000 Mark reicher geworden. Dem jungen Flowtexianer – so pflegten sich die Mitarbeiter in dem badischen Musterunternehmen zu nennen – schien es zwar schon ein wenig befremdlich, dass und wie sich der Chef plötzlich seine eigenen Kontostände frisierte. Aber nachdem diese und noch ganz andere Geschichten ein paar Jahre später aufgeflogen waren, ließ der junge Spezialist einen reichlich verdutzten Gerichtspräsidenten wissen, dass er als kleiner Angestellter in dem Vorzeigeunternehmen nun einmal „alles machen, aber nicht alles wissen musste".

Auch die eine oder andere Sekretärin unseres Visionärs hatte sich gegen ein Extrahonorar von 10.000 Mark zu diskreten Kurierdiensten überreden lassen, um solch brisante Dokumente in einem sicheren Kellerraum außerhalb der Firma zu bunkern, auf dass Big Manni sie schnell zur Hand hatte, wenn es denn nötig sein sollte. Selbst der Hausmeister wurde eingeweiht. Der gute Mann, zuverlässig bis in die Haarspitzen und mit einem fürstlichen Monatslohn ausgestattet, durfte im blauen Anton anmarschieren und ein paar dieser Hightech-Bohrgeräte so präparieren, dass ihre Nummernschilder immer zu den Kredit- und Leasingverträgen passten, mit denen sich Big Mannis Banker das Geld aus der Tasche ziehen ließen. Nun stand zwar damals schon in den Wirtschaftsnachrichten großer deutscher Blätter zu lesen, wie viele solcher Geräte auf dem Markt waren, nämlich europaweit um die 400, aber Manni hatte schon knapp 800 in seinen Büchern. Was soll's.

Gelegentlich hatte der Blaumann auch noch etwas anspruchsvollere Aufgaben wahrzunehmen. Denn es schien von Zeit zu Zeit angeraten, den Finanziers zu erläutern, dass diese Maschinen nicht nur vor sich hinrosteten – was der treue Hausmeister mit hingebungsvoller Pflege zu verhindern wusste – nein, es schien auch vonnöten, bisweilen den Nachweis zu führen, dass die Geräte natürlich ständig im horizontalen Baugewerbe im Einsatz waren und damit ordentlich Geld verdient wurde. Wie sollte Flowtex denn sonst zum milliardenschweren Vorzeigeunternehmen geworden sein, wenn nicht mit viel Geld aus High Tech? Und so kam es, dass der Hausmeister immer mal wieder den Geldgebern blitzeblanke Bohrer mit den passenden, aber gefälschten Nummernschildern vorführte, die wie nigelnagelneu glänzten. Dieselben Geräte durfte der eifrige Blaumann dann nächtens im Schweiße seines Angesichts mit ein paar Schlammbatzen so verzieren, dass sie Tags darauf für eine andere Gruppe von Bankern wundersamerweise aussahen, als kämen sie gerade frisch von der Baustelle und hätten Big Money gemacht.

Besagte 84 Millionen heiße Luft im frei erfundenen Kontoauszug aus der papstnahen Druckerei waren im Übrigen auch ziemlich hilfreich gewesen. Denn Manni hatte die Papiere mit dem Schriftzug eines großen deutschen Geldinstituts, ganz im Vertrauen versteht sich, einem konkurrierenden Bankier unter die Nase gehalten. Der war von dem phänomenalen Festgeldvermögen unseres Visionärs beim Mitbewerber derart hingerissen, dass er den virtuellen Millionen gleich noch ein paar echte hinterher warf. Weil dieser Banker natürlich sofort kapiert hatte, dass kein Mensch, der noch alle Tassen im Schrank hat, ein solch fantastisches Guthaben zu derart vorzüglichen Zinskonditionen – wie sie der tüchtige Flowtexianer ins Blanko-Formular getippt hatte – einfach auflösen kann. Natürlich sollte der liebe Herr Schmider sein Millionenvermögen auf der hohen Kante weiter für sich arbeiten lassen. Weswegen eine vorübergehende finanzielle Unpässlichkeit im Bereich liquider Mittel angesichts solch blendender Sicherheiten ganz schnell aus der Welt geschafft wurde. Ein neuer Kredit – und schon war Schmider wieder Mal aus dem Schneider und der Konkurrenz-Banker dick im Geschäft.

Solche und andere ähnlich schwierige Verhandlungen pflegte Manfred Schmider der Überlieferung zufolge bisweilen mit einigen sanften aber sehr überzeugenden Worten ein wenig zu forcieren. „Der Hummer wird kalt", ließ er seinen Bankern in trauter Runde gelegentlich zurufen, und die so Gezähmten wussten sogleich, dass ihre Fütterung bevorstand. Und schon schwebten sie wieder mit dem Firmen-Hubschrauber ins nächste Sterne-Restaurant ein. Dort wartete bereits ein gepflegtes Mahl auf die Herrschaften, und ein ganz besonderes Vergnügen war es, wenn unser Visionär seine Gäste begleitete, weil sich dann schon mal eine Lehrstunde aus der Welt kultivierter Gourmets anschloss. Etwa wenn sich unser Manni an heißen Sommertagen zum sündhaft teuren Roten zwecks Temperierung desselben noch ein paar Eiswürfel reichen ließ. Da mochte allenfalls ein halbwegs kultivierter Sommelier vielleicht ein wenig erbleichen, die Herren Bankiers hingegen bekamen zu fortgeschrittener Stunde rote Backen und glänzende Augen.

Schwieriger war es, in die höheren Etagen musterländlicher Politik vorzudringen. Manfred Schmider galt nun nicht gerade als ein ausgewiesener Meister der Redekunst. Aber schwierig heißt noch lange nicht unlösbar. Big Manni kaufte sich einen Politiker. Pardon – präzise formuliert muss es heißen, er ließ bekanntgeben, dass eine hoch angesehene Persönlichkeit mit Namen Jürgen Morlok zum 1. Februar 1994 als Unternehmenssprecher in sein Firmenimperium eingetreten war. Morlok, Sohn eines tüchtigen Karlsruher Schusters, hatte sich in der FDP vom einfachen Gemeinderat zum Landtagsabgeordneten und zum zweiten Oppositionsführer im Stuttgarter Parlament neben Dieter Spöri (SPD) hochgedient und dank gütiger Patronage des damaligen Ministerpräsidenten Lothar Späth, der froh war, einen Konkurrenten los zu werden, für noch Höheres empfohlen. Eng verbandelt mit Hans-Dietrich

Genscher, galt er lange Zeit als dessen Kronprinz, bis er sich für's Geldverdienen entschied und als Lobbyist zum Daimler in die Bundeshauptstadt Bonn wechselte. Als er zu Schmider kam, brachte er auch seine charmante Nichte mit, eine attraktive und gleichfalls sehr begabte Liberale. Beide öffneten für den einstigen Gebrauchtwagenhändler die Türen zur Macht. Sie schleusten ihn in die Rathäuser, dann in die Regierungszentralen und in die Ministerien ein. Bereiche, die Big Manni bislang verschlossen waren.

Der Zeitpunkt für dieses Entrée war gut gewählt. Manni steckte in Schwierigkeiten. Der Fiskus hatte schon Ende 1993 – sieben Jahre vor dem fulminanten Showdown – mehrere Schmider-Firmen am Wickel und in seine amtlichen Akten das hässliche Wort „Scheingeschäfte" hineingeschrieben. Ein paar von Big Mannis Unternehmen und solche seines jüngeren Bruders hatten sich gegenseitig solange 245 Millionen Mark mit geschönten Rechnungen zugeschoben, bis sie als angeblich echte Umsätze auftauchten. Und schon waren Schmiders seinerzeit ziemlich marode Bilanzen gegenüber Kreditinstituten so geschönt worden, dass die damals noch ein wenig misstrauischen Banken den Geldhahn nicht zudrehten. Kreditbetrug nennen Strafrechtler derlei Tricks. Manni und sein kleiner Bruder hatten die Geschichte mit den frisierten Bilanzen vor Finanzbeamten sogar ausdrücklich zugegeben. Aber der Fiskus behielt dies als „Steuergeheimnis" für sich. Nur in einem verstanden die fiskalen Staatsdiener nicht den geringsten Spaß: den Abgaben und Steuern. Gib dem Kaiser was des Kaisers ist, hieß es auch für die Brüder Schmider. Scheingeschäft hin, Scheingeschäft her. Vater Staat machte eine saftige Steuernachzahlung auf die fiktiven Geschäfte geltend und ein badischer Staatsanwalt begnügte sich mit einer eher bescheidenen Geldstrafe – nicht etwa wegen Betrugs, sondern wegen dieses Steuervergehens. Wie eine derart vorzügliche Behandlung seinerzeit zu erklären war, wurde nie geklärt. Aber ein paar Wochen, nachdem Hans Dietrich Genschers vormaliger Kronprinz und gelernter Strippenzieher bei seinem neuen Brötchengeber Big Manni angeheuert hatte, war der Fall wie zufällig vom Tisch.

Es sollte fortan nicht sehr lange dauern, bis sich, dank fleißigen Zuspruchs eines Jürgen Morlok, mehr und mehr amtierende und emeritierte Politiker bei Big Manni die Klinke in die Hand gaben. Der Privatmann Hans Dietrich Genscher etwa durfte hin und wieder im Firmenjet mitfliegen, Bundesaußenminister Klaus Kinkel versuchte, der charmanten Morlok-Nichte ein paar Geschäftskontakte für Big Money's Flowtex-Firmen in Arabien zu ermöglichen, Ministerpräsident Erwin Teufel pflegte seine Korrespondenz mit unserem Visionär bald

Baggerbiss am nie fertig gestellten Flowtex-Firmenneubau auf dem Gelände des Baden-Airport mit (v.l.n.r.) Ministerpräsident Erwin Teufel, Vorzeigeunternehmer Manfred Schmider und Jürgen Morlok.

mit den Worten „Lieber Manfred" einzuleiten. Zum Spatenstich eines geplanten, aber nie fertiggestellten Firmenneubaus reiste Teufel gleich selbst an – eine Art Ritterschlag, nach dem sich andere Mittelständler die Finger geleckt hätten. Der ehemalige Kanzleramtsminister und Geheimdienstkoordinator Werner Schmidbauer (Spitzname: „008") durfte sich bei einem internationalen Tennisturnier in der Flowtex-Lounge erholen und ein „Sehr geehrter Herr Minister, lieber Walter" namens Döring war der charmanten Morlok-Nichte etwas nähergekommen und im blütenweißen VIP-Zelt bei der Großen Woche auf der Pferderennbahn in Iffezheim herzlich willkommen. Darunter ist jenes Event zu verstehen, bei dem sich die gut betuchten Damen der Gesellschaft mit außerordentlich groß geratenen Kopfbedeckungen zu schmücken pflegen und die Paparazzi diverser Klatschorgane zum Defilee der geföhnten Häupter heraneilen. Könige gab es leider keine – außer Manfred dem Großen, der hatte nämlich den Hauptpreis für's Rennen gesponsort.

Er hatte auch geschafft, was allenfalls eines Staatspräsidenten würdig gewesen wäre. Irgendwie war es unserem Visionär mit seinen exzellenten Beziehungen gelungen, sich in einer der vielen badischen Behörden eine ganz außergewöhnliche Genehmigung zu verschaffen. Der Kollaps seines Schneeballsystems ließ sich gegen Ende nur noch vermeiden, wenn 60 Millionen Mark hinein gepumpt wurden. 60 Millionen pro Monat – soviel musste sich unser Vorzeigeunternehmer zur Bedienung laufender Verbindlichkeiten immer wieder ergaunern, damit sein Schwindel nicht aufflog. Zwei Millionen pro Tag, umgerechnet knapp 85.000 Mark die Stunde. Zeit ist Geld und weil das so ist, erhielt Big Manni eine Sondergenehmigung des Regierungspräsidiums Karlsruhe, damit er diese immer so zeitraubenden elf Kilometer zwischen seiner Villa und dem Firmensitz in Ettlingen nicht mehr auf verstopften Straßen fahren musste – Jetzt durfte er fliegen! Also startete und landete sein Firmenhubschrauber, wie es ihm beliebte, hoch oben auf dem Turmberg zu Karlsruhe-Durlach im prächtigen Garten der Schmider'schen Residenz. Der war mit 59.466 Quadratmetern nun wirklich groß genug geraten. Zu stören schien es weiter niemanden, außer einen benachbarten Verleger, der sich über den Fluglärm des neureichen Parvenues mit nicht gerade druckreifen Vokabeln erfolglos beschwerte. Weitere Proteste sind nicht überliefert, nur ein paar Gäule auf einer nahen Pferdekoppel keilten aus, wenn der Helikopter über's gepflegte Grün donnerte.

„Solche Männer braucht das Land", sagte im Verlauf dieser Erfolgsstory einer, von dem wir annehmen dürfen, er kenne sich aus mit Big Business und Big Money. Der Mann hieß Lothar Späth, er stand im Ruf ein Cleverle zu sein und seine netten Worte galten unserem Vorzeigeunternehmer. Gesprochen hat er sie am Samstag, dem 3. Juli 1999. Es war ein lauer Sommerabend auf jenem Turmberg. Einige hundert Banker, Prinzen, Bürgermeister, Landräte, Medienmenschen und nicht wenige Repräsentanten der Stuttgarter Landesregierung fieberten einer rauschenden Party entgegen. Zeit für das ultimative Manni-Fest. Er feierte seinen 50. Geburtstag. Sinnigerweise war seine Zeit bis dahin „wie im Flug" vergangen, stand auf der Einladung zu lesen. Schmider ließ sich die große Sause samt Diamantfeuerwerk eine Million Mark kosten.

Jürgen Morlok schenkte seinem Brötchengeber einen Stern am Firmament, den er sich nebst Urkunde bei einem Observatorium beschafft hatte. „Wollen wir hoffen, dass es ein guter ist", ließ der seinen Adlatus gerührt wissen. Unweit von Badens Tor zur Welt, dem neuen Flughafen, wollte der ergebene und treue Liberale seinem Herrn und Meister noch weiter zu Diensten sein. Ob man nicht eine Strasse nach ihm benennen könnte? Da aber hatte er den Dickschädel eines badischen Schultes etwas unterschätzt: „Net solang' er lebt", bekam er zur Antwort. Freudig erregte Geschäftspartner aber nannten an diesem so wunderschönen Abend ihr Geburtstagskind eine „Business-Maschine auf zwei Beinen", und ein französischer Honorarkonsul schwärmte in höchsten Tönen von Big Mannis „visionärem Blick", aber auch von dessen „flexibler Beharrlichkeit" im Geschäftsleben. Der freundliche Herr würde in nicht allzu ferner Zukunft einer der größten und bedauernswertesten Trottel seiner Zunft werden. Denn unglücklicherweise war der Konsul auch Direktor einer großen Bank gewesen, welche ausgerechnet von ihrem so hoch geschätzten Visionär in den vergangenen elf Jahren sehr beharrlich um exakt 171 Millionen 965 Tausend 146 Mark und 73 Pfennig erleichtert worden war. Die Zeit für den Showdown rückte näher.

Das hatte mit einem ungewöhnlich hartnäckigen Polizisten und einem Generalstaatsanwalt im fernen Portugal und Spanien zu tun. Die beiden hatten dort verdächtige Millionentransfers unter die Lupe genommen und waren dabei auf den Namen Flowtex gestoßen. Sie hatten nicht horizontal, sondern in die andere Richtung gebohrt. Und je tiefer sie vordrangen, desto mehr konnten sie ausgraben. Bald hatten sie so viel gefunden, dass sie Interpol und das Bundeskriminalamt in Wiesbaden einschalteten. Vier Tage nach der rauschenden Party auf dem Durlacher Turmberg klingelte im Finanzamt Karlsruhe das Telefon eines Amtsrates, der Flowtex in der Vergangenheit immer mal wieder als Betriebsprüfer unter die Lupe genommen hatte. Am anderen Ende der Leitung war ein junger BKA-Kommissar, der von den Geschichten in Spanien und Portugal erzählte. Er sprach von „angeblichen Flowtex-Lieferungen", die „gesicherten Erkenntnissen zufolge überwiegend ein Warenkreislauf auf dem Papier" darstellten.

Das war der Anfang vom Ende. Denn diese Erkenntnis vom Warenkreislauf auf Papier war dem Amtsrat und seinen Vorgesetzten nicht wirklich neu. 1993 schon hatte der Fiskus Manfred Schmider bei Scheingeschäften ertappt, aber wieder davonkommen lassen und drei Jahre später ebenfalls. Demnächst stand wieder eine Betriebsprüfung an. Bei zwei streng geheimen Treffen im Juli und September 1999 überließen die Spanier den Karlsruher Finanzbeamten ihr Material. Verdächtige Tarnfirmen, Kontaktpersonen, Kontobewegungen, alles in allem ein dicker Packen Papier. Die badischen Finanzkontrolleure würden bei der nächsten Prüfung im Hause Schmider also sehr genau wissen, wonach sie suchen müssten.

Was die Fahnder aus Madrid und Lissabon dem deutschen Fiskus lieber nicht auf die Nase banden, war ein ziemlich brisanter Verdacht, der bei ihnen fast schon zur Gewissheit geworden war. Sie wussten, dass baden-württembergische Finanzbehörden schon 1996 nach anonymen Betrugsanzeigen unseren Vorzeigeunternehmer mit horrenden Steuernachzahlungen hatten entwischen lassen. Der portugiesische Generalstaatsanwalt hatte in einem Geheimbericht vom 7. Juli 1999 notiert, dadurch seien 1996/97 im Musterländle weitere Ermittlungen „blockiert" worden. Die so vermutete Blockade fiel wie zufällig ausgerechnet in den Zeitraum, in dem Big Manni mit liberaler Hilfe den Badenern ihren Flugplatz geschenkt hatte und offenkundig unantastbar geworden war. Wenn die Fahnder aus Südeuropa in sehr kleiner Runde beisammen saßen und über die badisch-schwäbischen Verhältnisse sprachen, kamen ihnen die fiskalen Staatsdiener dort schon mal so vor, als seien sie „bestochen". Aber das ließ sich natürlich nicht beweisen und deshalb behielten sie ihre Vermutungen lieber für sich.

Die badischen Staatsdiener fanden bei Big Manni zu Beginn des Jahres 2000 dann natürlich das, was ihnen die spanischen

Fahnder zuvor schon auf dem Silbertablett präsentiert hatten. Am 4. Februar 2000 klickten die Handschellen. Mehr als 100 Beamte schlugen zeitgleich über die ganze Republik verteilt zu, sie beschlagnahmten 7000 Aktenordner und setzten eine der größten Fahndungsaktionen in Gang, die es im Ländle je gegeben hatte. In Windeseile wurden hunderte von Konten eingefroren, in letzter Sekunde ein geplanter Flowtex-Börsengang verhindert. Es folgte die – wie es im Fachjargon später hieß – „erfolgreichste Vermögensabschöpfung" aller Zeiten. Fahnder und Privatdetektive spürten weltweit eine gut versteckte Beute in einer Größenordnung von knapp einer halben Milliarde Mark auf. Im Badischen aber geriet die Welt etwas aus den Fugen. Ein hoher Kommunalpolitiker unter den badischen Liberalen holte im kleinen Kreis erst einmal tief Luft und fand es dann doch irgendwie „schade, dass es jetzt keine reichen Menschen mehr gibt". Kein Wunder, Big Manni hatte dem FDP-Mann, der einmal Oberbürgermeister hatte werden wollen und sogar als Justizminister des Musterlandes im Gespräch war, den Wahlkampf gesponsort und die so geflossenen 80.000 Mark mit Scheinrechnungen kaschieren lassen. So war zunächst niemand dahintergekommen und keiner hatte bemerkt, dass dieser Kommunalpolitiker kraft seines Amtes zeitgleich für eines von Schmiders Unternehmen geworben hatte. Eine ganze Region zwischen Schwarzwald und Rhein wurde also durch den Zusammenbruch von Schmiders Imperium von einem Erdbeben erschüttert, dessen Schockwellen und Nachbeben bald in der Landeshauptstadt Stuttgart eintrafen und dort drei Jahre lang einen parlamentarischen Untersuchungsausschuss beschäftigten.

Manfred der Große und ein paar seiner Vertrauten wanderten nach langen Gerichtsprozessen in den Knast. In null komma nichts hatte sich der Wind gedreht. Und das alles, weil ein paar seiner tüchtigen Beamten den größten Wirtschaftsbetrug der deutschen Nachkriegsgeschichte aufgedeckt hatten. So ließ es der baden-württembergische Finanzminister Gerhard Stratthaus eine verblüffte Öffentlichkeit wissen. Das Gute hatte gesiegt. Der Fiskus triumphierte. Dass und wie Beamte aus Spanien und Portugal diesen badischen Helden auf die Sprünge hatten helfen müssen, behielt der Minister lieber für sich.

Denn tatsächlich hatten seine Prüfer schon vier Jahre bevor sie sich als Enthüller feiern ließen, so etwas wie die Quadratur des Kreises vollbracht. Sie waren 1996 nach anonymen Betrugsanzeigen von der Staatsanwaltschaft auf den Fall Flowtex angesetzt worden und hatten wider besseren Wissens Entwarnung gegeben. Sie hatten Anzeigen unter den Tisch fallen lassen und dem Staatsanwalt verschwiegen. Der Fiskus wusste, wie viele Bohrer in den Flowtex-Büchern standen, er wusste aber auch, dass die Systeme mangels Nachfrage so gut wie nicht einsetzbar waren. Denn das hatte der Vorzeigeunternehmer seinerzeit immerhin zugegeben. Die Geräte würden nur „auf Halde" stehen. Womit verdiente er dann aber das viele Geld? Den Beamten dämmerte natürlich, dass es sehr wohl um Kreditbetrug gehen könnte, aber das sagten sie dem Staatsanwalt, der sie auf die Fährte gesetzt hatte, nicht. Sie erinnerten sich selbst mit ausdrücklichem Verweis auf Schmiders liberalen Adlatus Jürgen Morlok immer mal wieder an die „politische Brisanz" des Falles. Wie konnte der Gönner, der dem badischen Landesteil gerade einen neuen Flugplatz schenkte, ein Gauner sein? Die Finanzbeamten schrieben knapp 70.000 Aktenseiten und wollten die leidige anonyme Betrugsanzeige „entkräften". Sie hatten eine Stichprobe im europäischen Ausland machen lassen um herauszufinden, ob es die Wundergeräte tatsächlich gibt und bei welchen Firmen sie dort im Einsatz waren. Dann meldeten sie dem Staatsanwalt, diese Prüfung sei „ohne Beanstandungen" verlaufen. Der hatte daraufhin die Akte geschlossen und Big Manni konnte weiter gaunern.

Gleichzeitig aber hatte sich der Fiskus – nach 1993 zum zweiten Mal – noch geben lassen, was des Kaisers ist. Manni hatte einen treuen und sehr diskreten Advokaten beschäftigt, der über Jahre hinweg 80 Millionen Mark aus der Beute peu à peu in bar beiseite geschafft hatte. Doch dabei war er ertappt worden. Unser Visionär hatte den Staatsprüfern die schwindelerregende Summe und den nicht gerade alltäglichen Weg, den die Kohle im Koffer des Herrn Rechtsanwaltes genommen hatte, mit Kosten für eine angeblich heimliche Maschinenproduktion im Ausland erklärt. Dafür sei das Geld bestimmt gewesen. Um keinen Lizenzstreit mit den US-amerikanischen Erfindern seines revolutionären Systems zu riskieren, habe er unglücklicherweise alle Rechnungen vernichten müssen. Was dann folgte, erinnerte an die Quadratur des Kreises. Mal waren die Geräte für Finanzbeamte und diverse Steuerfahnder vorhanden, und mal auch wieder nicht. Um den Betrugsverdacht vom Tisch zu wischen, waren sie allemal gut genug. Um den Fiskus zu befriedigen dann aber wieder nicht. Denn der wollte die 80 Millionen, die der Advokat verschoben hatte, nicht als Betriebsausgaben anerkennen, sondern wegen verdeckter Gewinnausschüttung 36 Millionen Mark Steuernachzahlung kassieren. Das war eben genau jene horrende Forderung, welche Fahnder aus Portugal und Spanien vier Jahre später so in Rage gebracht hatte und mit der 1996/97 alle weiteren Nachforschungen wie durch ein Wunder „blockiert" worden waren.

112 Banken und Leasinggesellschaften, die nach dem Manni-Fest dastanden wie begossene Pudel, versuchten aus diesen scheibchenweise bekannt gewordenen Details Kapital zu schlagen, und das Land Baden-Württemberg wegen Amtsmissbrauchs seiner Finanzbeamten auf die Summe von 1,1 Milliar-

den Euro Schadenersatz zu verklagen. Auf den Fluren manch badischer Justizgebäude fragten sich daraufhin ein paar schmunzelnde Richter, die lieber nicht genannt werden wollen, welcher ihrer Kollegen denn angesichts der schwindelerregenden Größenordnung wohl die Chuzpe besitzen würde, „uns das Weihnachtsgeld wegzuurteilen". Die Banken klagten durch zwei Instanzen – und verloren. Es sei „sehr unwahrscheinlich", dass der Fiskus den Betrug schon früh durchschaut habe, hieß es in den Urteilen.

So ganz ungeschoren kamen die Finanzbehörden bei den Richtern allerdings dann doch nicht davon. Denn schon 1996/97 waren „die Mittel zum Erkennen des angezeigten Betrugssystems in den Akten vorhanden", befanden die Herren in den schwarzen Roben. Diese Mittel, das waren ein paar amtliche Papiere, die sich Betriebsprüfer und Steuerfahnder seinerzeit beschafft hatten. Aus ihnen ging hervor, dass die meisten Bohrsysteme, deren Existenz sie dem Staatsanwalt immerhin „ohne Beanstandungen" bestätigt hatten, tatsächlich im Besitz von Tarnunternehmen – so wörtlich – „wirtschaftlich inaktiver Firmen" waren. Hier war er wieder – der schöne Schein. Dummerweise wollte kein Finanzbeamter ausgerechnet diese Papiere jemals gelesen haben. Wann immer vor Gericht die Rede darauf kam, waren die Staatsdiener urplötzlich von einer Art kollektivem Gedächtnisverlust befallen. Und so kam es, dass sich die Richter diesen Bären aufbinden ließen und die Geschichte mit den vergessenen Papieren in letzter Instanz als „bloße Nachlässigkeit" werteten. Damit war zwar das Märchen von Finanzminister Stratthaus, seine Beamten hätten den gigantischen Schwindel enthüllt, als solches entlarvt. Aber die Justiz stufte solche Peinlichkeiten nur als „schlichte" Amtspflichtverletzung ein. So sehr dieses harte Wort eine eifrige Beamtenseele auch treffen mochte, dieses Attribut hatte den ausgesprochenen Vorteil, dass die besagt schlichte Missachtung von Amtspflichten nun einmal nicht schadenersatzpflichtig ist – und damit hatte sich auch die Milliardenklage erledigt.

Ein kleiner Amtsrat, der in ähnlicher Sache unter Betrugsverdacht geraten war, wurde fast zur gleichen Zeit von einem Strafgericht wegen erwiesener Unschuld freigesprochen. Dass er sich unglücklicherweise von unserem Vorzeigeunternehmer 1998 mit 20.000 Mark beim Kauf eines Privatwagens hatte unter die Arme greifen lassen, ahndeten seine Strafrichter mit einer viermonatigen Bewährungsstrafe. Dass diese Autogeschichte womöglich etwas mit den Samthandschuhen zu tun hatte, mit denen auch der Amtsrat den großen Unternehmer angefasst hatte, wollte sich den Richtern allerdings nicht so recht erschließen. Bestenfalls hatte Big Manni Landschaftspflege „für ein allgemeines Wohlwollen" betrieben, fanden sie. Also irgendwie war der Flowtex-Boss einfach nur zu nett gewesen. Für den kleinen Amtsrat war nach der gestrengen Überzeugung seiner Richter angesichts des freundlichen Herrn Schmider „die Versuchung wohl zu groß", weswegen er dummerweise „unvermittelt eingeknickt war". Einmal mehr hatte Baden-Württembergs Justiz die schärfsten Waffen ausgepackt und danach hatte sich alles in Wohlgefallen aufgelöst.

Mit solch aufwendigen Prozessen blieb Baden-Württemberg jahrelang in aller Munde. Das Musterland durfte sich nach dem Showdown im Jahr 2000 der intensiven Aufmerksamkeit großer deutscher und internationaler Zeitungen und Fernsehmagazine erfreuen. Dann machte sich auch ein parlamentarischer Untersuchungsausschuss drei Jahre lang auf die Suche nach schützenden Händen aus der Politik, um das Unfassbare fassbar zu machen. Zuvor hatten ein paar Strippenzieher aus diversen Ministerien hinter vorgehaltener Hand erklärt, wie sie eine Aufklärungsarbeit ihres Parlamentes zu unterstützen gedachten. Sie würden die Abgeordneten mit ein paar Tausend Aktenordnern – wörtlich – „so zuscheißen", bis selbige nicht mehr wüssten, wo ihnen der Kopf stehe. Damit sollten sie nicht ganz falsch liegen. Zum inneren Kern des geschlossenen Flowtex-Systems waren die Parlamentarier nie vorgedrungen. Sie durften enthüllen, was vorher schon in allen Zeitungen gestanden hatte.

Der Ausschuss brachte jedoch über einen Zufallsfund 2004 den liberalen Wirtschaftsminister Walter Döring zu Fall. Er stolperte über eine Affäre, bei der ein Flowtex-Unternehmen eine für ihn schmeichelhafte Umfrage verdeckt finanziert hatte. Die liberale Justizministerin Corinna Werwigk-Hertneck nahm wenig später ihren Hut, weil sie in den Verdacht geriet, ihrem Parteifreund Döring vorab Ermittlungsdetails aus dieser Umfrageaffäre gesteckt zu haben. Die Stuttgarter SPD-Genossen auf der Oppositionsbank scharrten fortan mit den Hufen und frohlockten über die beiden Abschüsse und ihre ministerialen Jagd-Trophäen. Denn welcher Untersuchungsausschuss in Deutschland hatte schon zwei Minister zu Fall gebracht, wenn nicht der, den sie initiiert und forciert hatten? Ein famoser Erfolg, an dem sie sich gar nicht genug berauschen konnten. Am Ende glaubten sie ihre Heldengeschichten selbst.

In all diesen Jahren schmorte Manfred Schmider, der gefallene Visionär, im Knast vor sich hin. Aber allzu schlecht erging es ihm nicht, vom Verlust seiner Luxusspielzeuge und seiner Freiheit einmal abgesehen. Sein Abendmahl ließ er sich hin und wieder von einem Vier-Sterne-Hotel anliefern, da drückte der Vollzugsdienst schon mal gerne ein Auge zu. Ein Physiotherapeut durfte ihn gelegentlich durchkneten, am Nachschub seiner heiß geliebten Havanna-Zigarren mangelte es gleichfalls nicht. Auch die Verbindung zur Außenwelt blieb entgegen aller Vorschriften erhalten. Denn eines schönen Tages erreichte ihn eine Thunfischdose, deren Inhalt unser kultivierter Gourmet natürlich verschmähte, in dessen öliger Soße aber neben dem Fisch ein hübsch verpacktes kleines Handy schwappte.

Natürlich wäre er am liebsten gestern als morgen aus dem Knast gekommen, aber das ging nicht. Er war auch davon ausgegangen, dass er nach knapp sechs Jahren wieder frei sein würde. Aber auf solche anfänglichen Deals, die behauptet wurden, sich aber nie hatten wirklich beweisen lassen, mochte sich kein Ministerialer, der noch einigermaßen bei Verstand war, mehr einlassen. Denn genau darauf lauerten immer mehr misstrauisch gewordene Journalisten. Und eines hatte Big Manni auch sehr schnell begriffen. Alles, was er gelegentlich über krumme Dinger bei Behörden und diversen Spitzenpolitikern zwischen den Zeilen angedeutet hatte, würde er künftig für sich behalten. Er würde schweigen wie ein Grab. Nur ab und zu ließ er seine Anwälte mit dem Zaunpfahl winken. Ob sein Mandant denn „Interviews geben dürfte", wollte ein Advokat im Sommer 2005 mal ganz unverbindlich vom baden-württembergischen Justizministerium wissen? Drei Monate später war Big Manni wie zufällig Freigänger.

Nur eines hatte den abgrundtief gestürzten Visionär immer wieder zur Weißglut getrieben. Es hatte ihn bis auf's Blut gereizt und er hätte förmlich platzen können, wenn er seine früher so guten Freunde, etwa von der liberalen Fraktion bis hinauf in die schwäbischen Ministerien, über die Fernsehschirme flimmern sah, wie sie mit treuen Augen allen Ernstes sagten, sie hätten nichts, aber auch gar nichts von ihm bekommen. Sie hätten gewiss keine Geschenke erhalten, seien nie mit irgendwelchen Firmenflugzeugen durch die Gegend gejettet und hätten schon gar kein Geld bekommen – nichts, absolut nicht. Ein reines Gewissen, da war „null komma null", hörte er etwa den gestrauchelten Ex-Wirtschaftsminister Walter Döring sagen. „Warum helfen die mir nicht?", sagte Schmider eines Tages. Dann platzte es aus ihm heraus. Ende 2004 meldete sich der erste Knastbruder, mit dem sich Schmider hinter Gittern angefreundet hatte, bei der Staatsanwaltschaft, im Jahr 2006 der zweite. Was die beiden den Behörden erzählten, wiederholten sie später noch einmal in aller Öffentlichkeit bei diversen Gerichtsverfahren. Ihnen, so glaubten die früheren Mithäftlinge, hatte Manfred Schmider die brisanten Geheimnisse anvertraut. Dass er jahrelang mit mindestens zwölf Millionen Mark „politische Landschaftspflege" betrieben habe. Dass seine rechte Hand Jürgen Morlok Bares in die Schweiz bekommen habe, dass die Herren Politiker „ständig verschiedene Geldbeträge" von ihm „kassiert" hätten, vor allem der liberale Wirtschaftsminister Walter Döring. Letzterer habe „eine Million Dollar für ein Müllgeschäft mit Ägypten" erhalten, hatte Schmider einem seiner Mithäftlinge erzählt.

Plötzlich schienen ein paar Staatsanwälte wie gelähmt zu sein. Es war klar: Nichts von all dem war bewiesen, obwohl es alles erklärt hätte. Das ganze System des Manfred Schmider. Aber nichts davon sollte jemals von Amts wegen hinterfragt, geschweige denn ermittelt werden. Die Ankläger hatten im Lauf der langen Flowtex-Jahre über 130 Ermittlungsverfahren gegen Gott und die Welt eingeleitet. Jener brave Hausmeister, der die Plaketten gefälscht hatte, kam unter die Räder, Sekretärinnen, der unglückselige Drucker mit dem päpstlichen Ambiente, Rechtsanwälte, Steuerberater, Banker, alle, alle. Nur eine Spezies und ein Tatbestand waren und blieben für die Staatsanwälte tabu, als gelte es, sich nicht mit der Pest anzustecken: jene behauptete Landschaftspflege an führenden Landespolitikern.

Was waren die Gründe dafür? Lag es an den internen Strukturen des Justizsystems? Richter gelten zwar gemeinhin als unabhängig, Staatsanwälte aber sind ihrem jeweiligen Justizminister gegenüber weisungsgebunden. Das Justizministerium war und ist in Baden-Württemberg nun einmal in der Hand der Liberalen, von denen einige führende Köpfe ganz plötzlich unter schweren Korruptionsverdacht geraten waren. Doch wie heißt es so schön? Wo kein Kläger, da kein Richter.

Die Aussagen der Knastbrüder verschwanden zunächst auf Nimmerwiedersehen in den Schubladen der Generalstaatsanwaltschaft Karlsruhe. Als die beiden ihre Geheimnisse dennoch öffentlich als Zeugen in diversen Gerichtsverfahren wiederholten, amüsierte sich der eine oder andere Advokat über eine solch „humoristische Einlage". Der zurückgetretene liberale Wirtschaftsminister mochte eine solche „Räuberpistole" nun wirklich nicht mehr kommentieren.

Dabei war vor allem die Räuberpistole geladen – mit scharfer Munition. Ein Müllgeschäft mit Ägypten, für das ihn Schmider mit einer Million Dollar geschmiert haben wollte, hatte es tatsächlich gegeben. Die charmante Nichte von Dörings Parteifreund Jürgen Morlok hatte für ein Flowtex-Tochterunternehmen den Auftrag erhalten, auf der Halbinsel Sinai ein „Abfallzentrum" zu bauen. Der Vertrag war am 25. Oktober 1998 in Kairo unterzeichnet worden. Im Rahmen einer offiziellen Delegationsreise von Mittelständlern war Wirtschaftsminister Döring dabei persönlich vor Ort. Das allein war nichts Außergewöhnliches. Der Deal aber hatte eine monatelange Vorgeschichte. Korrespondenzen, diskrete Verhandlungen mit einem einflussreichen und schwerreichen ägyptischen Investor, gemeinsame Arbeitsessen in Big Mannis Privatvilla. Auch hier war Döring dabei gewesen. Allerdings waren diese Korrespondenzen, aus denen seine Teilnahme an den Verhandlungen hervorging, aus der Registratur seines Ministeriums merkwürdigerweise verschwunden. Zunächst spurlos verschwunden, bis sie als Kopie auf einer alten Diskette wieder auftauchten und ebenso zufällig von Polizisten kassiert wurden. Die aber ermittelten nicht in Sachen Korruption, sondern in jener Umfrageaffäre, die Döring später das Amt kostete.

Polizisten und Finanzermittler hatten natürlich längst die Geldströme des Flowtex-Imperiums bis in den allerletzten Winkel ausgeleuchtet. „Röntgen" nannten sie das. 383 Konten hatten sie gefilzt, mehr als 38.000 Einzelbuchungen aufgelistet, geprüft, das Geld über den ganzen Globus verfolgt, aufgespürt, eingefroren, zurückgeholt – alles hatten sie aus dem Dickicht herausgeholt, alles, bis auf 41 „ungeklärte Bargeldtransfers". Einzelbeträge zwischen einigen hunderttausend und mehreren Millionen Mark, US-Dollar oder Schweizer Franken. Bei Recherchen stellte sich heraus, dass mehr als die Hälfte dieser 41 ungeklärten Transfers im Gegenwert von heute umgerechnet knapp zehn Millionen Euro zufälligerweise ausgerechnet dann von Schmiders Konten verschwand, wenn gerade eine für ihn wichtige Entscheidung gefallen war. Mal stellten Finanzbehörden ihre Nachforschungen ein, mal wurden nach kontroversen Diskussionen wichtige Eckpfeiler in Schmiders Flugplatzprojekt gerammt, dann kamen Persönlichkeiten in Amt und Würden, die später mit ihm auffallend eng verbandelt waren. Morlok hatte stets verdeckte Zahlungen bestritten, ebenso das angebliche Bargeld in der Schweiz. Wie zufällig wurden von einem der 383 Schmider-Konten vier Tage nach Morloks Arbeitsbeginn bei Flowtex am 4. Februar 1994 exakt 500.000 Schweizer Franken in bar abgehoben. Sie blieben spurlos verschwunden. Das alles fanden am Ende auch manche Finanzermittler so „auffallend", dass sie meinten, sie müssten mit ihrer Arbeit „nochmal völlig neu anfangen". Einen Auftrag dazu haben sie nie erhalten.

Und die Räuberpistole? Was geschah mit der Million Dollar, die angeblich für ein Müllprojekt in Ägypten geflossen war? Warum war die vertrauliche Korrespondenz zu diesem Projekt seinerzeit aus dem Büro Dörings verschwunden? Fest steht nur:

Der Minister war bei der Vertragsunterzeichnung in Kairo am 25. Oktober 1998 vor Ort. Am Tag danach hatte Manfred Schmider wie zufällig seinen Vermögensverwalter ins schweizerische St. Moritz zur dortigen Banca della Svizzera beordert. Der diskrete Herr C. sollte von Big Mannis Konto mit der Nummer U 782 860 C folgenden Betrag in bar abheben: Exakt eine Million US-Dollar. Auch dieses Geld war und ist spurlos verschwunden.

Keiner der Ermittler hat Walter Döring mit dieser Räuberpistole je belästigt. Sie hatten keinen Auftrag dazu erhalten. Auch sein Parteifreund Jürgen Morlok blieb unbehelligt. Er war zwar sechs Jahre Schmiders rechte Hand gewesen. Doch der aberwitzige Schwindel, der Hausmeister und Sekretärinnen nicht verborgen geblieben war, hatte sich, wie er es – unwiderlegbar – zu sagen pflegte, „nicht vor meinen Augen und Ohren" zugetragen. Der begnadete liberale Strippenzieher und FDP-Ehrenvorsitzende in Baden-Württemberg, wurde nach Flowtex freier Unternehmensberater und Dozent an einer privaten badischen Fachhochschule: Sein Fachgebiet: Volkswirtschaftslehre und internationale Wirtschaftsbeziehungen.

Das lädierte Rückgrat

Beamte zwischen Macht und mächtigem Verdruss

Von Rainer Nübel

Es gilt, ein grobes Missverständnis zu klären. Das Gemeinwesen heißt nicht Gemeinwesen, weil es gemein zu seinen Bürgern ist, wie manche baden-württembergische Landeskinder vielleicht mutmaßen könnten. Vor allem diejenigen, die sofort an so charmante Service-Einrichtungen wie das Finanzamt oder die kommunale Bußgeldstelle für Knöllchen denken und dabei auf einen wahren Schatz an einschlägigen Erfahrungen zurückgreifen können. Die Gentlemen bitten zur Kasse. Nein, man darf bei diesem wichtigen staatskundlichen Thema den Blick nicht einengen auf schnöde Steuer-Nachzahlungsbescheide. Der Horizont reicht auch weiter als bis zu den Scheibenwischern an der Windschutzscheibe, hinter denen behördliche Sympathiekundgebungen klemmen. Man muss das Ganze weiter sehen, globaler und komplexer. Das Allgemeinwesen heißt so, weil es der Allgemeinheit dient. Also uns allen.

Das Wort „dienen" spielt in diesem Zusammenhang eine ganz wesentliche Rolle. Denn die eigentlichen Stützen des Allgemeinwesens definieren sich gerade über dieses Prinzip des aufopferungsvollen und selbstlosen Handelns. Sie dienen dem Staat, der Demokratie, der Gesellschaft, dem einzelnen Bürger. Tagaus und tagein, ihr ganzes Leben lang. Daher verdienen sie Respekt und Wertschätzung. Sie sind das Rückgrat des Staatskörpers, mithin der ganze Stolz eines Bundeslandes. Eines Musterlandes sowieso.

Man ahnt oder befürchtet es: die Rede ist von den Beamten –

jener Spezies tätiger Staatsbürger, die lange, viel zu lange verkannt wurde und über die es in der breiten Bevölkerung wohl die meisten Missverständnisse gibt. In staatsrechtlicher Hinsicht gilt zwar immer noch die jahrhundertealte Definition, dass Beamte im öffentlich-rechtlichen Dienst- und Treueverhältnis stehende Personen sind, berufen von einem Dienstherrn. Tatsächlich sind sie jedoch längst moderne Dienstleister, kundige Spezialisten für Bürgerbelange jedweder Art und erfahrene Experten für Bürgernähe. So jedenfalls postulieren es politisch Verantwortliche und betonen, wie erfolgreich mit Beamten Staat zu machen ist. Klar, Regierungspolitiker wissen ja auch, dass sie häufig nur so gut sind wie ihre Beamten, die für sie arbeiten. Und, im Optimalfall, auch hinter ihnen stehen. Mitunter schwingt denn auch bei derartigen Liebesbekundungen fast so etwas wie Neid mit. Denn: Minister und Staatssekretäre, selbst Regierungschefs kommen und gehen – nur der Beamtenapparat, der bleibt bestehen.

Der Vollständigkeit halber sei erwähnt, dass es innerhalb des Gemeinwesens auch kritische Stimmen gibt, die hartnäckig auf leistungsbezogene Bezahlung pochen. Oder gar die Abschaffung der guten alten Beamten-Tradition fordern. Doch derart populistische Futurismen, ja Visionen versperren nur den Blick auf gravierende Realitäten, die im Hier und Heute bestehen und dringenden „Handlungsbedarf" darstellen, um mal einen beliebten Beamten-Terminus zu verwenden. Genau so gilt es, sich an dieser Stelle ganz bewusst von jeglicher Art gängiger Beamten-Witze zu distanzieren, die irgendwelche irrealen Fluren-Dialoge („Kannst du auch nicht schlafen?") konstruieren oder den Archetypus des schnellen Lacherfolgs („Geht ein Beamter zur Arbeit ...") bemühen. Dazu ist die Lage zu ernst.

Denn blickt man hinter die von baden-württembergischen Regierungspolitikern beschworene oder verordnete Beamten-

Herrlichkeit, tun sich mitunter gähnende Abgründe auf. Nein, es geht jetzt nicht um meterhohe Aktenberge und gefährliche Schrankschluchten, in denen mancher Staatsdiener schon mal verschollen gewesen sein soll. Sondern um fragwürdige Strukturen, die sich über die Jahre hinweg entwickelt und festgesetzt haben. Und um eine politisch-orthopädisch brisante Diagnose: Das Rückgrat des Staatskörpers ist an einigen Stellen schwer lädiert. Die Symptome sind dabei höchst unterschiedlich, je nach Rang und Ebene des Beamtenapparates: entweder zu viel Macht und Machtdenken – oder grassierende Ohnmacht, kombiniert mit mächtigem Verdruss.

Auf das erste Krankheitsbild stößt man vornehmlich dort, wo politische Macht verwaltet und nicht selten auch ausgeübt wird: in der Ministerialbürokratie. In einer Demokratie geht alle Macht vom Volke aus. Auch so eine staatskundliche Sentenz, im Grundgesetzt fest verankert. Doch wehe, Bürger nehmen sich das Recht heraus, energisch ihre Interessen zu vertreten und einzufordern – dann bemächtigt sich die Bürokratie mitunter einer beachtenswerten Methodik. Vor allem, wenn diese Bürger-Interessen diametral dem politischen Interesse entgegenstehen. Oder gar die Landespolitik in schwere Erklärungsnöte stürzen könnte. Mit weitreichenden Folgen.

Ein solcher Fall spielt im baden-württembergischen Finanzministerium. Er zieht sich seit geraumer Zeit hin. Was einerseits an einer nicht untypischen Strategie liegen mag, die man aus dem Sport als „Spiel auf Zeit" kennt, andererseits überhaupt nichts mit dem gängigen Klischee einer langsamen Bürokratie zu tun hat. Im Gegenteil: Der ministerialbürokratische Protagonist in dieser Geschichte besticht eher durch eine gewisse Voreiligkeit. Das Sujet ist höchst pikant. Es fordert amtierende Regierungspolitiker und Spitzenbeamte heraus, sich mit der eher unbequemen Materie des Glücksspiels zu beschäftigen.

Und mit der Geschichte einer höchst einträglichen Geldquelle, die plötzlich eine unangenehme Aktualität bekommen hat.

Es war im Jahr 1981, als das Land Baden-Württemberg mit der privaten Spielbank Baden-Baden über die Konzession bis 2001 verhandelte. Der damalige Ministerpräsident Lothar Späth schloss zu diesem Zeitpunkt mit den Gesellschaftern des Casinos einen Vertrag ab. Der hatte zum Inhalt, dass fortan die Spielbank an das Land eine Sonderabgabe von fünf Prozent ihrer Einnahmen abführt – zusätzlich zur „normalen" jährlichen Umlage von 80 Prozent der Erlöse, die auch ans Land ging. Diese Sonderabgabe, die sich von 1991 an auf zehn Prozent erhöhte, war so etwas wie ein Labsal für die Landeskasse. Die Spielbank als Melkkuh. Bis zum Jahr 2003, als das Casino verstaatlicht wurde, sollen so erkleckliche 80 Millionen Euro zusammengekommen sein. Und weil Glücksspiel ja irgendwie auch etwas mit Kultur zu tun haben soll, leitete die Landesregierung von Beginn an das regelmäßig überwiesene Geld aus Baden-Baden just dorthin, wo Späth eine neue High-Culture-Spielwiese eingerichtet hatte und daher Geld benötigt wurde: an die baden-württembergische Museumsstiftung, die just 1981 gegründet worden war. Ausgebuffte Spielbank-Zocker finanzieren Werke von Picasso oder Baselitz – das hat was.

Wobei es inzwischen in der altehrwürdigen badischen Bäderstadt Menschen gibt, die sich tatsächlich fragen, ob die Zocker wirklich nur in der Spielbank anzutreffen sind – oder gar auch in der Landesregierung zu Stuttgart. Denn für die Erhebung einer Sonderabgabe bedarf es einer gesetzlichen Grundlage. So sieht es das Gemeinwesen, sprich: die baden-württembergische Verfassung nun mal vor. Doch zwei ehemalige Baden-Badener Spielbank-Gesellschafter und ein Unternehmensberater, der von einem inzwischen verstorbenen Gesellschafter die entsprechenden Rechte erworben hatte, recherchierten in den vergangenen Jahren intensiv – und beförderten Brisantes zu Tage: Für die lukrative Geldquelle des Landes fehle jede gesetzliche Grundlage – es habe sie zum Zeitpunkt der Erhebung nicht gegeben. Kein damaliger Landtagsbeschluss über eine Sonderabgabe der Spielbank, nirgends. Wurde das gesetzgebende Parlament einfach übergangen? Die ehemaligen Casino-Gesellschafter kamen auf einen durchaus logischen Gedanken: Dann müsse das Land die rund 80 Millionen Euro zurückzahlen. Wenn es sein muss, könne und werde man es einklagen.

Nun beließen es die ehemaligen Casino-Gesellschafter nicht bei der eigenen Recherche. Sie gaben in der nämlichen Sache ein Gutachten in Auftrag – beim renommierten Stuttgarter Staatsrechtler Professor Rüdiger Zuck. Im Oktober 2006 lag die Expertise vor. Sie dürfte in der Stuttgarter Landesregierung die jahrelange Freude über die sprudelnde Geldquelle jäh getrübt haben: Zuck kam zu dem Ergebnis, dass die Sonderabgabe rechtswidrig erhoben worden sei. Eine Gegenleistung des Landes sei nicht erbracht worden. Ergo: Sämtliche Einnahmen müssten zurückerstattet werden.

Was tut eine Landesregierung in einem solchen Falle, da finanzpolitisch Gefahr im Verzuge ist – und die Rechtsstaatlichkeit politischen Handelns auf dem Prüfstand steht? Sie versucht es erst einmal mit einer eher sanften Strategie. Man kann ja über alles reden. Bereits im Frühjahr 2006 war der Unternehmensberater aus Baden-Baden in das Staatsministerium eingeladen worden. Es soll ein nettes Gespräch gewesen sein. Man werde die Sache mit der Sonderabgabe prüfen, wurde dem Gast erklärt. Und dass das Finanzministerium für die Sache zuständig sei.

Damit war die heikle Frage der Sonderabgabe in den Händen der Ministerialbürokratie, genauer: bei einem hohen Beamten – nennen wir ihn O. –, der kaum berufener sein konnte, als sich gerade damit verantwortlich zu beschäftigen. Er kennt die Spielbank Baden-Baden bestens. Immerhin saß er dort für das Land jahrelang im Aufsichtsrat. Er kennt allerdings auch die schweren Vorwürfe, die spätestens seit Ende der neunziger Jahre im öffentlichen Raum standen. Er muss sie alle kennen: dass im Casino mehrere kriminell gewordene Spielsüchtige, darunter Bankangestellte aus der Region, Millionen an veruntreuten Kundengeldern verzocken konnten, ohne dass die Spielbank-Leitung eingriff, stattdessen diese Leute sogar noch hofierte und „anfütterte". Dass das Land qua Spielbankabgabe schmutziges Geld in Millionenhöhe kassiert hatte und dabei für die Kontrolle verantwortlich war. Dass Großspieler im Casino Gelddepots anlegen durften – eine Praxis, die von Landtags-Abgeordneten moniert wurde, weil sie zur Geldwäsche genutzt werden könne. Was das Finanzministerium, in dem O. saß, gar nicht so sah – und jedes Jahr weiter zweistellige Millionenbeträge aus dem Casino einstrich. Vom Aufsichtsrat der Spielbank ist nicht überliefert, dass er die fragwürdige Situation damals nachhaltig verändert hätte.

Kritische Beobachter der bemerkenswerten Geschichte überlegen heute, ob es für die Sonderabgabe letztlich doch eine gewisse Gegenleistung vom Land gegeben habe: das jahrelange Tolerieren dieser höchst dubiosen Praktiken an der Spielbank – aus finanzpolitischen Eigennutz.

Gegen einen solchen bösen Verdacht würde sich ein Topbeamter des Stuttgarter Finanzministeriums natürlich strengstens verwahren. Genauso wie er sich offenbar jede hartnäckige Frage nach der Causa Sonderabgabe verbittet. Der besagte badische Unternehmensberater machte dazu eine ganz eigene, für ihn verblüffende Erfahrung: Als er nach seinem Gespräch im Staatsministerium Ergebnisse angemahnt hatte, schrieb der hohe Landesbeamte im Finanzministerium ihm im Sommer

2006, dass es sich bei der Sonderabgabe um eine Steuer handle – ergo gelte das Steuergeheimnis. Man solle ihm doch bitte das Gesetz nennen, auf dessen Grundlage die Sonderabgabe erhoben worden sei, hatte der Unternehmensberater gebeten. Doch auch da verweigerte der hohe Beamte jede Auskunft – mit Hinweis auf das Steuergeheimnis. Da drängen sich dem mündigen Bürger, bei allem Respekt vor dem Beamtentum, doch Fragen auf: Fällt es unter das Steuergeheimnis, ein Gesetz zu nennen, auf dessen angeblicher Grundlage der Staat eine Geldquelle erschlossen hat? Dann hätte es doch jeder Finanzbeamte schwer, uns klar zu machen, warum wir Steuern bezahlen, oder nicht? Oder hat es dieses Gesetz nie gegeben – ist die Sonderabgabe also tatsächlich rechtswidrig erhoben worden?

In diesem pikanten Zusammenhang aber überraschte der hohe Beamte aus dem baden-württembergischen Finanzministerium plötzlich mit einer bemerkenswerten kommunikativen Offensive: In einem Schreiben vom Juli 2006 ließ er den Unternehmensberater wissen, dass er zivilrechtlich keinerlei Ansprüche habe. Punkt. „Dabei waren nach den Ausführungen der Steuerabteilung des Finanzministeriums zu diesem Zeitpunkt noch nicht die notwendigen Unterlagen vorhanden, um eine fundierte Stellungnahme abgeben zu können", wundert sich der Diplomkaufmann. Und stellt die Frage: „Wollte der Beamte in einer sensiblen und möglicherweise folgenschweren Finanzfrage ohne erkennbare Grundlage vollendete Tatsachen schaffen?" Der Sonderabgabenfall zog sich lange hin. Sehr lange. Noch Ende 2007 war er offen – und damit blieb die interessante Frage ungeklärt, welches Verständnis das Land und seine Verwaltung mitunter von Recht und Rechtsstaatlichkeit haben.

Diese Frage stellen sich derweil Beamte selbst. Weniger jene, die nahe der politischen Macht angesiedelt sind. Sondern vielmehr solche, die in ihrer täglichen Arbeit den Rechtsstaat zu hüten haben: Beamte in Ermittlungsbehörden. Die Politik beliebt deren Situation hübsch zu malen, beschwört Erfolgsstatistiken in der Bekämpfung von Kriminalität und die Schnelligkeit von Verfahren. Wie es aber tatsächlich in baden-württembergischen Polizeipräsidien und Dienststellen aussieht, bleibt ein streng gehütetes Geheimnis. Würden sich Polizeibeamte öffentlich dazu äußern, wäre ihnen die Härte eines Verfahrens sicher – das sich gegen sie richtet.

Doch die Ohnmacht, der Unmut und der mächtige Verdruss über Strukturen, die Filz, Korruption und Kumpanei weniger bekämpfen als sie erst entstehen lassen, ist groß. So groß, dass es immer mehr Beamte gibt, die ihre Erfahrungen niederschreiben. Um sie begreifen zu können – und sie wohl auch ein Stück weit vom Leib zu halten. Es sind nicht selten erschütternde Dokumente. Die sich zum Beispiel so lesen: „Die Bezahlung der Beamten ist gut, wenn auch nicht immer gerecht. In Zukunft wird die Ungerechtigkeit in der Besoldung zunehmen, obwohl die Idee einer leistungsgerechten Bezahlung viel Anklang in der Öffentlichkeit findet. Leistungsgerechte Bezahlung – das hört sich logisch an, so sollte es eigentlich selbstverständlich sein. Das Problem beginnt aber mit der Messbarkeit der Leistung. Bei einem Streifenpolizisten mag man noch die Anzahl der ausgestellten Strafzettel als Messlatte nehmen, obwohl schon dies höchst zweifelhaft ist. Werden aber komplexe Ermittlungsverfahren bearbeitet, in die der Vorgesetzte kaum Einblick hat, ist eine Leistungsmessung nahezu unmöglich. Die Beurteilung, die zur sogenannten leistungsgerechten Bezahlung führen soll, nimmt in der Regel der direkte Vorgesetzte vor. Ihm wird damit ermöglicht, seine treuesten Gefolgsleute, die nicht unbedingt zu den leistungsintensivsten zählen müssen, zu bevorzugen. Dadurch wird die Hierarchie gefestigt, und die Vetternwirtschaft gedeiht erst richtig. Persönliche oder politische Freunde des

Vorgesetzten werden dann mit höheren Bezügen bedacht werden. Tatsächliche Leistung spielt eine untergeordnete Rolle."

Wesentlich gerechter, so betonen Polizeibeamte, wäre die Orientierung einer Bezahlung an einer Stellenbeschreibung. Die aber werde innerhalb der Polizei sorgsam vermieden. „Stattdessen ist das System geprägt von einer Gleichmacherei unter den Beamten. So kommt es, dass ein Beamter auf einem Polizeiposten auf dem Lande, der den sprichwörtlichen Hasendiebstahl bearbeitet, exakt gleich belohnt wird wie Beamte, die komplexere Verfahren bearbeiten. Die Qualifizierung spielt also offensichtlich keine Rolle. Das ist ein Grundproblem bei der Polizei. Es besteht wenig Notwendigkeit, sich höher zu qualifizieren, denn honoriert wird es sowieso nicht." Hinzu komme eine Verteilung von Beförderungsstellen, die kaum noch nachvollziehen sei. So sei es eine Tatsache, dass zum Beispiel Ausbilder in der Bereitschaftspolizei bessere Beförderungschancen hätten als etwa ein Spezialist in einem Polizeipräsidium. Diese Problematik sei im System begründet „und sicher auch so gewollt".

In den Dokumentationen von erfahrenen Polizeibeamten werden immer wieder auch zwei heiße Eisen thematisiert: Mobbing und Einflussnahme. „Mobbing ist leider weit verbreitet. Die Folgen sind Krankheit und manchmal Suizid. Polizeipsychologen berichteten von stark gestiegenen Suizidzahlen, die aber im Innenministerium unter Verschluss gehalten werden. Die Psychologen haben den Auftrag, Gegenmaßnahmen vorzuschlagen. Wer nicht systemkonform ist, nicht im Strom mitschwimmt, wird ausgegrenzt. Frauen werden oft benachteiligt, dürfen lediglich Hilfsarbeiten verrichten, zum Beispiel Kopieren. Dabei handelt es sich um voll ausgebildete Beamtinnen. Eine beliebte Maßnahme ist, unliebsame Beamte mit Arbeit zu überhäufen. Bald schon türmt sich die Arbeit vor dem gemobbten Beamten immer höher. Wenn ihm klar wird, dass er allein die Arbeit nicht bewältigen kann, stellen sich automatisch die ersten Gesundheitsbeschwerden ein. Beginnend mit schlaflosen Nächten entwickelt sich ein Teufelskreis. Schon beim Arbeitsantritt morgens übermüdet, sinkt die Leistungsfähigkeit stark ab. Als Folge kann immer weniger bearbeitet werden, der Berg wird immer höher. Gespräche mit Vorgesetzten bleiben ergebnislos. Von ihnen wird der Gesundheitszustand belächelt und als Ausrede abgetan. Unterstützung wird nicht gewährt. Mangelnde Leistungsfähigkeit und Leistungswille werden vorgeworfen. Folge: schlechte Beurteilung, Rückstellung bei Beförderungen. Zum Schluss stellen sich schwerwiegende Gesundheitsschäden wie Herzrhythmusstörungen, Schlaganfall oder Herzinfarkt ein."

Oft würden noch zusätzlich kleinere, später kaum mehr nachweisbare Aufgaben aufgeladen, wie etwa die Beantwortung von Anfragen. Durch solche Strategien könne auch die Bearbeitung politisch brisanter Fälle gestoppt oder verlangsamt werden. Eine weitere Möglichkeit sei, bei politisch unerwünschten Großverfahren keine Ermittlungsgruppe zu bilden, obwohl dies dringend geboten wäre. „Teilweise werden Ermittlungen sogar konkret be- oder verhindert", berichten Beamte. „Beispiel: Eine Durchsuchung bei einem Täter steht an, aber es werden keine Beamte zur Unterstützung freigegeben. Vorwände sind angeblich wichtige Termine, die dann aber gar nicht stattfinden. Dies sind keine Einzelfälle, sondern diese Fälle treten immer häufiger auf." Eine weitere wirkungsvolle Maßnahme, um Beamte kaltzustellen, sei, ihnen keine Arbeit und keine Aufgabe zuzuweisen. „Damit ist Unzufriedenheit vorprogrammiert. Auch hier drohen gesundheitliche Schäden. Es ist ein langer, zermürbender Prozess. Eine negative Beurteilung ist die logische Folge. Gearbeitet wurde ja tatsächlich nichts oder nur wenig."

Üblicherweise würden Funktionsstellen ausgeschrieben. Bei besonders lukrativen Posten sei dies jedoch häufig nicht der Fall. Beamte verweisen in diesem Zusammenhang auf die Entsendung von Kräften in neue EU-Beitrittsländer. „Bezahlt werden sie sowohl von der EU als auch vom deutschen Dienstherrn. Zusätzlich wird häufig noch die Wohnung im Ausland bezahlt und die regelmäßige Heimfahrt. Diese begehrten Jobs werden meist unter der Hand vergeben – primär an Günstlinge. Eine Ausschreibung existiert entweder nicht oder wird nur dem jeweiligen Beamten zugeleitet." Auch andere Funktionsstellen könnten ohne Ausschreibung vergeben werden. Vor allem dann, wenn die Stelle an eine bestimmte Person vergeben werden solle, aber die Gefahr bestehe, dass es Bewerber geben könnte, die wesentlich qualifizierter seien. Auch die Auswahl von Beamten für den höheren Dienst sei höchst zweifelhaft. „Es ist kein Geheimnis, dass das entsprechende Parteibuch von Vorteil ist. Die Eignung wird in einem sogenannten Auswahlgespräch festgestellt. Dort kann man auch den fachlich versiertesten Bewerber durchfallen lassen, wenn er von der Führung nicht gewünscht ist. Kritische Beamte haben von vorneherein keine Chance."

Für den Fall, dass kritische Staatsdiener Bedenken gegen Anweisungen ihrer Vorgesetzten haben, gibt es für sie eine Ausstiegsmöglichkeit. Zumindest auf dem Papier. Das Beamtenrecht sieht ausdrücklich die „Pflicht" zu einer so genannten „Remonstration" vor – eine Art Demonstration und Widerstand, selbstverständlich nur behördenintern und wegen des Dienstgeheimnisses unter Ausschluss der Öffentlichkeit. Im wirklichen Leben erweist sich das Instrument deshalb als lahmer Papiertiger. Ein x-beliebiger Beamter könnte etwa remonstrieren, indem er fragliche Anweisungen seines direkten Chefs beim jeweils nächsthöheren Vorgesetzten zur Sprache bringt und die Ausführung verweigert. Wenn er in der Hierarchie mit einer solchen Remonstration ganz oben angekommen ist und er immer noch kein Gehör findet, muss er den Auftrag, den er für bedenklich hält, ausführen. Im Badischen etwa hatte sich im Jahr 2007 ein führender Beamter eines Landratsamtes geweigert, Kommunalpolitikern auf ausdrückliche Weisung seines Landrates falsche Haushaltszahlen zu präsentieren. Der Mann hatte remonstriert und war in der Hierarchie laut Beamtengesetz bei dem gelandet, den er kritisiert hatte – bei seinem eigenen Landrat. Und der bestand auf diesen falschen Zahlen.

Man kann sich die Reaktionen und Kommentare von Behördenchefs und politisch Verantwortlichen schon lebhaft vorstellen: „übertriebene Darstellungen, abwegige Behauptungen, haltlose Vorwürfe, schädigendes Verhalten, plumpe Nestbeschmutzung". Doch an der Realität lässt sich nur schwerlich vorbeischwadronieren: Die Beamten, die diese fragwürdigen Strukturen beschrieben haben, aus eigener langjähriger Erfahrung, zählen erwiesenermaßen zu den engagierten und auch erfolgreichen Ermittlern. Sie wissen nur zu gut: Schon dass sie es schriftlich fixiert haben, bedeutet für sie ein hohes Risiko. Das sie aber eingehen. „Damit die Öffentlichkeit endlich weiß, wie es tatsächlich aussieht." Und wegen ihrer Hoffnung, „dass sich etwas ändert und wir wieder so arbeiten können, wie es in einem Rechtsstaat notwendig ist."

Für so etwas hat der Volksmund einen Begriff: Rückgrat.

Hauptsache, es zischt und pufft
Die Pleitestadt Aulendorf

Von Wolfgang Messner

Aulendorf ist ein schmuckes Städtchen. Ein klassizistisches Schloss, eine Kirche mit Stuckdecken aus dem frühen Rokoko, viele Cafés, Bistros, also eine hübsche Kulisse für die 9900 Bürger. Sie haben nur ein Problem: Schulden wie die Sautreiber, wie man hierzulande sagt. Keine privaten, sondern öffentliche, weil ihr Gemeinwesen klamm ist. Womöglich ist Aulendorf sogar die am höchsten verschuldete Gemeinde in Deutschland, mit rund 6000 Euro Miesen pro Kopf. Genau lässt sich das nicht ermitteln, da es dazu keine Statistiken gibt. Nur die Summe von mehr als 60 Millionen Euro Verbindlichkeiten steht fest. Jeden Tag muss die Stadt 10.000 Euro für den Schuldendienst aufbringen. So haben es besorgte Bürger errechnet, und jetzt fragen sie sich, wer sie ihnen eingebrockt hat.

Selbstverständlich nicht der ehemalige Bürgermeister Johannes Heinzler. Der forsche CDU-Politiker regierte die Stadt von 1988 bis 2004. Stramm nach Gutsherrenart und offenbar in der Annahme, ihr würde das Geld nie ausgehen. Als Residenz diente ihm das Schloss, eine Adresse, die ihm wohl angemessen erschien. Von dort eröffnet sich an schönen Tagen ein spektakulärer Blick auf die voralpine Hügelkette des schwäbischen und bayerischen Allgäus. Von hier aus regierten dereinst die Grafen Königsegg, die 1381 in den Reichsfreiherrenstand aufgerückt waren, wofür eine entsprechende Residenz notwendig war.

Richtig schön wurde das Gemäuer aber erst 700 Jahre später, als das Land Baden-Württemberg ein Schmuckkästchen daraus machte. Für 32 Millionen Mark. So kam Bürgermeister Heinzler zum schönsten Amtssitz Oberschwabens. Erstaunlich war's schon, weil der gesamte Kulturetat des Landes heutzutage nicht über so viele freie Mittel verfügt. Aber der Stuttgarter Regierung war es den Aufwand wert, zumal der Ort auch für Größeres taugte. Ministerpräsident Erwin Teufel eröffnete hier im September 2002 den Bundestagswahlkampf für Edmund Stoiber, mit viel Brimborium und 500 handverlesenen Gästen. Die einheimische Bevölkerung konnte über derlei Pomp nur staunen.

Bisher musste sich die Stadt damit zufrieden geben, einst ein wichtiger Bahnknotenpunkt zwischen dem Bodensee und München gewesen zu sein. Die Drehscheibe Oberschwabens, hieß es früher. Außerdem hatte sie mit Hermann Lanz einen begnadeten Schlosser in ihren Mauern, der als Pionier des deutschen Schlepperbaus gilt. Aber das ist Geschichte. Danach musste Wellness sein. Das Kur- und Bäderwesen wurde zur Haupteinnahmequelle – und zur Bühne Heinzlers. Von Stund an war er Unternehmer, Entscheider, Macher.

In seinen Glanzzeiten zog er bei drei Kliniken die Fäden, bei einem halben Dutzend weiterer Gesellschaften und der 30 Millionen Mark teuren Schwabentherme war Heinzler zuständig. Hier konnte der Bürgermeister seine Finanzkünste ausprobieren, sein virtuoses Talent im Spiel mit großen Zahlen vorführen.

Nun meinen manche, die wahre Begabung des Stadtoberhauptes sei gewesen, Schaum zu schlagen und Maulkörbe zu verteilen. Jahr für Jahr wuchs der Schuldenstand, ohne dass es groß bemerkt wurde. Offiziell blieb der Bürgermeister im Hintergrund und gab den Aufsichtsratschef, auch wenn er stets ein bisschen mehr war. Unter Heinzler gaben sich viele Geschäftsführer die Klinke in die Hand, was einen der Geschassten zur der Frage veranlasste, wer eigentlich der Hauptgeschäftsführer sei – er oder der Ober-Klinikmanager im Schloss?

Die Antwort verhallte im Nirwana, weil Heinzler zumindest eines konnte: nebelwerfen und netzwerken. So kam zum Beispiel Jörg-Max Fröhlich zu einem Job als Klinikgeschäftsführer. Eine bemerkenswerte Personalie. Fröhlich hatte sich seine Meriten als PR- und Politstratege in Diensten der CDU erworben, war Assistent des Hohenheimer Politikwissenschaftlers Günther Rohrmoser gewesen, eines Vordenkers des ultrarechten Weikersheimer Studienzentrums.

Mit Ex-Ministerpräsident Lothar Späth, dem er als parteipolitischer Sprecher diente, ist er noch immer gut Freund. Zuletzt waren Fröhlichs Qualitäten 2005 im Wahlkampf in Schleswig-Holstein gefragt, wo er dazu beitrug, dass Peter Harry Carstensen Ministerpräsident wurde. Dem Aulendorfer Klinikpersonal ist er in weniger angenehmer Erinnerung geblieben. Fröhlich sei ein veritabler Schwadroneur gewesen, heißt es, und er habe sich seinen Spitznamen „Mega-Max" redlich verdient. Ständig habe er die riesigen Chancen im „Mega-Markt Gesundheit" beschworen. „Der Mann hatte schlicht keine Ahnung", urteilt ein ehemaliger Angestellter kurz und bündig.

Als es am Ende der Ära Heinzler eng wurde, trat ein weiterer, besonderer Helfer von weit her auf: Der 51-jährige Berliner Wirtschaftsanwalt Reinhard Mecklenburg, Sohn von Ernst Mecklenburg, der einst Vorsitzender der DDR-Bauernpartei DBD und Mitglied in Honeckers Staatsrat war. Der Filius hatte seine Doktorarbeit bei der Akademie der Wissenschaften der DDR geschrieben und eine glänzende Karriere im real existierenden Sozialismus vor sich. Doch dann kam die Wende, und mit ihr Aulendorf. Mecklenburg sollte die Kliniken vor der Insolvenz bewahren. Das schaffte der Advokat tatsächlich. Dennoch will die Staatsanwaltschaft heute zum Beispiel wissen, warum hierzu eine Gloria Prozessfinanzierungs-GmbH eingeschaltet werden musste, die der klammen Stadt 612.000 Euro zur Befriedung der Kleingläubiger vorgestreckt hat.

In den Augen des heutigen Geschäftsführers der Aulendorfer Kliniken in Liquidation, ist diese Umwegfinanzierung nicht nötig gewesen. Die Stadtentwicklungs-Holding Aulendorf GmbH & Co. KG soll zu jenem Zeitpunkt über genügend liquide Mittel verfügt haben. Sei's drum, die Gloria erhielt ein Honorar von rund 550.000 Euro. Die Frage, ob zu Recht oder zu Unrecht ist Gegenstand eines Ermittlungsverfahrens. Der Verdacht lautet auf Untreue. Denn die Gloria gehörte eben jenem Reinhard Mecklenburg, der auch Anwalt und Geschäftsführer der Aulendorfer Kliniken war. Die Stadt verlangt jetzt von Heinzler und Mecklenburg jeweils knapp 790.000 Euro Schadensersatz. Ausgang offen. Episode am Rande: Der überwiegende Teil der halben Million aus Aulendorf soll nach Darstellung Mecklenburgs an einen persönlichen Freund gegangen sein. Der Arme hatte Schulden, angeblich aus einem Handelsgeschäft mit Russland. „Geld der Aulendorfer Bürger geht an die russische Mafia", titelte mutig das städtische Amtsblatt. Die Staatsanwaltschaft fragt sich, ob Mecklenburg die Geschichte nur erfunden und das Geld nicht ganz einfach zur Seite geschafft hat.

Wer aber ist nun verantwortlich für den Ruin der Stadt? Etwa doch der Altbürgermeister? Nein, sagt Heinzler. Schließlich habe der Gemeinderat alles abgesegnet. Das zumindest stimmt, denn das Gremium, das laut baden-württembergischer Gemeindeordnung auf den Bürgermeister aufpassen sollte, wurde seiner Aufgabe schlicht nicht gerecht. Mal schluckte es das Zuckerbrot Heinzlers, mal nahm es die Peitsche, und jene, die das Spiel nicht mitmachten, schmissen bald entnervt das Handtuch. Wen störte, dass sie von den Coups oft erst erfuhren, als die Verträge bereits unterzeichnet vorlagen? War nicht alles zum Wohle Aulendorfs, was ihr Vorsteher tat? Vom Kurwesen profitierten schließlich viele im Städtchen. Handwerker, Landwirte, Rechtsanwälte, der Einzelhandel, der Fremdenverkehr.

Wirklich übel wurde Heinzler seine Gutsherrenart nicht genommen in diesem Landstrich, dem Obrigkeitsdenken vertraut ist. Er selbst kann bei sich keinen Fehler entdecken. Als er Aulendorf übernommen habe, sei die Stadt schon die höchstverschuldete im Land gewesen, sagt er. Wenn es „konzeptabweichende Entscheidungen" im Gemeinderat gegeben habe, dann seien die negativen Auswirkungen „nicht zu verantworten". Schon gar nicht von ihm.

So ist er halt, der Hannes Heinzler, sagen sie in Aulendorf. Er ruht in sich und weiß sich bestens aufgehoben. In seiner Stadt Aulendorf, in seiner Heimat Oberschwaben und in seinem Land Baden-Württemberg. Dafür sorgten auch seine guten Freunde in Stuttgart. Ja, der Schultes aus der Provinz hatte gute Kontakte zur Regierung, zu den Ministerialen und in die Spitzen der CDU hinein.

Dazu zählte Dietmar Schlee, der Vater aller Netzwerker. Mit dabei Peter Schneider, der frühere Landrat von Biberach und heutige Sparkassenpräsident von Baden-Württemberg. Heinrich Haasis, der es bis zum Präsidenten des Deutschen Sparkassen- und Giroverbandes schaffte. Auch der spätere Präsident des Landeskriminalamtes, Franz-Hellmut Schürholz, den der 2002 verstorbene Schlee früh förderte, obwohl er ein Sozi war. Johannes Heinzler hatte in diesem System seinen Platz. Mit Unterstützung Schlees war Heinzler ins Sozialministerium gekommen. Er baute die EDV für die Krankenhausplanung mit auf. Man kennt sich, man hilft sich. Solche Bande halten auch über den Tod hinaus. Als besonders praktisch erwies sich, dass auch Schlees früherer Referent Kurt Widmaier mit am Tisch saß. Als Landrat von Ravensburg führt er die Aufsicht über Aulendorf. Mit Heinzler ist er per Du. Aber der Kontakt zu Heinzler, beteuert Widmaier, habe sich stets auf den Dienst beschränkt, auch wenn ihm die Stadt sehr am Herzen liege. Hier ist er aufgewachsen, hier feiert der Landrat gerne die urige Fasnet mit.

Im Grunde wusste Widmaier, was bei Heinzler schief lief. Dass kommunale Gelder verwendet wurden, um Löcher bei den Kliniken und bei der Therme zu stopfen. Der Landrat ließ viele Briefe mit Fragen und Aufforderungen gen Aulendorf senden. Am Ende aber beließ er es zumeist bei Ermahnungen. „Die kommunale Selbstverwaltung", dozierte der CDU-Politiker später, „ist ein hohes Gut." Da könne man halt nicht so mir nichts, dir nichts eingreifen. Einen Bürgermeister kontrolliere eben nicht zuvörderst das Landratsamt, sondern zu allererst der Gemeinderat. Außerdem: War Aulendorf nicht durch die privaten Klinikgesellschaften in die Bredouille geraten? Die entzogen sich nun mal der Kontrolle des Landrats. „Tiefere Recherchen" habe man nicht anstellen können. Leider. Aber natürlich habe das Landratsamt geprüft, was möglich war – „mit bestem Wissen und Gewissen."

Bis Mitte der neunziger Jahre drang von dem Chaos wenig nach außen. Der vom Landratsamt genehmigte Kassenkredit wuchs ständig, zuletzt 2005 auf mehr als zehn Millionen Euro. Das Geld wurde benutzt, um Zins und Tilgung der Kredite zu bedienen, um die ärgsten Nöte bei der Stadt und ihren Kliniken zu beheben. Nur ein Mal musste sich Heinzler in einem Disziplinarverfahren verantworten. Weil er das Thermalbad Schwabentherme ohne Zustimmung des Gemeinderats bauen ließ und Verträge mit dem Friedrichshafener Bauunternehmer Karl Fränkel offenbar zum Schaden der Stadt geschlossen hatte, verlangte das Landratsamt im Jahr 1999 knapp fünf Millionen Mark von dem Bürgermeister. So hoch soll der verursachte Schaden gewesen sein.

Der Rechtsstreit endete mit einem Vergleich. Heinzler wurde Anfang 2001 zur Zahlung von 110.000 Mark an die Stadtkasse Aulendorfs verurteilt. Der Bürgermeister gehorchte und zahlte – widerwillig und verspätet mit Zins und Zinseszins. Zudem wurden Heinzler seine Bezüge drastisch gekürzt. Das Landratsamt Ravensburg zog daraufhin seine Schadensersatzklage zurück. Das alles geschah noch in den Endzeiten von Widmaiers Vorgänger Guntram Blaser, der heute von den alten Geschichten nichts mehr hören will. Der Pensionär lässt über Widmaiers Sprecher erklären, dass er „keine Aussagen zu Aulendorf machen kann und wird". Das Schweigen mag noch einen anderen Grund haben: Eine der wichtigsten Gläubigerbanken Aulendorfs war die Kreissparkasse. Dort ist der Landrat qua Amt Chef des Verwaltungsrats. Die Zinsen des Kreditinstituts sollen nicht die niedrigsten gewesen sein. Will sagen: Die Bank hat an der Not Aulendorfs gut verdient. Aber das wird natürlich scharf zurückgewiesen.

Tja, das mit der Aufsicht ist halt so eine Sache. Man hat sie und hat sich auch wieder nicht. Die Kontrolle über den Landrat in Ravensburg zum Beispiel führt das Regierungspräsidium Tübingen. Und das Regierungspräsidium wiederum führte seit 1997 Hubert Wicker, ein alter Bekannter Schlees. Wicker, in Albstadt-Ebingen geboren, diente Schlee von 1979 bis 1983 als Pressereferent im Vorstand des CDU-Bezirksverbandes Württemberg-Hohenzollern. Der großgewachsene Schnauzbartträger speist seinen Konservatismus aus der katholischen Jugendbewegung und pflegt als Hobby das Schwäbischsein als Vorsitzender eines Dialektvereins. Wicker ist inzwischen Chef der Staatskanzlei geworden, im Zentrum der Macht. Als solcher ist Wicker einer der wichtigsten Zuarbeiter von Ministerpräsident Günther Oettinger. Wenn es in Aulendorf Rechtsverstöße gegeben hätte, so schlussfolgerte Wicker noch als Tübinger Regierungspräsident, hätte man eingreifen müssen. Ja, wenn ...

Als es längst zu spät war und sich bereits ein unübersehbarer Schuldenberg vor der Stadt aufhäufte, sollte das Land den Retter spielen. Finanzminister Gerhard Stratthaus (CDU) bemühte sich im Herbst 2004 nach Oberschwaben und bescheinigte den verdutzten Ratsherren und quasi offiziell, dass ihre Stadt pleite war. Aber statt den 42 Millionen Euro, die damals in aller Munde waren, kannte er schon das reale Ausmaß des Desasters: 65 Millionen Euro.

Wahrhaben wollte dies kaum ein Bürger. Die Einwohner sorgten sich noch um die Weihnachtsbeleuchtung, als längst klar war, dass in Aulendorf die Lichter ausgehen würden. Nun bleiben die Straßenlaternen im Winter ausgeschaltet. Und auf Hilfe aus Stuttgart wartet die Stadt seither vergeblich. Der Zuschuss für selbstverschuldete Pleiten muss wohl doch erst noch erfunden werden. So groß die Liebe zu Aulendorf auch sein mag – es scheint für das Land auch Grenzen zu geben.

Bleiben noch diverse juristische Probleme. Ob sie je geahndet werden, steht auf einem anderen Blatt. Schon zu seiner Amtszeit hatte sich die Staatsanwaltschaft Ravensburg immer wieder mit Heinzler beschäftigt. Nach seinem Abgang hagelte es Strafanzeigen. Ein gutes halbes Dutzend Verfahren lief gegen den Skandal-Bürgermeister an. Zusammen mit der Landespolizeidirektion Tübingen ermittelte die Behörde wegen des Verdachts auf Untreue, Insolvenzverschleppung und Urkundenunterdrückung. Kurz bevor Heinzler im August 2004 sein Amtszimmer räumen musste, erhielt ein Architekturbüro, dem in seiner Amtszeit viele Aufträge zugeflossen waren, weitere Jobs zur Stadtsanierung in Höhe von rund einer halben Million Euro. Der Gemeinderat wunderte sich.

Es war sicherlich nur Zufall, dass er nach seinem Ausscheiden Berater jenes Architektenbüros wurde. Heinzlers Nachfolger im Amt, Georg Eickhoff, schwört Stein und Bein, dass er in der ersten Zeit nach des Vorgängers Demission eine ganze Menge Anrufe im Rathaus für jenes Architekturbüro empfangen hat. Auf einer Telefonnummer, die direkt zum Bürgermeister führt. Einer der Anrufer sei ganz erbost gewesen, als er ihm erklärt habe, er sei mit dem Bürgermeister verbunden. „Aber ich habe hier immer das Architekturbüro bekommen", habe dieser entgegnet. Eickhoff war es dann, der Heinzler gleich mehrfach angezeigt hat.

Die Ermittlungen zogen sich hin. Mehr als zwei Jahre brauchte die Ravensburger Behörde zusammen mit der Landespolizeidirektion Tübingen, um die Beweissicherung in einigen Punkten abzuschließen. Ständig neue Staatsanwälte mussten sich in den komplizierten Fall einarbeiten. In einigen Punkten ermittelt die Anklagebehörde noch immer. Manche Verfahren wurden gleich ganz eingestellt. So blieb der brisante – von Heinzler scharf dementierte – Vorwurf ungeklärt, er habe zwischen dem 30. Juli und 2. August 2004 eine Vielzahl von Akten vernichten lassen. Der Vorwurf war nicht beweisbar.

Auch die zuständige Staatsanwältin räumte ein, es sei „unstrittig", dass Hängeregistraturen „nicht wieder auffindbar waren." Aber unglücklicherweise habe es keine Auflistung darüber gegeben, welche Akten verschwunden seien. Ob sich amtliche Papiere unter den Unterlagen befunden hätten, sei ebenfalls nicht klar. Eine bemerkenswerte Ausführung. Was, wenn nicht überwiegend amtliche Papiere, sollten in Rathäusern zu finden sein? War das alles ein Zufall oder wurde dem Ex-Bürgermeister eine goldene Brücke gebaut? Die Verfahren wegen Insolvenzverschleppung und wegen weiterer Untreuevorwürfe gegen Heinzler wurden ebenfalls eingestellt. Eine Beschwerde bei der Generalstaatsanwaltschaft Stuttgart wurde abschlägig beschieden.

Angeklagt aber wurde Heinzler dann doch noch. Wegen zwei eher marginalen Grundstücksgeschäften soll er sich vor dem Schöffengericht Ravensburg verantworten. Es geht um Untreue. Begünstigt soll unter anderem wiederum das bereits bekannte Architekturbüro gewesen sein. In einem weiteren Fall, bei dem ebenfalls vor dem Schöffengericht Ravensburg Anklage eingereicht wurde, soll Heinzler in den Jahren 2002/03 eigenmächtig und ohne Genehmigung des Gemeinderats auf eine Forderung aus Energielieferungen an die überschuldete Schwabentherme verzichtet haben. Stattdessen habe Heinzler die sechsstellige Summe mit anderen Forderungen der Stadt gegenüber den stadteigenen Klinken verrechnen lassen.

Auf den fulminanten Finanzjongleur folgte eine weitere schillernde Gestalt: Georg Eickhoff. Der heutige Bürgermeister Aulendorfs stammt aus Köln, ist katholisch und CDU-Mitglied, Historiker und Hispanist und mit einer brasilianischen Malerin verheiratet. Mit seinen angriffslustig funkelnden Augen, der halbrunden Brille und dem Kinnbart könnte er auch als Studienrat oder Oberförster durchgehen, zumal er gerne Schlapphut nach Wildererart trägt, was ihm einen Touch von Weltläufigkeit und Abenteurertum gibt. In Aulendorf aber sind derlei Sehnsüchte nur schwer zu stillen.

Eickhoff wuchs mit sieben Geschwistern im Eifelstädtchen Monschau auf und war Stipendiat des Cusanuswerkes und Novize bei den Jesuiten in Münster/Westfalen. Beim Cusanuswerk war Annette Schavan (CDU) auf ihn aufmerksam geworden. Nach seiner Promotion diente Eickhoff der heutigen Bundesbildungsministerin drei Jahre lang als Grundsatzreferent und zwei Jahre lang als Bürochef, als diese noch in gleicher Funktion in Stuttgart das Regiment führte. Danach wurde er als

Beauftragter des Landes für Bildung und Forschung in die Landesvertretung nach Berlin geschickt, um das Schavan-Ministerium auf dem Laufenden zu halten. Was in aller Welt treibt so einen nach Aulendorf? Das fragten sich viele, als sich Eickhoff im Jahr 2004 um die Nachfolge Heinzlers bemühte. Er gewann die Wahl gegen knapp ein Dutzend Konkurrenten mit einem populistischen Anti-Heinzler-Wahlkampf.

Mit Kampagnen kannte sich der damals 37-Jährige bestens aus. Als Nobody hatte er schon in Berlin für Furore gesorgt, als er 2002 ausgerechnet dem ehemaligen Regierenden Bürgermeister und CDU-Landeschef Eberhard Diepgen Platz eins auf der Landesliste streitig machen wollte. Eickhoff stand zwar nur eine kurze halbe Stunde als Herausforderer auf der Liste, doch das reichte, dass Diepgen bei der Wahl mit Pauken und Trompeten durchfiel.

Eickhoff reklamierte später für sich, dass er den Sturz des CDU-Promi beschleunigt hatte. Mit „Grüß Gott, ich habe den Diepgen gestürzt" empfahl sich der Kandidat beim Bundestagswahlkampf 2002 im aussichtslosen Ostberliner Wahlkreis Lichtenberg. Schenkelklopfend erinnern sich Parteifreunde, wie Eickhoff den PDS-Wählern im Plattenbau christliche Familienpolitik zur Rentenfinanzierung nahebringen wollte. In schwarzen Jeans und kurzem Hemd rief der hoffnungslose Kandidat zu lauter Musik Jugendlichen immer wieder zu: „Macht Kinder! Macht Kinder!" Eine Auszubildende empörte sich: „Wissen se eijentlich, det wa jede Mark umdren müssn. Da is echt keen Jeld für Kinder drin." Einer anderen wurde es ebenfalls zu bunt: „Wissen se, ick hab so'n Hals. Wejen der Rente erzählt der uns, wir solln poppen. Dit kann doch wohl nich wahr sein!"

Um in die Medien zu gelangen, war dem Politnovizen schon damals nahezu jedes Mittel recht. Zwei Tage nach dem Tod des CDU-Veteranen Peter Kittelmann mutmaßte Eickhoff, der legendäre „Strippenzieher" werde nun im Himmel munter weiter machen. Nach ihm kämen nur noch drei rein – nämlich Diepgen und seine beiden Vertrauten. Dass er sich umgehend für seine Geschmacklosigkeit entschuldigte, nutzte ihm wenig. In einflussreichen CDU-Zirkeln war man der Ansicht, dass dieser Hitzkopf dringend eine neue Aufgabe brauchte, die ganz weit weg von der Bundeshauptstadt liegen sollte. Zum Glück gab es Aulendorf. Weiter weg ging kaum noch.

Seine Förderin Schavan konnte oder wollte da schon nichts mehr für ihn tun. Rudolf Köberle, damals der Beauftragte des Landes Baden-Württemberg in Berlin, wurde aufgetragen, den Störenfried nach Oberschwaben zu locken. Ob die Strategen wussten, dass Eickhoff auch diese Bühne zur gnadenlosen Selbstdarstellung nutzen würde? Denn Eickhoff wurde Heinzler bald zum Verwechseln ähnlich. Auch der stets frohgemute Rheinländer regiert wie ein kleiner König am Gemeinderat vorbei. Wie Heinzler fragt er, wenn überhaupt, lieber erst hinterher, ob's denn recht war. Dabei nutzt er den fast grenzenlosen Machtspielraum aus, den die direkt gewählten Bürgermeister in Baden-Württemberg genießen. Denn oft genug lässt sich manche Entscheidung mit einem angeblichen Notstand gegen alle Widerstände durchdrücken.

Als oberstem Klinikchef war Eickhoff ähnlich wenig Glück wie Heinzler beschieden. So holte er illustre Figuren wie Rolf Brunner-Salten nach Aulendorf, der insbesondere dadurch aufgefallen war, dass er im Krankenhaus Haar nach nur fünf Monaten als Direktor geschasst worden war. Er ging 2001, nicht ohne 350.000 Mark Abfindung zu verlangen. Dasselbe Spiel beim Rheumazentrum Baden-Baden, wo er 1996 nach nur anderthalb Jahren seinen Posten räumen musste. In Aulendorf verkündete Brunner-Salten alsbald, eine Sanierung sei hoffnungslos und suchte das Weite. Eickhoff sah dies offensichtlich ähnlich. Er versuchte die Kliniken so schnell wie möglich los zu werden, mit mäßigem Erfolg. Kaufinteressenten durften schon mal die Geschäfte führen. Die St. Elisabeth-Stiftung in Reute etwa übernahm das Management des Altenheims für fünf Jahre und erwarb es erst anschließend.

Die Stadt blieb auf Kosten in Höhe von einer Million Euro sitzen. Den maroden stadteigenen Kurbetrieb benannte der neue Rathauschef flugs in Aulendorf Tourismus um, löste ihn aber nicht auf. Dazu trägt die Stadt weiter schwer an den Pensionsansprüchen der Klinik-Beschäftigten, obwohl die Kommune längst die Trägerschaft abgegeben hat. Eickhoff versäumte es, sich dieses Problem gleich mit vom Hals zu schaffen. Ein Fehler, der Aulendorf noch bis zu sieben Millionen Euro kosten könnte.

Und damit hatten Gemeinderat und Landratsamt wieder ihr Déjà-vu-Erlebnis. Eickhoff zoffte sich mit Landrat Widmaier, handelte sich Rügen über Rügen ein und schreckte selbst vor einer Schadensersatzklage gegen das Land nicht zurück. Bis zu 30,4 Millionen Euro will Eickhoff vom Staat zurückhaben, weil die Aufsicht seiner Meinung nach nicht funktioniert hatte. Um den Anspruch zu untermauern, verfasste er ein 24-seitiges Memorandum, das er dem staunenden Publikum via Frankfurter Allgemeine zur Kenntnis brachte. Dort konnte es auch der Gemeinderat nachlesen. Richtige Munition gegen den Landrat sollte freilich die baden-württembergische Gemeindeprüfungsanstalt (GPA) in Form eines Gutachtens liefern. Als der 170-seitige Sonderbericht endlich erschien, erkannte Eickhoff einen „bunten Strauß von Verfehlungen des Landratsamtes".

Tatsächlich aber listete die Expertise mindestens so viele Verfehlungen Eickhoffs auf. Die GPA brach zudem im Oktober 2007 eine erneute routinemäßige Finanzprüfung ab, weil der städtische Haushalt „keinen geordneten und transparenten

Eindruck" mache. Weder der Etat noch die Jahresrechnungen der Eigenbetriebe waren für 2006 aufgestellt. Der Kommune drohte ein Zwangsabschluss oder eine Ersatzvornahme durch das Landratsamt. Dann wird ein Wirtschaftsprüfer auf Kosten der Stadt mit den Abschlüssen betraut.

Ein Glück, dass wenigstens die örtliche Presse zu ihm hält. Interviews gab Eickhoff lange Zeit bevorzugt einer Redakteurin des Lokalblatts, die – Zufall oder nicht – die Schwester des Staatsministers Rudolf Köberle ist. In der Schwäbischen Zeitung liest sich das dann so: „Die Eisenbahnerstadt steht wie eine Lokomotive unter Dampf, wir wollen, dass es zischt und pufft, und dass sich was bewegt." Das tat es wohl auch. Vor allem für Eickhoff selbst, der davon profitierte, dass die Einwohnerzahl im Juni 2005 kurzzeitig über 10.000 Einwohner sprang. Eickhoffs Gehalt zog mit, von A 16 auf B 2 (Festgehalt 5716,99 Euro). Dabei blieb es. Einen Grund, Verzicht zu üben, sieht der Verwaltungschef nicht. Er könne dagegen nichts unternehmen, sagt er, die Erhöhung erfolge „automatisch". Aulendorf aber wird, so hat es ein Gutachter errechnet, mindestens noch 20 bis 30 Jahre in seinem Desaster festsitzen.

Loyalität um jeden Preis

Dunkle Geschäfte bei Daimler

Von Rainer Nübel

Der Baden-Württemberger schlechthin ist eine treue Seele. Hat er sich einer Sache verschrieben, so pflegt er sie mit fast heiliger Inbrunst und schaffigem Eifer. Wie sonst ließe sich zum Beispiel erklären, dass er – vornehmlich im Stuttgarter Raum – selbst in Zeiten des hightech-modernen Müllmanagements noch in akkurater Regelmäßigkeit Besen, Kutterschaufel und Kehrerwisch in die Hand nimmt und hingebungsvoll vor seiner eigenen Haustüre kehrt. Oder nach getaner Arbeit sein Viertele schlotzt. Oder jeden Samstagnachmittag zum VfB, KSC oder SC pilgert, in guten wie in schlechten Fußballzeiten. Oder immer die CDU wählt.

Treu dem Herrn, der Sache ergeben: Das liebten schon weiland die hochherrlichen Herrscher lobesam besonders an ihren Untertanen (womit jetzt nicht etwa Lothar Späth gemeint ist, sondern die alten Grafen, Herzöge und Könige, nur der Klarheit wegen). Wobei die Badener, wie das Geschichtsbuch lehrt, da schon mal gerne revolutionär aus der Reihe tanzten. Vielleicht scheint ja deshalb vor allem der Württemberger der schlechthinnige Loyalist zu sein. Zumindest finden sich in diesem Landesteil heute die eindrücklichsten Fallbeispiele treuester Ergebenheit. Und die abgründigsten.

Womit wir beim Herzstück der landestypischen Herrlichkeit wären: der Wirtschaft, dort, wo Loyalität mit dem Anstellungsvertrag festgeschrieben wird und sich gleichsam in die Mitarbeiterseele brennt. Und am besten bezahlt wird, jedenfalls in den höheren Chargen. Treueschwüre und emphatische Liebesbekundungen ganzer schwäbischer Arbeitnehmergenerationen zu „ihrem" Unternehmen sind in der gesamten Republik, wenn nicht sogar weltweit, Legende geworden. „Halt dei Gosch, i schaff beim Bosch": Diese Pretiose deutscher Firmenidentitäts-Lyrik etwa dürfte heute noch jedem toughen Wirtschaftsboss Tränen der Rührung in die Augen treiben. Was genauso für den Untertürkheimer Sinnspruch gilt: „I schaff beim Daimler." Jahrzehntelang ließen Mitarbeiter des Stuttgarter Automobilkonzerns so die Welt zwischen Wald und Reben und weit, weit darüber hinaus stolz wissen, dass ihnen der Stern des Südwestens nicht schnuppe ist. Vor allem jene Daimler-Leute, die im Blaumann schafften. Unternehmenskultur nannte man so was in der Chefetage und nickte dabei äußerst zufrieden.

Seit zwei, drei Jahren hört man an Stammtischen und anderen öffentlichen Plätzen den Schlachtruf stolzer Daimler-Mannen allerdings viel seltener und, wenn überhaupt noch, deutlich leiser und merkwürdig verhalten. Was an einer äußerst garstigen Sache liegt, die einer treuen Daimler-Seele arg weh getan hat. Weil sie, ahnungslos in den Werkshallen wuhlend, nicht für möglich gehalten hätte, dass „so was" beim Daimler möglich sei. Dafür haben in den vergangenen zwei, drei Jahren eine ganze Reihe hochrangiger und weniger ahnungsloser Funktions- und Krawattenträger des Konzerns – in aller Stille und höchst diskret – eine Loyalität gepflegt, die in ganz eigener Weise spitze ist. Was wiederum auch mit jener äußerst garstigen Sache zu tun hat.

Es geht dabei um einige missliche Vorgänge, die eigentlich nicht der Rede wert sind. Jedenfalls nicht, wenn die Rede vom Musterländle ist – mit seinem brummenden Wirtschafts-Motor, dem gewinnenden Charme des Shareholder Value und der allseits porentief reinen Unternehmenskultur. Nein, in einer baden-württembergischen PR-Kampagne dürfte für so was partout kein Platz sein. Oder fänden Sie vielleicht den Slogan werbeträchtig: „Wir können alles – auch korrupt sein"? Eben.

Es war, wie könnte es anders sein, ein Nicht-Baden-Württemberger, der den völlig unnötigen Trouble heraufbeschwor, ein Reing'schmeckter, obgleich für manchen wahrscheinlich fraglich ist, ob er überhaupt diese Bezeichnung verdient hätte. David Bazetta hieß er, Buchhalter war er bei Chrysler, dem maroden US-Anhängsel von Daimler (von wegen im Himmel geschlossene Ehe!), das sowieso immer nur Ärger machte. Und dann noch ein gefeuerter Buchhalter. Klar, dass der von Loyalität zur Firma wahrscheinlich noch weniger hielt als von Kehrwoche, Vierteleschlotzen, VfB-Gucken und CDU-Wählen. Und dann ging dieser Bazetta tatsächlich her und schwätzte bei der amerikanischen Börsenaufsicht SEC was von Korruption daher: dass DaimlerChrysler seit Jahren in zahlreichen Ländern geheime Konten unterhalte und sie dazu nutze, ausländische Regierungsbeamte zu bestechen. Daimler, das Vorzeigeunternehmen, die helle Freude aller PR-Strategen, das Flaggschiff baden-württembergischer Spitzentechnologie, sozusagen der Mercedes unter den deutschen Konzernen! Das Unmögliche, das Unglaubliche passierte: Die SEC scherte sich einen feuchten Kehricht um das blitzblank polierte Image des deutschen Firmenriesen, der auch an der New Yorker Börse notiert ist und daher ihrer Aufsicht unterliegt. Sie begann im August 2004 gegen den Konzern zu ermitteln – weltweit und mit einer Akribie, dass so manchen Funktionsträgern in Möhringen immer heißer unter der Krawatte wurde.

Fortan wurde in den Chefetagen das Kürzel SEC zum Horrorbegriff. Irgendwie klang es wie GAU. Denn die Securities and Exchange Commission beförderte fast im Wochenrhythmus neue brisante Ergebnisse zu Tage: Bestechungsvorgänge in

Polen und Belgien wurden aufgedeckt, gleichzeitig auch in afrikanischen Ländern, darunter Ghana und Nigeria, dann wurden die SEC-Ermittler in Asien fündig, Vietnam und China. Schließlich nahmen sie Daimler-Geschäfte in Russland und GUS-Staaten ins Visier. Längst hatte auch das amerikanische Justizministerium begonnen, sich an den Korruptionsermittlungen zu beteiligen. Und eine Ermittlungskommission der Vereinten Nationen lieferte 2005 auch noch Belege, dass der Stuttgarter Konzern im Zusammenhang mit dem Hilfsprogramm „Öl für Lebensmittel" Schmiergelder an das irakischen Regime von Diktator Saddam Hussein bezahlt hatte. Der Begriff „global player" bekam plötzlich eine andere, dunkle Bedeutung: Über Jahre hat Daimler laut den Ermittlungen ein ganzes Netz von Schmiergeldkonten unterhalten. Hat schwarze Kassen unterhalten, auf denen verdeckte Rabattzahlungen eingingen und weitertransferiert wurden. Hat falsche Bilanzen abgeliefert. Und in verschiedenen Ländern mit einer trickreichen Methode bei der Entlohnung von Konzernmitarbeitern Steuern hinterzogen.

Die amerikanische Börsenaufsicht hatte Daimler im Würgegriff. Diese SEC, die in einem Hochsicherheits-Gebäude im fernen Washington sitzt und sich von dort so massiv in ein deutsches Superunternehmen einmischte. Ach was, es „nach Belieben dirigiert und regiert", wie es immer zerknirschter und wütender aus der Daimler-Zentrale flüsterte. Offiziell gab die Konzernleitung den reuigen Sünder. Zahlte im Ausland Steuern in Millionenhöhe nach. Erstattete auch bei einem deutschen Finanzamt Selbstanzeige. Stellte eine dreistellige Millionensumme zurück, für mögliche Schäden, Anwaltskosten und Strafzahlungen. Betonte gebetsmühlenartig in Verlautbarungen, man nehme die Ermittlungen sehr ernst und arbeite bei der Klärung der Vorwürfe intensiv mit. Präsentierte schließlich einen Maßnahmenkatalog mit „hohen ethischen Standards", um eine Wiederholung „unsachgemäßen Verhaltens" zu vermeiden.

Doch all dies genügte der SEC nicht. Sie forderte weitere Konsequenzen. Personelle Konsequenzen. Die Daimler-Leitung reagierte, musste reagieren: An die zwanzig, teilweise hochrangige Mitarbeiter wurden Ende 2005 und Anfang 2006 entlassen. Darunter Spitzenmanager, die seit Jahrzehnten im Unternehmen tätig waren. Manche pflegten intensive, nicht nur berufliche Beziehungen zu Vorständen, auch zu Jürgen Schrempp, dem Daimler-Boss, der in der Zeit der fraglichen Korruptionsvorgänge das Unternehmen leitete. Es begann die Leidenszeit der altgedienten Loyalisten, der treuen Vasallen, deren ergebener Dienste und Diskretion sich so mancher aus der Chefetage immer sicher sein konnte. Es war die Zeit, in der unausgesprochen Loyalität verlangt wurde – und sie erfüllt wurde. Bis zur Selbstaufgabe, bis zur Karikierung der internen Verhältnisse, bis zum bitteren Ende.

Als Anwälte, Wirtschaftsprüfer und Fahnder, die im Rahmen der SEC-Ermittlungen tätig waren, erstmals in die Büros der Spitzenmanager schneiten und ihnen höflich, aber bestimmt mitteilten, dass sie ihren PC zur Verfügung stellen müssten, glaubten die meisten noch, heil aus der Sache herauszukommen. Denn hatten sie nicht immer das getan, was ausschließlich dem Wohle des Unternehmens diente? Gerade darum waren doch auch und besonders diejenigen bemüht, die noch etwas mehr in der Gehalts-Wundertüte hatten, nebst opulenten Aktienoptionen, und deren Sessel noch etwas besser gepolstert waren, oder nicht?

Dass für viele Daimler-Auslandsgesellschaften interne Fremdkonten eingerichtet waren, neckisch-poetisch „Krokodilchen" genannt, war ja im Konzern bekannt. Und nicht etwa beim Portier, sondern deutlich weiter oben. Dort, wo man die jährlichen Produktions- und Umsatzquoten vorgab, Gewinnsteigerungen fixierte und vollsten Einsatz für die gedeihliche Vermehrung des shareholder value verlangte. Und dort, wo man doch wissen musste, dass in diversen Ländern dieser Welt der Verkauf von Fahrzeugen nach, sagen wir mal, ganz eigenen Spielregeln ablief. Was natürlich nicht automatisch hieß, dass der Vorstand vom entsprechenden Missbrauch dieser „Krokodilchen" auch nur die leiseste Ahnung haben konnte. Dabei war dieses Verhalten für den Absatz doch so wichtig gewesen, überlegten sich die Manager. Selbst wenn der Stern noch so glänzte, war das noch keine Garantie für ein blendendes Geschäft. Kam man den Verhandlungspartnern in solch „exotischen" Ländern nicht irgendwie entgegen, schmierte die lukrative Sache rasch ab. Und damit die Absatzquote. Immerhin haben andere Konzerne auch schöne Waren im Angebot, mit denen sie wuchern. Und die taten „es" doch auch. Gut, seit 1999 war nach dem deutschen Gesetz der Einsatz von Schmiermitteln im Ausland ein unangenehmer und höchst hinderlicher Straftatbestand. Aber wer glaubte allen Ernstes, dass ausgekochte Verhandlungspartner in Nigeria, Ghana, Vietnam oder Aserbaidschan das wirklich wissen wollten? Oder sich gar davon berühren ließen? Das wäre doch glatter Realitätsverlust. Konnte es tatsächlich sein, dass man in der obersten Chefetage wirklich aus allen Wolken gefallen war, als die SEC unter anderem darauf kam, dass so manches interne Fremdkonto offenbar jahrelang für verdeckte Rabattzahlungen genutzt wurde?

Doch. Genau dies passierte. Die Konzernleitung zeigte sich geradezu bestürzt und im Innersten erschüttert ob der SEC-Ermittlungsergebnisse. Stante pede und im vollsten Brustton der Überzeugung wurde der amerikanischen Behördenaufsicht die totale Kooperation zugesichert, um eine „lückenlose Aufklärung der Sachverhalte" herbeizuführen. Da staunten die treuen Vasallen, die für die Auslandsgeschäfte zuständig waren, nicht schlecht. Und wurden langsam unsicher, ob ihre jahrelange Loyalität im eigenen Hause auch honoriert und sie vor Unbill schützen würde. Ihr ungutes Gefühl trog nicht. Was für sie die „lückenlose Aufklärung" seitens der Konzernspitze bedeutete, bekamen sie spätestens von Herbst 2005 an zu spüren. Die Bestechungsvorwürfe richteten sich gegen sie – nur gegen sie. Die SEC hatte bei Daimler ein ganzes System an Korruption ausgemacht. Doch jetzt wurde innerhalb des Konzerns immer deutlicher: treffen würde es die Verantwortlichen unterhalb der Vorstandsebene – als Einzeltäter, die bei dubiosen Geschäften ihre Unterschriften geleistet oder anrüchige Auszahlungen angewiesen hatten. Dass in der Wirtschaftskriminalität, wie renommierte Strafrechtler seit langem anmerkten, die Systemtäterschaft vorliegt, tat nichts zur Sache.

Konsterniert suchten die betroffenen Manager das Gespräch mit Vorstandsmitgliedern, am Rande von Meetings oder Automessen. Man kannte sich, war meist per Du. Früher waren das immer Tête-à-Têtes von Vertrauten, in denen auch sehr diskrete, mitunter heiklere Dinge besprochen wurden. Oder der ein oder andere deftige Witz gerissen wurde. Doch plötzlich spürten die Manager eine merkwürdige Distanz auf der anderen Seite. Von den „Freunden" der Vorstandsebene bekamen sie jetzt nur zu hören: „Ich kann nichts für dich tun. Tut mir leid."

Das roch nach Kündigung. Manche betroffenen Manager hatten das Gefühl, als ob die Konzernleitung der SEC gegenüber Opfer bringen müsste. Bevor die auch an die alleroberste Etage ranginge. Bauernopfer also. Zunächst schien man bei Daimler den diskreten Weg gehen zu wollen: Kein Rauswurf, der würde in der Öffentlichkeit zu viele unangenehme Fragen auslösen. Ein Ausscheiden sah besser aus, immerhin standen manche

Manager, die ins Visier geraten waren, vor dem Rentenalter. Ein Aufhebungsvertrag würde weniger Aufsehen machen. Manchen Betroffenen, so gaben diese später vor dem Arbeitsgericht zu Protokoll, wurden zu diesem Zeitpunkt offenbar noch Aufhebungsverträge angeboten. Ein Spitzenmanager informierte im Herbst 2005 seine Untergebenen in einer E-Mail, er werde das Unternehmen um die vorzeitige Auflösung seines bis Ende 2006 laufenden Vertrages bitten.

Der Chef des Hauses war zu diesem Zeitpunkt freilich nicht mehr um Rat oder gar Hilfe zu fragen. Er hatte sich verabschiedet. Im Sommer 2005 war in den Redaktionen die überraschende Nachricht aus den Faxgeräten gelaufen: Jürgen E. Schrempp gab bekannt, dass er den Konzern frühzeitig, nämlich Ende des Jahres verlassen werde – und auf eine Millionenabfindung verzichte. Ein Abgang, der zeitlich mitten in die brisanten SEC-Korruptionsermittlungen fiel. Alles Zufall? Oder hatte etwa die SEC die Muskeln spielen lassen?

Es galt das gesprochene Wort des Bosses – und daran hatten sich alle, auch die Medien, gefälligst zu halten: Sein Abschied sei ein „Meisterstück der Kommunikation", das „Timing exzellent", erklärte Jürgen E. Schrempp damals mit einem fast seligen Lächeln auf den Lippen. Und Aufsichtsratschef Hilmar Kopper, sein treuer Weggefährte, nickte dazu so heftig und dauerhaft, dass jeder, wirklich ein jeder den sicheren Eindruck gewinnen musste, einer Sternstunde offenster, authentischer Informationspolitik beiwohnen zu dürfen. Es konnte sich ja auch nicht anders verhalten. Denn immerhin war der Daimler-Aufsichtsrat jahrelang seiner kritischen Kontrollfunktion vehement und konsequent nachgekommen – und hatte so gut wie alle Vorstandsentscheidungen abgenickt. Woran wir wieder, tief beeindruckt, sehen, wo die Loyalität wirklich zu Hause ist. Bestechung, Schwarzgeld, Geheimkonten, Steuerhinterziehung,

Falschbilanzierung, und dies alles über viele Jahre hinweg: Wie in aller Welt sollte ein Aufsichtsrat davon nur den Hauch einer Ahnung haben? Und was bitte sollte all dies mit einem Vorstandschef zu tun haben, dem es vorbildlicherweise nur um die Vermehrung des Shareholder Value gegangen war?

Die fürs Auslandsgeschäft zuständigen Spitzenmanager, deren Namen auf der SEC-Ermittlungsliste standen, befanden sich derweil in einer unbequemen Lage. Ihre Hoffnung, ähnlich unfallfrei wie ihr langjähriger Boss aus der heiklen Sache herauszukommen, hatten sie längst aufgeben müssen. Und die Möglichkeit, über einen Aufhebungsvertrag geräuschlos das Unternehmen verlassen zu können, wurde spätestens Anfang 2006 Makulatur. Manche hatten darauf gedrängt, dass wechselseitig darauf verzichtet werden solle, weitere Ansprüche zu erheben. Doch die Konzernleitung zeigte sich hart: Die SEC-Untersuchungen, so wurde argumentiert, seien noch nicht abgeschlossen und daher sei nicht bekannt, auf welche Pflichtverstöße die US-Börsenaufsicht noch stoßen werde. Unmissverständlich wurde von möglichen Schadensersatzansprüchen gegen die Manager gesprochen. Für die Betroffenen alles andere als ein „Meisterstück der Kommunikation".

Die Gangart des Konzerns wurde noch schärfer: Anfang 2006 erhielten die Spitzenmanager fristlose Kündigungen – manch einer gleich zwei an der Zahl. Begründet wurden sie, man ahnt es, mit neuen gravierenden Verfehlungen, von denen die Konzernleitung „erfahren" habe. Man sollte sich an dieser Stelle wohl noch einmal deutlich vor Augen halten, wie erschüttert die so gänzlich ahnungslose Vorstandsetage darüber gewesen sein muss, was die SEC-Ermittlungen so alles ans Tageslicht brachte. Und nur der Vollständigkeit halber sei berichtet: Wenige Wochen vor der fristlosen Kündigung der Spitzenmanager war Vorstandschef Jürgen E. Schrempp in einer Feierstunde mit warmen und aufrichtigen Lobesworten für sein überaus erfolgreiches Wirken gedankt worden. Das Leben kann so unterschiedlich sein.

Die Demontage der im Auslandsgeschäft tätigen Manager war konzernintern schon weit vorangeschritten. Als sie vor das Arbeitsgericht zogen und gegen ihre Kündigungen klagten, wurde das Schauspiel einer gnadenlosen Opferung öffentlich. Anwälte des baden-württembergischen Vorzeigekonzerns zogen im Gerichtssaal das ganz große Register, um zu demonstrieren, was die langjährigen Führungskräfte eigentlich sind: Kriminelle, von denen sich das Unternehmen völlig zu Recht und schnellstens trennen musste. Unter ihrer Verantwortung sei es in den vergangenen Jahren „fast jede Woche" zu Korruptionsvorgängen gekommen, warfen die Juristen mit ernster Stimme den Managern vor. Schmiergelder „in erheblicher Höhe" seien von ihnen angewiesen worden, interne Fremdkonten zur Veruntreuung von Geldern zweckentfremdet eingesetzt worden. Nach „Gutsherrenart" seien Kontoguthaben des Unternehmens zweckwidrig verwendet worden. Die Vorwürfe hatten die Schärfe brutalst-möglicher Aufklärer und Ankläger: Eindeutig lägen Gesetzesverletzungen gegen deutsche strafrechtliche, steuerrechtliche und bilanzrechtliche Regelungen vor. Wobei neben eigenen Verfehlungen auch ein hohes Maß an Organisationsverschulden vorliege. Mancher Daimler-Anwalt sprach von einem „System" – womit, um ja keine Missverständnisse aufkommen zu lassen, natürlich keineswegs gemeint war, dass dieses „System" nur annähernd etwas mit der Konzernleitung zu tun gehabt hätte. Bei den geschassten Managern hatte man es mit puren Einzeltätern zu tun.

Manchmal freilich meinte man zu sehen, wie die Daimler-Juristen leicht zusammenzuckten. Wenn etwa ein Anwalt der gefeuerten Managern vor Gericht andeutete, die Verantwortlichkeiten lägen „noch wo ganz anders". Oder wenn er anführte, die jetzt erhobenen Vorwürfe seien der Konzernleitung größtenteils schon seit einem Jahr bekannt – ohne dass es da schon zur Kündigung gekommen wäre. Süffisante Grüße an die Chefetage.

Journalisten-Gespräche mit entlassenen Spitzenmanagern liefen fast immer gleich ab. Die Treffen mussten diskret, fast konspirativ stattfinden. „Niemand darf davon etwas erfahren", wurde betont, „schon gar nicht jemand von der Firma." Der Druck der SEC-Ermittlungen und konzerninternen Untersuchungen, der auf ihnen lastete, war spürbar. Alle wussten, dass einer ihm nicht hatte standhalten können. Der in Nigeria tätige Manager Rudi K. hatte sich im Sommer 2005 umgebracht. Spürbar wurde aber auch die tiefe Enttäuschung. „Jahrzehntelang habe ich für dieses Unternehmen gearbeitet", sagte ein Manager, „und jetzt soll ich für all das den Kopf hinhalten." Wussten Vorstandsmitglieder etwas von Korruptionsvorgängen? Bei dieser Frage kamen die erfahrenen Topmanager ins Stottern. „Ich könnte Ihnen …" Die Stimme brach ab. Ängstliche Blicke über die Schultern. Dann ein neuer Anlauf. „Jeder wusste, dass in manchen Ländern was bezahlt werden muss." Auch Vorstände? Schweigen. Dann der Vorschlag, sich wieder zu treffen. Wann? „Mal sehen."

Die eigene Verletzung war groß – das Gefühl, vom Konzern zum Bauernopfer degradiert zu werden, nur eine Marionette zu sein, ohnmächtig. Stärker aber schien die Loyalität zu sein, über die fristlose Kündigung hinaus. Bis zum bittern Ende. In den Verfahren vor dem Arbeitsgericht blieb es bei Andeutungen. Beim Militär würde man so etwas wohl Kadavergehorsam nennen.

Nur zweihundert Kilometer von Stuttgart entfernt wurde ein Jahr später ein anderer deutscher Vorzeigekonzern von einer garstigen Korruptionsaffäre heimgesucht. Mit einem auffallend anderen Verlauf: Bei Siemens erreichte der Skandal um Millionen-Bestechungen rasch auch die höchste Ebene – Vorstände gerieten ins Visier von Ermittlungen. Bei Hausdurchsuchungen wurde nicht vor der Chefetage Halt gemacht. Und Manager waren von Staatsanwälten dazu vernommen worden, wer alles von den opulenten schwarzen Kassen wusste. Konzerninterne Prüfer interessierten sich selbst für die Rolle des langjährigen Vorstandschefs Heinrich von Pierer. Für Stuttgart und seinen leuchtenden Stern ein undenkbarer Vorgang. Was vielleicht auch mit einer anderen Art von Loyalität zu tun hat – der von ermittelnden Behörden in der baden-württembergischen Landeshauptstadt.

Im Musterländle muss sich treue Ergebenheit auszahlen. Und so kam es in unserer Geschichte doch noch zu einer wundersamen Wende und einem glücklichen Ende. Bevor die Klagen gefeuerter Spitzenmanager in immer neue öffentliche Runden gegangen wären und deren Anwälte vielleicht noch süffisantere und deutlichere Grüße an die Daimler-Chefetage gerichtet hätten, obsiegte die tiefe Humanität und der hohe ethische Standard, dem sich der Daimler-Konzern nun mal verschrieben hat. Es gab eine außergerichtliche Einigung mit den Spitzenmanagern: Sie bekamen, man höre und staune, einen Aufhebungsvertrag. Und ein paar Sterntaler Abfindung sollen auch noch geflossen sein. Für böse Gesetzesbrecher, die laut Daimler-Anwälte ohne jegliche Kenntnis der Konzernleitung Bestechungsgelder bezahlt und in „Gutsherrenart" Konzerngelder zweckentfremdet haben sollen, eigentlich kein schlechtes Resultat.

War es nicht eine alte schwäbische Weisheit, die besagt: Loyalität hat ihren Preis? Und überhaupt: Was geht mich mein G'schwätz von gestern an?

Raffe, raffe, Leut' beklaue

Die Badenia-Bausparkasse und ihre Schrottimmobilien

Von Meinrad Heck

Der Weihnachtsmann kam ein wenig früher als gewohnt. Er hatte ein hübsches Präsent im Sack, und die nette Familie aus einer ostdeutschen Landeshauptstadt würde diesen 20. November 2003 deshalb so schnell nicht mehr vergessen. Fortuna hatte sie angelächelt – besser noch: das Christkind. 300.000 Landsleute hatten bundesweit an einem Preisausschreiben einer großen Bausparkasse teilgenommen und sie – nennen wir sie die Müllers – hatten das große Los gezogen. Ein Einfamilienhaus im Wert von 150.000 Euro für ganz einfache Leute wie sie. Der Weihnachtsmann kam im Gewand der Deutschen Bausparkasse Badenia. Sie hat ihren Sitz mitten im Badischen in der ehrwürdigen Residenzstadt Karlsruhe, und dort durften die Glückspilze an jenem 20. November symbolisch ihr Häuschen in Empfang nehmen. Die Zentrale von Deutschlands viertgrößter Bausparkasse ist ein stattlicher Palast im Süden der Stadt, standesgemäß für ein Unternehmen, das für seine 1,5 Millionen Kunden fast 30 Milliarden Euro verwaltet. Im gläsernen Aufzug der prächtigen Lobby schwebten die Müllers hinauf in die Chefetage zum Weihnachtsmann, als ginge es in den siebten Himmel.

Es sollte ein Tag der frohen Botschaften werden. Einen solchen hatten die Herren der Vorstandsetage auch bitter nötig. Ihr Ruf war und ist ziemlich angekratzt. Seit Jahren schon stehen sie und ihr Unternehmen als herzlose Geldhaie am öffentlichen Pranger. Tausende Kleinanleger und Immobilienkäufer fühlen sich von dieser Badenia und ihren Geschäftspartnern über den Tisch gezogen. Den kleinen Leuten waren von dubiosen Vertriebspartnern dieser Bausparkasse Immobilien zur Altersvorsorge angedreht worden mit dem hübschen, aber falschen Versprechen, das alles würde sich über garantierte Mieteinnahmen und Steuersparmodelle wie von selbst bezahlen lassen. Eigenes Geld hatten diese Leute nicht, und genau das machte sie für die Bausparkasse so interessant. Sie lieh ihnen Geld. Solche Fälle sogenannter Schrottimmobilien haben längst Geschichte geschrieben. Skandalstories über verzweifelte Menschen, die sich in katastrophalen Einzelfällen unter der aufgelaufenen Schuldenlast das Leben genommen hatten, waren jahrelang durch den deutschen Blätterwald gerauscht und über die Mattscheibe geflimmert. Nicht nur die Badenia, sondern fast alle großen deutschen Banken waren in höchst dubiose Kreditgeschäfte verwickelt. Es ging um hunderttausende von Immobilien, die als Steuersparmodelle angepriesen waren. Sie hatten fleißig Zinsen kassiert und keiner der Herren Banker wollte etwas von den vielen schönen Versprechungen gewusst, geschweige denn etwas damit zu tun gehabt haben. Zumeist wertlose Wohnungen, die sich im Notfall nicht mehr verkaufen ließen, fehlende Mieten, aber monatlich abzustotternde und immer höher werdende Raten, jahrzehntelange Laufzeiten von Krediten – das hatte den Käufern so niemand gesagt, immer mehr saßen in der Schuldenfalle und standen vor dem Ruin.

Mit einiger Mühe und noch mehr Kaltschnäuzigkeit war es den Badenia-Herren im Süden Karlsruhes zunächst gelungen, ihr eigenes Haus so einigermaßen aus dem Skandal herauszuhalten. Sie hatten ja nur Kredite gegeben, nichts versprochen und schon gar nichts selbst verkauft. Was skrupellose Drückerkolonnen den kleinen Leuten aufgeschwatzt hatten und was die sich auch hatten aufschwatzen lassen, war nicht ihr Problem. An dieser Verteidigungsstrategie hielten sie jahrelang fest. Als sich die Klagen häuften, hatten sogar die Gerichte den angeblich unwissenden Bankern ihr Märchen abgekauft. Gut, die Badenia hatte es dabei mit der Wahrheit nicht immer so genau genommen, aber es sollte viele Jahre dauern, bis man dieser Bausparkasse langsam auf die Schliche kommen würde. Dieser 20. November 2003 würde einer dieser wichtigen Tage werden.

Während die Müllers gerade in ihren siebten Himmel schwebten, beugte sich ein paar Kilometer weiter in der Karlsruher Akademiestraße ein Mann über einen dicken Aktenstapel und feilte an letzten Formulierungen für ein 17-seitiges Dossier. Was darin über die Badenia geschrieben stand, wussten die Herren Vorstände ein paar Straßen weiter nicht. Noch nicht. Sie genossen ihre Rolle als Weihnachtsmänner und verkündeten ihre so dringend benötigten frohen Botschaften. Jener Familie Müller aus den neuen Bundesländern zum Beispiel. Sie schien ihr Glück noch gar nicht fassen zu können, und die Presseabteilung des Hauses zog die üblichen Register, die das deutsche Vokabular zu bieten hatte. Die Müllers ließen sich so hübsche Sätze entlocken wie: sie könnten es „gar nicht erwarten, in unsere eigenen vier Wände einzuziehen". Und selbstverständlich war für sie – dieser freundlichen Bausparkasse sei Dank – ein Traum in Erfüllung gegangen. Auch die Vorstandsetage war beglückt und gratulierte zum „phantastischen Gewinn". Die Bausparkasse hatte dem jungen Ehepaar eine „sichere Vorsorge für die Zukunft" beschert, frohlockten die PR-Strategen.

Na ja, die Müllers hatten ihr neues Häuschen nur gewonnen, aber für die anderen Träumer von den eigenen vier Wänden lagen die üblichen flotten Werbesprüche längst in der Schublade: „Via Badenia zum Traumhaus". Solche Botschaften sind gut fürs Geschäft und als solche Gönner sahen sich die Herren Vorstände am liebsten. Es war ein Tag solcher Superlative.

Endlich einmal gute Nachrichten. Die Müllers durften gleich anschließend bei einem nahe gelegenen Fertighaushersteller schon mal ihre neue „World of Living" bestaunen. Diese Welt hätte – vor allem für die Bank – so schön sein und bleiben können, hätte sich nicht ein paar Kilometer weiter ausgerechnet an diesem Tag zur gleichen Stunde ein gewisser Herr Z. über diesen letzten Entwurf seines ziemlich heiklen Dossiers gebeugt.

Die Bürostube dieses Herrn Z. war etwas spartanischer eingerichtet als die der Banker. Der Mann arbeitete bei der Staatsanwaltschaft Karlsruhe. Vor kurzem war ihm die Betrugsanzeige eines Ehepaares gegen einen früheren Finanzvorstand der Badenia, einen gewissen Elmar Agostini, auf den Tisch geflattert. Ein paar interne Dokumente und Gutachten waren beigelegt, der Beamte hatte einen Informanten aus dem Dunstkreis dieses Herrn Agostini ausfindig gemacht und befragt, bis sich bei ihm so etwas wie ein Anfangsverdacht entwickelt hatte. Ohne eine solche Formalie macht kein Staatsanwalt den Finger krumm. Der Betrugsverdacht war nicht mehr vom Tisch zu wischen. Bei Z. reifte aber auch die Erkenntnis, dass die Causa Badenia für seine Karlsruher Behörde vielleicht ein paar Nummern zu groß sein würde und besser bei der Schwerpunktstaatsanwaltschaft für Wirtschaftskriminalität in Mannheim aufgehoben wäre. Es ging um mindestens 5207 fragwürdige Fälle und Schicksale aus den Jahren 1988 bis 2000 mit einem Darlehensvolumen von 729.207.000 D-Mark. Verkauft wurden die Wohnungen samt Vollfinanzierung über ein Dortmunder Vertriebsunternehmen namens Heinen & Biege GmbH (HBG). Im Jahr 2000 – soviel sei vorweggenommen – ging HBG Pleite, für überschuldete Käufer war dort nichts mehr zu holen, und bei der Bausparkasse bissen sie auf Granit.

Aber nicht der Staatsanwalt hatte diese millionenschweren Zahlen zusammengetragen, soweit waren die Ermittler noch lange nicht. Bis zu diesem Zeitpunkt im November 2003 hatte es zwar schon Hunderte massiver Beschwerden sich geprellt fühlender Anleger, aber nur ein paar Dutzend Zivilprozesse gegeben, und die hatte überwiegend die Badenia gewonnen. Stolz waren die Banker darauf gewesen und selbstbewusst. Fast immer hatten sie obsiegt und dann eine kritische Öffentlichkeit wissen lassen, was wollt ihr, seht her, die Justiz gibt uns Recht. Aber weil die Prozesslawine immer größer zu werden drohte, hatten die badischen Banker im Jahr 2002 in weiser Voraussicht sicherheitshalber ein paar Wirtschaftsprüfer mit einer Expertise beauftragt, um die theoretisch drohenden Risiken einer solchen Lawine abzuschätzen und zu beziffern. Die Badenia ist eine hundertprozentige Tochter des milliardenschweren Aachener- und Münchner Beteiligungskonzerns AMB Generali, der an der Börse notiert ist und deshalb besonders strengen Veröffentlichungspflichten unterliegt. Aktionäre sollen auch die Risiken kennen, und die Badenia war ein solches Risiko. Aus diesem Gutachten der Wirtschaftsprüfer stammt die Größenordnung von damals noch 729 Millionen Mark. Dieses Papier kannten neugierig gewordene Staatsanwälte allerdings (noch) nicht, klagende Kunden schon gar nicht, weil die Vorstandsetage im Haus Badenia, kaum dass ihr dieses von ihr selbst in Auftrag gegebene Gutachten des Wirtschaftsprüfungsunternehmens PriceWaterhouseCoopers (PWC) vorlag, selbiges schleunigst im hauseigenen Giftschrank verschwinden ließ. So spöttisch wird im Branchenjargon jenes Mobiliar genannt, in dem in aller Regel all die Dinge abgelegt werden, die unter keinen Umständen ans Licht der Öffentlichkeit dürfen.

Das PWC-Papier war in den Augen der Badenia ein solches Schriftstück. Denn es erklärte ziemlich unverblümt, was keiner wissen durfte, nämlich warum die Bausparkasse bis dato vor Gericht so gut weggekommen war. Nicht etwa, weil ihr nichts vorzuwerfen wäre, sondern weil ihr nichts zu beweisen war. Kunden, die zu Klägern geworden waren, hatten in ihren Prozessen Beratungsfehler moniert oder sich auf das Haustürwiderrufsgesetz berufen, weil mancher Vertrag zwischen Tür und Angel entstanden sein soll. Aber ins Zentrum des Skandals waren sie und zahllose Verbraucherschutzanwälte noch nicht vorgedrungen. Denn sie hatten, wie die Gutachter feststellten, „nicht die erforderlichen Hintergrundinformationen". Für die Badenia blieb deshalb das Rechtsrisiko zunächst noch „abstrakt". Das Material, über das die enttäuschten Kläger und deren Rechtsanwälte verfügten, war zu dünn. Noch wussten nur die Rechtsabteilung und der Vorstand der Bausparkasse, dass ihre eigenen Gutachter schwere Vorwürfe gegen ihr Haus erhoben hatten. Dem unter Verschluss gehaltenen Papier zufolge hatte die Bausparkasse schon von 1988 an die Geschäftstätigkeit jener Vertriebsfirma, auf die sie Verkauf und Finanzierungsberatung ausgelagert hatte, „derart beeinflusst", dass dieses Dortmunder Unternehmen Heinen & Biege „nur noch als Strohmann fungiert hat". Die Bausparkasse hatte laut geheimem PWC-Gutachten „ihre Rolle als Kreditgeberin erheblich überschritten, so dass sie über die Risiken der Finanzierung hinaus und über die Risiken des Erwerbs einer Immobilie hätte aufklären müssen". Aufgeklärt hatte sie nun wirklich nicht, und deshalb gehörten solch brisante Erkenntnisse aus Sicht der Banker auf Nimmerwiedersehen in den Giftschrank. Denn sie hatten sich ja bis dato aus dieser Beratungspflicht und den drohenden Schadenersatzforderungen immer mit dem Hinweis zurückgezogen, sie seien nichts anderes als Kreditgeber gewesen. Und die Herren Banker gedachten, dieses Spiel bis zum Beweis des Gegenteils fortzusetzen.

Das unbequeme Gutachten verstaubte also seit einem Jahr in der Vorstandsetage, der Karlsruher Staatsanwalt hatte an diesem 20. November 2003 keinen blassen Schimmer davon, und die Karlsruher Banker spielten Weihnachtsmann mit den Müllers. Die schwärmten ein paar Kilometer von der Amtsstube des Ermittlers entfernt im Haus Badenia von ihren eigenen vier Wänden, die Sektkorken knallten, Träume wurden wahr – nur dieser Staatsanwalt beschäftigte sich mit einem Albtraum. Und weil er ihn vom Tisch haben wollte, schickte er seinen Kollegen in Mannheim eine Zusammenfassung seiner bisherigen Nachforschungen. Ihm schien eine Übernahme des Betrugsverfahrens durch diese Schwerpunktstaatsanwaltschaft „angemessen".

Unter dem Aktenzeichen 11 Js 17898/03 hatte er schon mal vorab festgehalten, was er von dem Fall hielt. Ihm waren bei den Badenia-Geschäften mit dem Immobilien-Vertriebsunternehmen namens Heinen & Biege GmbH ungewöhnlich hohe Provisionen aufgefallen, die im Kaufpreis versteckt worden waren. Kreditzinsen schienen ihm verdächtig niedrig, bis sich für ihn herausstellte, dass sie durch ebenfalls versteckte Subventionen der Badenia künstlich nach unten geschönt worden waren, um sie den kleinen Leuten besser verkaufen zu können. Damit waren die monatlich abzustotternden Raten zwar optisch billiger, die Rückzahlung würde aber deutlich länger laufen als allgemein erwartet – bis zu 31 Jahre lang. Eine böse Überraschung für eine Klientel, die fürs Alter vorsorgen wollte, zum Zeitpunkt des Vertragsabschlusses aber bereits 40 Jahre oder älter war. Z. wies seine Mannheimer Kollegen auf überhöhte Beleihungswerte für Immobilien hin, die wiederum zu überhöhten Kaufpreisen führten. Und all das sei ausdrücklich „ohne Wissen der Käufer" geschehen. Vorsichtig formuliert schien dem Karlsruher Staatsanwalt „auf Seiten der Badenia eine Teilnahme zum Betrug möglich". Denn der in den fraglichen Jahren 1988–2000 verantwortliche Badenia-Finanzvorstand Elmar Agostini hatte nach den Feststellungen der Karlsruher Ermittlungsbehörde „umfassende Kenntnis" davon. Dieser „Beschuldigte" habe gewusst, „dass qualitativ minderwertige Wohnungen zu überhöhten Preisen, in denen hohe Provisionen versteckt waren, an Personen geringen bis mittleren Einkommens verkauft wurden, ohne dass diese über die Risiken hinreichend aufgeklärt wurden".

Zum ersten Mal hatte damit eine Ermittlungsbehörde, zwar unter Ausschluss der Öffentlichkeit, aber immerhin in aller Deutlichkeit im Jahr 2003 eine hochkomplexe Materie auf den Punkt gebracht, die seit 15 Jahren zahllose Badenia-Kunden an den Rand des Ruins gebracht hatte – ohne dass sie zunächst auch nur den Hauch einer Chance gehabt hätten, sich aus der Schuldenfalle zu befreien. Das Papier von Herrn Z. ging zur Staatsanwaltschaft in Mannheim. Die begann mit ihren Betrugsermittlungen und filzte bei mehreren Razzien im Sommer 2004 die Büros dubioser Vertriebsunternehmen und gleichfalls die der Karlsruher Bausparkasse. Und dabei fiel den Ermittlern auch jener Giftschrank samt Inhalt in die Hände.

In den achtziger Jahren hatte der Skandal mit der Pleite der seinerzeit gewerkschaftseigenen Baugenossenschaft Neue Heimat begonnen. 8200 Wohnungen brauchten plötzlich einen neuen Eigentümer. Übernommen wurde dieser Bestand auf einen Schlag von einer Allwo GmbH in Nordrhein-Westfalen. Die Allwo gehörte wie die Badenia zum Konzern AMB Generali, und die Bausparkasse wiederum hatte sich 1988 mit seinerzeit 4,5 Millionen Mark einen 30-prozentigen Anteil an der Allwo gesichert. Die saß auf jenem riesigen Wohnungsbestand, dessen Verwertung in mehrfacher Hinsicht der Badenia zugute kommen sollte. Als Miteigentümerin der Allwo hatte die Bausparkasse ein gesteigertes Interesse daran, so viele Wohnungen wie möglich zu verkaufen, und als Kreditgeberin finanzierte sie kleinen Anlegern zu 100 Prozent den Kaufpreis inklusive aller versteckten Nebenkosten, weil sich die kleinen Anleger solche Objekte im angeblichen Wert zwischen 100.000 und 200.000 Mark aus eigener Tasche nicht einmal im Ansatz hätten leisten können. Die Käufer brauchten kein Eigenkapital, sie erhielten ein Vorausdarlehen in Höhe des Kaufpreises mit einer Laufzeit von bis zu zwölf Jahren, gleichzeitig schlossen sie zwei hintereinander geschaltete Bausparverträge ab, mit denen nach Zuteilungsreife das Vorausdarlehen nach und nach getilgt wurde. Das klang einfach, war in seinen Details aber so kompliziert, dass manche Gerichte später das undurchschaubare Geflecht aus Laufzeiten, Zinsen und Zinsfestschreibungen kaum zu entwirren vermochten.

Das Oberlandesgericht im niedersächsischen Celle, das nach Öffnen des badischen Giftschrankes wie andere Gerichte auch immer mehr Einzelheiten erkannte und seine bankenfreundliche Rechtssprechung änderte, stellte in einem Schadenersatzurteil zu Ungunsten der Badenia und der Allwo (AZ 16 U 127/04) im Dezember 2004 fest: „Ein Blick in den Immobilienteil der Wochenendausgabe jeder beliebigen Zeitung zeigt, dass die Kaufinteressenten dort mit genau demselben Risikomodell geködert werden, nämlich einer optisch niedrigen Belastung …, die die Gefahren nach Ende der Zinsfestschreibung mit sich bringt". Für die Celler Richter konnte es „keinem Zweifel unterliegen, dass dieses Existenz bedrohende Risiko nicht nur Durchschnittsmenschen, sondern nahezu jedermann verborgen bleibt, der sich mit den Gefahren und Grundsätzen der Bausparfinanzierung nicht befasst hat". Die Richter fällten deshalb über die Qualität des seinerzeitigen Badenia-Finanzierungsmodells ein vernichtendes Urteil: „Wenn man Menschen – auch solchen mit Universitätsabschluss – das Berechnungsbeispiel … vorlegt und ihnen die Frage stellt, wie sich ihre monatliche Belastung denn wohl entwickelt, wenn die Zinsen gleich bleiben, wird die überwältigende Mehrheit annehmen, die Belastung bleibe gleich, obwohl sie steigt".

Derlei Tricks, hinter die Otto Normalbürger gar nicht und ein ausgebuffter Profi nach Jahren nur mit äußerster Mühe kommen konnte, hatten die Erfinder des Bausparens nun wirklich nicht im Sinn gehabt. Die Chinesen der Han-Dynastie hatten als erste die Idee, gemeinnützige Spargesellschaften zu gründen. Gut Ding will Weile haben, und weil das so ist, dauerte es noch 2200 weitere Jahre, bis dieser Geistesblitz im Schwäbischen eingeschlagen hatte. 1924 wurde in Wüstenrot eine „Gemeinschaft der Freunde" gegründet, und spätestens seither war das Bausparen im deutschen Südwesten eine Art Grundnahrungsmittel. Es gehörte zum Wohlbefinden wie die Spätzle zum Sauerbraten und schwäbischen – später auch badischen – Jungspunden kam etwa das Wort von der Zuteilungsreife so locker über die Lippen wie die Bundesligaergebnisse vom letzten Wochenende. Bundespräsident Theodor Heuss selig hatte seinen Schwaben auf einem Weltkongress der Bausparer 1957 den Schlachtruf „Schaffe, schaffe, Häusle baue" entgegengeschmettert und damit auch irgendwie eine Reihenfolge festgelegt. Nämlich erst schaffe und dann baue. Das Badenia-System lief in genau umgekehrter Reihenfolge ab. Der Markt der Gutbetuchten war mit diversen Steuersparmodellen in den achtziger Jahren abgegrast worden. Dort war vorläufig nichts mehr zu holen. Jetzt waren die dran, die so gut wie nichts auf der hohen Kante hatten. Und wenn es potenzielle Kunden gab, die noch weniger als nichts hatten, so wurden ihnen Wohnungsanteile – selbstverständlich wieder steuersparend – angedreht. Vier Besitzer oder mehr teilten sich in Einzelfällen am Ende eine Wohnung als Altersvorsorge – ohne eigenes Kapital.

Nun darf eine Bausparkasse zwar keine Immobilienkäufe

ohne Eigenkapital finanzieren, mindestens fünf Prozent mussten die Käufer schon mitbringen – aber de facto tat sie nichts anderes. Genauer gesagt, sie ließ es tun. Denn diese Tausende von Wohnungen wurden natürlich nicht von ihr verkauft, sondern von jenem Dortmunder Vertriebsunternehmen Heinen & Biege GmbH (HBG), und der Einfachheit halber verkaufte diese HBG die komplizierte Vollfinanzierung mit dem schon erwähnten Vorausdarlehen und zwei nacheinander geschalteten Bausparverträgen inklusive Beratung gleich mit. Die Bausparkasse trat offiziell nur als Kreditgeber in Erscheinung. Das hatte den außerordentlichen Vorteil, dass sie im Fall der Fälle nur äußerst schwer in Regress zu nehmen war – wenn überhaupt. Denn laut höchstrichterlicher Rechtssprechung des Bundesgerichtshofes waren kreditgebende Banken bei einem Immobilien-Deal grundsätzlich nur dann zu packen, wenn es sich um ein sogenanntes „verbundenes Geschäft" handelt. Zwischen Bank und Verkäufer musste es ein „institutionalisiertes Zusammenwirken" geben. Dies musste nachweisbar sein, und genau da lag der Haken. Denn die Beweispflicht hatte der Bundesgerichtshof über lange Jahre dem Käufer auferlegt. Lieschen Müller, die sich mit der komplizierten Finanzierung über den Tisch gezogen und in die Schuldenfalle getrieben sah, musste in ihren Zivilprozessen nachweisen, dass die Badenia ihre Rolle als bloße Kreditgeberin überschritten hatte. Genau das funktionierte nicht, weil das Beweismaterial dazu an einer ganz bestimmten Stelle – und zunächst nur da – verstaubte, im schon erwähnten Giftschrank der Bausparkasse.

Wann immer diese Bausparkasse vor einem Zivilgericht verklagt wurde und gewonnen hatte, ließ sie ihre Pressestelle wortgetreu zur höchstrichterlichen Rechtssprechung öffentlichkeitswirksam erklären: „Die Funktion der Badenia ist lediglich die eines Kreditgebers". Dann gab es noch ein wenig Trost für die gescheiterten Kläger, die mit geschönten Zahlen ruhig gestellt und einmal zufriedene Kunden gewesen waren: „Wenn sich inzwischen steuerliche, gesetzliche oder persönliche Rahmenbedingungen oder der Immobilienmarkt verändert haben, wenn der Mietertrag heute geringer ist, so ist das sehr bedauerlich". Derlei Entwicklungen seien jedoch „nicht der Bausparkasse zuzurechnen". Eine Kleinigkeit hatte die Badenia dabei vergessen zu erwähnen. Immobilienkäufer, die zumeist nicht selbst in diesen vier Wänden wohnten, mussten einem so genannten Mietpool beitreten. Über den sollte das Leerstandsrisiko auf alle Schultern gleichmäßig verteilt werden. Über diesen Topf wurden auch die behaupteten Mieteinnahmen abgerechnet und ausgeschüttet. Dass die versprochenen Summen selten bis nie erreicht wurden, erfuhren die frischgebackenen Wohnungseigentümer nicht. Denn zum einen landete dieses Geld nie auf ihren Konten, sondern wanderte zur Schuldentilgung gleich an die Badenia. Und wenn das Geld im Pool zur Ausschüttung der Mieteinnahmen nicht reichte, wurde diese Kasse mit Krediten aufgefüllt – und diese Darlehen kamen wieder von der Badenia. Dann stimmte die Optik schöner Mieteinnahmen wieder.

Dieses höchstrichterliche Recht, das Banken von fast jedem Beratungsrisiko freistellte, kam vom XI. Senat des Bundesgerichtshofes. Das Gremium unter dem Vorsitz von Gerd Nobbe hat Verbraucherschutzanwälte in der Vergangenheit wiederholt durch seine bankenfreundliche Rechtsprechung zur Weißglut getrieben. Wie zufällig war und ist Nobbe eben nicht nur Richter am BGH, sondern auch Vorstandsmitglied einer „Bankenrechtlichen Vereinigung", einer laut Eigenwerbung „wissenschaftlichen Vereinigung für das Bankenrecht". In dem eingetragenen Verein sitzen Justiziare und Chefsyndices fast aller großen deutschen Banken, die im Zweifelsfall als Kläger oder Beklagte schon mal vor dem Bundesgerichtshof stehen. Dann allerdings nicht vor ihrem Vereinskollegen Gerd Nobbe, sondern vor dem unabhängigen Bundesrichter gleichen Namens. Hin und wieder erlaubte sich der Bundesrichter – unwidersprochen wie andere seiner Kollegen auch –, der Kreditwirtschaft als bezahlter Referent Vorträge über ausgewählte Bankenrechtsthemen und seine eigene höchstrichterliche Rechtssprechung zu halten.

Das und seine besagten bankenfreundlichen Urteile hatten ihm und seinen Senatskollegen schon eine – gescheiterte – Strafanzeige des Göttinger Verbraucherschutzanwaltes Reiner Fuellmich wegen Verdachts auf Rechtsbeugung eingebracht. Fuellmich schien Nobbes „kuschelige Nähe zu den Banken" höchst suspekt. Die Wochenzeitung „Die Zeit" hatte den BGH-Senat in mehreren Aufsätzen scharf kritisiert, weil die Richter stets „im Zweifel für die Banken" urteilen würden. Ende 2007 hatte „Der Spiegel" die bezahlten Nebenjobs von BGH-Richtern erneut unter die Lupe genommen. Hintergrund waren verbraucherunfreundliche Gaspreisurteile und die Tatsache, dass damit befasste BGH-Richter gegen Honorar ausgerechnet Vorträge für Mitarbeiter von Energieversorgungsunternehmen gehalten hatten. Zu den Referenten gehörte auch der bis zum Frühjahr 2008 amtierende BGH-Präsident Günter Hirsch. Nach der öffentlichen Kritik drängte Hirsch intern bei seinen Richtern darauf, künftig auch mit Verbrauchern zu reden. Denn, so der frühere BGH-Präsident, „man muss sich auch denen stellen, die auf der anderen Seite stehen". Bleibt die naheliegende Frage offen, auf welcher Seite die BGH-Richter zuvor standen. Auf Nachfrage ließ Hirsch erklären, seine Auffassung, sich dieser anderen Seite zu stellen, „gilt für alle Bundesrichter". Gemeint war auch der so umstrittene Gerd Nobbe und sein Bankensenat.

Im Jahr 2002 hatte es einen entscheidenden Schnitt in der

Skandalgeschichte gegeben. Die Badenia trennte sich von ihrem Finanzvorstand Elmar Agostini. In Dortmund war zuvor die umstrittene Vertriebsgesellschaft HBG pleitegegangen. Jahrelang waren ihre von Gerichten später als „betrügerisch" bezeichneten Mietpools mit den angeblichen Mieteinnahmen von der Badenia mit Wissen Agostinis finanziell aufgefüllt worden, bis die Bausparkasse schon aus Eigeninteresse den Geldhahn zudrehte. Das frühere Bundesaufsichtsamt für das Kreditwesen (heute Bundesanstalt für Finanzdienstleistungen, BaFin) hatte im Mai 2001 nach vielen Beschwerden die Kreditgeschäfte von dem Wirtschaftsprüfungsunternehmen Deloitte & Touche unter die Lupe nehmen lassen. Das Ergebnis war vernichtend, blieb als amtliches Dokument aber ebenfalls wieder jahrelang unter Verschluss. Die Prüfer bewerteten die Kreditgewährung der Bausparkasse als „insgesamt nicht ordnungsgemäß". Dem verantwortlichen Vorstand seien „überhöhte Kaufpreise" bekannt gewesen. Sie hatten „erhebliche Zweifel", ob es sich etwa bei den überhöhten und versteckten Provisionen „um zulässige Geschäfte nach dem Bausparkassengesetz" gehandelt habe. Die Prüfer formulierten deshalb in aller Deutlichkeit: Bei der Bausparkasse sei ein „Kreditportfolio mit einer weitgehend einheitlichen Risikostruktur von 671 Millionen Mark entstanden". Diese „erheblichen und für eine Bausparkasse unüblichen Risiken, die sich aus der Art der finanzierten Objekte, deren überhöhten Kaufpreisen und den Umständen der Kreditvermittlung über Strukturvertriebe ergaben, waren dem Vorstand bekannt. Trotz dieser Risikokonzentration bestanden keine angemessenen Maßnahmen zur Steuerung und Überwachung der Kreditrisiken und wurden auch dann noch nicht ergriffen, nachdem sich Anzeichen von Unregelmäßigkeiten ... häuften".

Diese Unregelmäßigkeiten hatten für die Bank dramatische Folgen. Immer mehr Kreditkunden stellten wegen Überschuldung ihre Zahlungen an die Bausparkasse ein und wollten aus den Kreditverträgen aussteigen. Es folgten Zwangsvollstreckungen und viel Ärger – auch hausintern. In der Bankersprache hieß das, ein Kreditvolumen von mehreren hundert Millionen war „notleidend" geworden. Wenig später trennte sich die Badenia von ihrem später unter Betrugsverdacht geratenen Finanzvorstand Elmar Agostini. Der Mann war jahrzehntelang ein alter Immobilienhase, zuerst mit eigenem Unternehmen als Freischaffender, dann als Finanzchef der Bausparkasse. Und er pflegte ein herzliches Verhältnis zu jenem Dortmunder Unternehmen, dem er so viele Wohnungen zum Verkauf zuschanzte wie möglich. Zwei Umstände wurden Agostini zum Verhängnis. Die geplatzten Kredite, die er zu verantworten hatte und die

Besitzer von Schrottimmobilien demonstrieren vor dem Sitz der Bausparkasse Badenia in Karlsruhe.

mangels Zahlungseingängen langsam deutlich zu Lasten der Bausparkasse gingen, und seine eigenen Privatgeschäfte. Die interne Revision der Bausparkasse kam mit Datum vom 22. April 2001 bezüglich des Finanzvorstandes zu einigen „schwerwiegenden Feststellungen" über dubiose „Eigengeschäfte". Eine „Private Immobiliengesellschaft mbH" hatte vier Wohnungen aus dem badischen Durmersheim an eine „LUV Liegenschafts- und Vermögensverwaltungsgesellschaft mbH" in Dortmund verkauft. Diese LUV war eine Tochter von Agostinis Lieblingskind Heinen & Biege und sie brauchte Geld. Agostini gewährte für den Ankauf aus Durmersheim ein Badenia-Darlehen über 1,4 Millionen Mark. Er hatte nur vergessen zu erwähnen, dass hinter dem Verkäufer seine eigene Ehefrau und letztlich er selbst steckten. Für die Bausparkasse war diese Erkenntnis ein willkommener Anlass, das umstrittene Vorstandsmitglied wegen Verdachts der Untreue auf elegante Weise loszuwerden. Zu den wirklichen Hintergründen wollte sich die Chefetage, als der Fall später publik wurde, ausdrücklich „nicht äußern". Nur eines nutzte die Bausparkasse – meisterlich im Umgang mit Halbwahrheiten – öffentlich weidlich aus: Fortan zählte sie sich selbst zu den „Geschädigten".

Von 2002 an übernahm ein neuer Mann das Ruder der Badenia. Dietrich Schroeder, ehemals bei der unbelasteten Leonberger Bausparkasse, sollte den Scherbenhaufen wieder kitten. Schroeder liebte markige Sprüche. Dem „Manager-Magazin" verriet der passionierte Privatpilot und Fallschirmspringer, warum er diesen Extremsport und seinen Managerjob so liebte: Beim Fallschirmspringen müsse man im richtigen Moment die Reißleine ziehen. Eine solche Entscheidung nicht zu treffen, „darauf steht die Todesstrafe". Also packte er es an. Mit einer nach außen etwas geänderten Strategie. Seine Vorgänger hatten sich mit zahlungsunfähigen Kunden gestritten, er deutete Verhandlungsbereitschaft an, wollte in Not geratenen Menschen angesichts der ersten bekannt gewordenen Selbstmorde von verzweifelten Kunden mit großzügigen Vergleichen entgegenkommen.

Tausende von Betroffenen hatten sich längst zu Aktionsgemeinschaften zusammen gefunden, ein Internetforum nach dem anderen gegründet und alles was sie wussten, publiziert. Weil man seine Gegner kennen muss, hatte die Rechtsabteilung der Badenia nach solchen „Kunden mit Außenwirkung" geforscht und dem Vorstandsgremium in einem vertraulichen Papier vom 5. März 2004 minuziös aufgelistet, wer wann wo mit wem und was über die Bausparkasse besprochen hatte. Viele Internetadressen wurden überprüft, und die Rechtsabteilung schien plötzlich wie elektrisiert. Denn das, was sie im World Wide Web über ihr Haus lesen musste, stufte sie als „brisant" und „höchst brisant" ein. Nicht etwa, weil irgendwelche geschäftsschädigenden Spinner am Werk waren, sondern weil auf den Web-Seiten dieser frustrierten Immobilien-Opfer laut Badenia erstaunlicherweise „die Zusammenhänge für jeden Laien verständlich und sachlich erläutert sind". Plötzlich war diese Wahrheit eine Bedrohung.

Die badischen Banker schienen zu spüren, dass sich der Wind zu drehen begann. Wenige Monate, nachdem sie sich hausintern eine Zusammenfassung der „brisanten" Lage an der öffentlichen Front hatten geben lassen, erhielten sie unangemeldeten und unangenehmen Besuch. Die Herren kamen von der Staatsanwaltschaft Mannheim und präsentierten im Juli 2004 einen fünfseitigen richterlichen Durchsuchungs- und Beschlagnahmebeschluss. Jener Karlsruher Kollege namens Z. hatte sie auf die Spur gesetzt. Sie ermittelten gegen Agostini und einen Badenia-Abteilungsleiter wegen „Verdachts des Betrugs zum Nachteil von Bausparern". Und sie wollten alles haben, was ihnen unter die Finger kam. Sie beschlagnahmten Personalakten, Vorstandsprotokolle, Unterlagen zu jenen „leistungsgestörten Finanzierungen", Gerichtsprotokolle, Gutachten aus jenem schon erwähnten Giftschrank und vor allem sogenannte Handakten früherer Vorstände, darunter auch die vertrauliche Korrespondenz zwischen Agostini und den Drückerkolonnen von Heinen & Biege. Ein paar wesentliche Einzelheiten waren den Ermittlern schon bekannt. Sie wussten, dass die Badenia Miteigentümerin jener Allwo gewesen war, aus deren Bestand die umstrittenen Immobilien kamen. Sie wussten, dass sich die Bausparkasse „verpflichtet hatte", den Vertrieb dieser Wohnungen „zu übernehmen und zu organisieren". Wenn sich das weiter würde erhärten lassen, war es mit dem Märchen, wonach die Bausparkasse lediglich Kreditgeber und nicht mehr gewesen sein wollte, endgültig vorbei. Im Durchsuchungsbeschluss ließen die Fahnder auch durchblicken, in welche Richtung sie zu ermitteln gedachten: Das Badenia-Geschäftsmodell sei für Bausparkunden „mit erheblichen Vermögensnachteilen verbunden" und darüber hinaus „ausschließlich auf die Interessen der Beschuldigten ... Agostini ... sowie der Heinen & Biege Gruppe ausgerichtet" gewesen.

Journalisten und Privatdetektive im Auftrag von Verbraucherschutzanwälten hatten schon in den Jahren zuvor manches vertrauliche Dokument von und über Badenia ausgegraben. Jetzt aber waren solche verräterischen Papiere auch staatlichen Ermittlern in die Hände gefallen. Die Staatsanwälte konnten lesen, dass und wie sich die Badenia, die ja nur Kreditgeber gewesen sein wollte, dafür eingesetzt hatte, die Drückerkolonnen aus Dortmund „kontinuierlich mit Produkten versorgen zu können". Hin und wieder musste der schon Mitte der neunziger Jahre hausintern unter Druck geratene Badenia-Finanzvorstand Elmar Agostini dem Aufsichtsrat der Konzernmutter AMB erklären, dass die später so umstrittenen „Ankaufsfinanzierungen grundsätzlich nicht zu unseren originären Geschäftsfeldern gehören". Es handele sich im Zusammenhang mit Heinen & Biege nur um „einmalige Ausnahmen". Das daraus resultierende Kreditrisiko sei „relativ gering", schrieb der Badenia-Mann im August 1996. Tatsächlich war es hoch. Und noch weit brisantere Themen kamen in der vertraulichen Korrespondenz zwischen Karlsruhe und Dortmund zur Sprache. Staatsanwälte und Polizeiermittler brauchten Monate, um hinter die versteckten Innenprovisionen und geschönten Zinsberechnungen zu kommen, die die Kaufpreise auf bis zu 165 Prozent des tatsächlichen Verkehrswertes nach oben getrieben hatten. Betrug war das de jure noch lange nicht. Die Grenze wäre 200 Prozent. Das Gesetz nennt solche Verträge allenfalls sittenwidrig.

Der Badenia waren derlei Tricks gegen die guten Sitten schon in den neunziger Jahren bekannt. „Sie wissen ja", hatte Agostini im Januar 1998 an die Dortmunder Vertriebsfirma geschrieben, „Bausparkassen dürfen keine Provisionen finanzieren", weswegen für's eigene Geschäft „Lösungen erdacht" werden müssten. Genau solche verbotenen Provisionen finanzierte sie aber auf Kosten ihrer Kunden. Tatsächlich, so stellten Dortmunder Kriminalbeamte bei ihren dortigen Betrugsermittlungen gegen die Drückerkolonnen fest, mussten Badenia-Kunden bis zu 23,04 Prozent Provision bezahlen und per Kredit finanzieren, ohne dass sie davon wussten. Die hohen Verkaufspreise waren nach Ansicht der Fahnder „ausschließlich nach Gesichtspunkten der Gewinnmaximierung festgelegt worden". Im verheerenden Prüfungsgutachten des Bundesaufsichtsamtes für das Kreditwesen hieß es dazu, es handele sich um eine „systematische Überbewertung, die generell nicht nachvollziehbar" sei. Das war auch dem Vorstand der Bausparkasse bewusst gewesen. Agostini hatte schon im März 1998 dem Dortmunder Vertrieb erklärt: „Wir müssen nun endlich auf den Pfad der Tugend kommen." Auch wenn sich die von der Bausparkasse protegierte Heinen & Biege „immer darauf verlassen konnte, dass fast Unmögliches möglich wird", wurden in der Vorstandsetage der Badenia vertraulichen Briefen zufolge „die Sorgen täglich größer". Gleichzeitig wusste Agostini, dass er als Bankvorstand an die Drückerkolonnen „keine direkten Anweisungen erteilen darf". Nur so konnte sich die Bausparkasse aus der Verantwortung heraushalten. Jedenfalls offiziell. Also kamen die Anweisungen über zwischengeschaltete Unternehmensberater. Faktisch, so hatten es Gutachter später festgestellt, war der Dortmunder Vertrieb „ein Strohmann" für die Geschäfte der Bausparkasse.

Derlei Dokumente über die intensive, aber immer geleugnete Zusammenarbeit waren auch den Nachfolgern von Agostini in der Vorstandsetage bekannt. Dennoch stellten sie sich nach außen stur. Es dauerte viele Monate, bis das beschlagnahmte Material aus der Badenia-Chefetage Rechtsanwälten geschädigter Kunden im Weg der Akteneinsicht oder über die Medien bekannt wurde. Und diese lange Zeit suchte die Bausparkasse für sich zu nutzen. Die meisten Klagen seien verjährt, argumentierte sie, bis ein Gericht den Bankern ins Stammbuch schrieb, die dreijährige Verjährungsfrist beginne für Betroffene „ab Kenntnis" der entscheidenden Hintergrundinformationen. Eines dieser entscheidenden Papiere war der vom früheren Bundesaufsichtsamt für das Kreditwesen vorgelegte und für Badenia so verheerende Sonderprüfungsbericht. Der war erst 2004 über die Medien durchgesickert. Ab dann läuft die Frist, entschieden Richter.

Nach außen zeigte sich die Bausparkasse weiter vergleichsbereit. Zu sehr hatte der Skandal am schönen seriösen Bild gekratzt. Intern war dagegen die Rede von „Lästigkeitswerten" aus diesen „Sonderfinanzierungen", die es zu bereinigen gelte. Und der neue Chef Dietrich Schroeder ließ wissen: Man habe „kein Geld zu verschenken". Dazu ging es der Bausparkasse nach dem Desaster auch finanziell zu schlecht. Die Konzernmutter AMB musste für sie millionenschwere Bürgschaften übernehmen. Die Vergleiche, auf die Schroeder & Co sich einzulassen gedachten, waren erst einmal davon abhängig, dass ihre Kunden nachweisen mussten, dass sie nichts mehr hatten. Wer doch noch über ein bisschen zuviel Einkommen oder gar Vermögen verfügte, kam nur aus dem Kreditvertrag heraus, wenn er eine Abschlusszahlung auf den Tisch legte. Solche Vergleiche nannten sich dann „entgegenkommend". Verbraucherschutzanwälte und ihre Mandanten hatten dagegen längst die Erfahrung gemacht, dass diese Bausparkasse auch unter dem neuen Vorstand erst einlenkt, „wenn sie mit dem Rücken zur Wand steht". Und so weit war es noch nicht. Noch war die Rechtslage komfortabel. Die Zivilgerichte schielten auf die Rechtsprechung des BGH und verdonnerten Kläger zur Beweispflicht. Womit wir wieder beim Giftschrank wären. Erst eine junge Polizistin aus Nordrhein-Westfalen brachte im November 2004 die alles entscheidende Wende.

Die junge Frau hatte nicht etwa gegen die Bausparkasse ermittelt, sondern sie war selbst als Kundin in deren Fänge geraten. Von den schon bekannten Dortmunder Vertriebsleuten hatte sie sich 1997 für 88.115 Mark eine Wohnung mit all den vermeintlichen Garantien und Steuervorteilen aufschwatzen lassen. Ihr wurde, erinnerte sie sich gegenüber dem Magazin Report Mainz, „eine Super-Vorsorge fürs Alter" versprochen. Und was bei vielen hundert anderen Anlegern schiefgegangen war, ging auch bei ihr schief. Ihre Wohnung, die sie blind gekauft, nie gesehen und nie bewohnt hatte, war heruntergekommen. Sie ließ sich auch nicht mehr verkaufen. Wie viele andere klagte auch sie vor dem Landgericht Karlsruhe und verlor in erster Instanz. Erst in jenem November 2004 – fast auf den Tag genau ein Jahr, nachdem die badischen Banker sich mit der netten Familie Müller öffentlich als freundliche Weihnachtsmänner verkauft hatten – begann sie wieder zu hoffen. Denn in der Berufungsinstanz vor dem Oberlandesgericht Karlsruhe erstritt ihr Anwalt ein völlig neues und plötzlich richtungsweisendes Urteil. Die Badenia wurde verdonnert, der jungen Polizistin Schadenersatz zu bezahlen und sie finanziell so zu stellen, als hätte sie die Wohnung nie gekauft – eine vollständige und bedingungslose Rückabwicklung. Der jahrelange Alptraum der Kunden drohte plötzlich zum Alptraum für die Banker zu werden.

Ihr Giftschrank war geleert, die Karlsruher Richter bezeichneten die so strittigen Mietpools mit ihren vorgegaukelten Mieteinnahmen als „betrügerisch" und sahen beim Ex-Badenia-Vorstand Agostini mindestens eine „Beihilfe zum Betrug". Zum ersten Mal kam dieses hässliche Wort vom Betrug im Zusammenhang mit der Bausparkasse jetzt aus der Feder eines veritablen Gerichtes. Und wieder gab es einen sehr deutlichen Hinweis darauf, warum Justitia erst jetzt und nicht schon früher so geurteilt hatte – weil in den vielen Prozessen, die die Badenia gewonnen hatte, nach Ansicht des OLG Karlsruhe eben „nicht sämtliche Informationen vorlagen".

So eindeutig der Weg plötzlich für Zivilgerichte schien, so schwierig war er für die Strafverfolgungsbehörden. Personalmangel, Arbeitsüberlastung – das Betrugsverfahren gegen Agostini zog sich so sehr in die Länge, dass die Staatsanwaltschaft geneigt war, das Verfahren im Frühjahr 2007 nach fast drei Jahren gegen Zahlung einer Geldbuße von 25.000 Euro einzustellen. Wie zufällig sollte sich fast zeitgleich der umstrittene Bankensenat des Bundesgerichtshofes mit der Badenia-Revision gegen das für sie so vernichtende OLG-Schadenersatzurteil im Fall der Polizistin befassen. Der staatsanwaltschaftliche Deal mit Agostini platzte, nachdem er in die Öffentlichkeit durchgesickert war und der „Stern" die geplanten Details publiziert hatte. Und auch der so bankenfreundliche BGH-Senat mit dem umstrittenen Vorsitzenden Gerd Nobbe war von dem schriftlich vorliegenden Material nicht ganz unbeeindruckt. „Die Akten lesen sich wie ein Wirtschaftskrimi", befand Nobbe. Nur eine Formalie hatte der BGH am OLG-Urteil zu kritisieren. Deren Verfasser hatten im Zusammenhang mit dem Betrugsvorwurf Agostini nicht als Zeuge gehört. Deshalb – und nur deshalb – kassierte der Bundesgerichtshof das Urteil und verwies den Fall ans OLG zurück. Gleichzeitig – und das war der entscheidende Durchbruch – modifizierte der BGH-Senat seine bisherige Rechtssprechung und kehrte die Beweislast um. Nicht die Badenia-Kunden mussten beweisen, dass die Bausparkasse mit den Drückerkolonnen unter einer Decke steckte, sondern Badenia musste nachweisen, dass sie es nicht tat. Und das „dürfte ihr schwer fallen", urteilte der BGH angesichts der besagten Krimiakten. Damit war nach langen quälenden Jahren eine harte Nuss geknackt.

Die Bausparkasse knickte ein. Es blieb ihr nichts mehr anderes übrig. Sie scheute das Wort vom Betrug wie der Teufel das Weihwasser und sie hatte nicht das leiseste Interesse daran, diesen Wirtschaftskrimi weiter öffentlich zu diskutieren. Zu einem neuen OLG-Verfahren kam es nicht mehr. Die Badenia beendete den Prozess „einseitig" und zahlte jener jungen Polizistin den vollen Schadenersatz. Die Banker standen mit dem Rücken zur Wand. Das Betrugsverfahren gegen ihren Ex-Vorstand war bei Drucklegung dieses Buches noch nicht beendet. Die Dortmunder Drückerkolonnen wurden von der dortigen Staatsanwaltschaft wegen Betrugs angeklagt. Ein Gerichtstermin steht noch nicht fest. Ein Rechtsanwalt der Badenia, der in all den Jahren die Märchen seines Mandanten vor Gericht vorgetragen hatte, musste sich zwischenzeitlich selbst einen eigenen Verteidiger besorgen. Die Staatsanwaltschaft geht dem Verdacht des Prozessbetruges nach.

Manche in der Immobilien- und Bankenbranche haben – unabhängig von der Badenia – eine neue (alte) Masche entwickelt. Diesmal sind wieder die besser Betuchten an der Reihe. Ihnen werden jetzt wieder steuersparende Immobilien angeboten. Irgendwelche Palais und Townhouses, die aufgehübscht werden und allesamt unter Denkmalschutz stehen und deren Sanierung deshalb steuerlich abgeschrieben werden kann. Wieder wird eine Vollfinanzierung angeboten, wieder mit Mietpooleinnahmen, im persönlichen Gespräch spricht ein freundlicher Berater erneut von „null Risiko", nur im Kleingedruckten stehen die Wenns und Abers. Also auf ein Neues?

Zum Reithinger kannsch gehe

Das Ende einer Singener Privatbank

Von Wolfgang Messner

Die Reithinger-Bank war stets eine Bank für die kleinen Leute. Am 1. August 1957 hatte sie der Kaufmann Eugen Reithinger in Singen am Hohentwiel gegründet. Der umtriebige Mann verkaufte Versicherungen und machte schon bald in Immobilien. Was zu seinem Glück noch fehlte, war ein kleines Bankhaus. Da konnte man dem Kunden den Kredit fürs Auto oder das Häusle gleich noch mitvermitteln statt sie zur Sparkasse oder zur Volksbank zu schicken. „Zum Reithinger kannsch gehe", hieß es in der kleinen Stadt schon bald. Die biedere holzvertäfelte Einrichtung und die dicken Vorhänge aus den siebziger Jahren passten zu den übersichtlichen Geschäften der kleinen Bank. Heute ist das Geldinstitut bankrott und steht für einen bundesweiten Skandal, bei dem es um möglichen Kapitalanlagebetrug und Steuerhinterziehung geht.

Singen, das ist ein zu groß gewordenes Dorf, geprägt von der Industrie. In der 45.000-Einwohner-Stadt gibt es noch immer die meisten industriellen Arbeitsplätze in ganz Südbaden, mehr als im großstädtischen Freiburg, dem Sitz des Bischofs und des Regierungspräsidiums. Katholisch, aber doch weltoffen – so war Singen stets. Es musste so sein, weil immer Fremde kamen und gebraucht wurden. Menschen aus mehr als hundert Nationen leben in dieser Stadt, die kaum Traditionen kennt, außer denen der ständigen Veränderung. Eine Stadt, die von der landschaftlichen Schönheit des Hegaus, von den uralten Vulkanfelsen und mittelalterlichen Burgen kaum Notiz zu nehmen scheint.

Singen sagt einem vielleicht etwas wegen dem Autobahnkreuz der A 81 und der A 98, dem Hohentwiel und wegen der Maggi. An trüben Tagen wabert aus dem historischen Industriebau am Bahnhof eine schwer erträgliche Wolke über den Ort. Ein Gestank von ausgekochtem Mark für all die Brühen, Fonds und Saucen, so als dampfe hier eine einzige große Wurstküche. Hier sagen die Leute noch immer, dass sie bei der Fitting schaffen, obwohl die Firma längst zum Schaffhausener Georg-Fischer-Konzern gehört. Oder bei der Alu, einem der weltweit größten Aluminium-Werke. Ein Unternehmen, das gestern noch bei der Alusuisse war und heute einem britisch-australischen Bergwerkskonzern gehört und morgen vielleicht schon einer Finanz-Heuschrecke.

Die Großindustrie kam nie zum Reithinger. Die Konzerne hatten ihre Konten in der Schweiz oder bestenfalls in Frankfurt. Die reichen Privatiers, die es in der Arbeiterstadt auch gibt, blieben ebenso weg. Dafür kamen die Arbeiter, die Angestellten und der Mittelstand. Die normale Klientel der Sparkassen und Volksbanken eben. Den alten Reithinger kannten alle Kunden beim Namen. Und er kannte sie. Das Vertrauen, das sie ihm schenkten, war sein Kapital. So blieb es auch unter seinem Sohn Manfred. Er war von Anbeginn an dabei und 1973 zum gleichberechtigten Geschäftsführer aufgestiegen. Nach dem Sohn sollte Enkel Gunnar die Bank übernehmen. So hatte es der Patriarch verfügt und auch in den Gesellschaftervertrag hineingeschrieben. Die Familie zuerst. Reithinger, das war ein guter Name, der erhalten bleiben sollte. Im Jahr 2007 hätte die kleine Regionalbank ihr 50-jähriges Bestehen feiern können.

Hätte, wenn nicht alles ganz anders gekommen wäre. Am 2. August 2006, genau 49 Jahre und einen Tag nach der Gründung, musste Reithinger für immer schließen. Die Bankenaufsicht entzog dem Kreditinstitut die Lizenz. Eineinhalb Monate später meldete die Privatbank Reithinger GmbH & Co. KG Insolvenz an. Und das hat mit jenem Kaufmann aus München zu tun, der auf den Namen Klaus D. Thannhuber hört und im großen Geschäft sowie der bayerischen Bussi-Gesellschaft zu Hause ist. Der 63-Jährige, Sohn eines Schuhmachers aus Straubing, ist Mitglied im wohltätigen Eagles Charity Golf Club, neben Franz Beckenbauer, Veronica Ferres und Rosi Mittermaier, Besitzer einer Hochseejacht und Freund glamouröser Auftritte. Gerne zeigt er sich in der Öffentlichkeit an der Seite von Sportstars, Schauspielern oder mit Politikern wie Theo Waigel, dem Ex-Finanzminister und Ehemann der ehemaligen Skirennläuferin Irene Epple. Mit solchen Busserl-G'schichten schafft es der Unternehmer immer wieder in die Münchner Klatschpresse. Wie eine Inkarnation des beliebten Volksschauspielers Gustl Bayrhammer, der den „Meister Eder" im „Pumuckl" so treffend dargestellt hat, wirkt der korpulente Niederbayer mit dem Schnauzer. Ein Urtyp eines bayerisch-bodenständigen Mannsbilds, möchte man meinen. Sympathisch, gelassen, gemütlich. Ein Schaffer und Macher, ehrlich und offen. Die Dinge aber, die abseits der Yellow-Press in den Wirtschaftsteilen von großen Zeitungen über diesen Unternehmer zu lesen sind, wollen so gar nicht zu dem himmelblauen Traumbild des Vorzeige-Bajuwaren passen.

Schon seit Ende der neunziger Jahre warnen Anlegerschützer vor dem Firmengeflecht Thannhubers, für das sich schon seit längerem Staatsanwälte in München und Bielefeld interessieren. Die Unternehmen heißen Ravena, Procurator oder Tereno, und überall hat er Vertraute und Freunde sitzen, woraus ein Konstrukt entstanden ist, für das der Wirtschaftsdetektiv Medard Fuchsgruber aus dem saarländischen Ottweiler eine Papierrolle von dreieinhalb Meter Länge brauchte, um es aufzuzeichnen.

Thannhuber verweist jegliche Verdächtigungen ins Land der Märchen und droht über seine Anwälte, jeden mit Klagen zu überziehen, der derlei Lügen verbreite. In Bielefeld aber ist seit Februar 2007 eine Anklage gegen Thannhuber erhoben. Seit 2003 ermittelte die Staatsanwaltschaft München I für Wirtschaftskriminalität gegen Firmen aus Thannhubers Geflecht, seit August 2006 geht sie auch gegen Thannhuber persönlich in Sachen Reithinger-Bank vor. Ein Vorwurf lautet auf Insolvenzverschleppung.

Ein Teil der merkwürdigen Geschäfte des schillernden Diplomkaufmanns war spätestens seit 2002 die Privatbank Reithinger. Im Mai 2002 hatte er das Kreditinstitut am Hohentwiel übernommen und es Ende August desselben Jahres mit seiner C&H-Bank in Wiesbaden verschmolzen. Anfang 2001 war Thannhuber in Singen mit einer Einlage von zwei Millionen Mark als Kommanditist eingestiegen – viel Geld für eine kleine Bank, die notorisch unter zu wenig Eigenkapital litt. Danach stockte er zügig seinen Anteil weiter auf – zunächst auf 6,5, dann auf 8,5 Millionen Mark. Als die Bank schließlich ihm allein gehörte, sattelte er noch einmal drauf. Knapp 30 Millionen Mark hatte er am Ende in die Reithinger-Bank gepumpt.

Persönlich haftender Gesellschafter, darauf achtete Thannhuber sehr genau, wurde aber nicht er selbst, sondern eine Verwaltungsgesellschaft Reithinger mbH, die ebenfalls von ihm kontrolliert wurde. Wiesbaden und München sollten zu den maßgeblichen Standorten der Bank ausgebaut werden. Als Hauptquartier erkoren die Bankvorstände das vornehme Wiesbaden. Während im Hegau vor allem das alte Darlehensgeschäft lief, wurden über Wiesbaden die Anteilsfinanzierungen und über München die neuen Kredite bearbeitet. Mit beiden Geschäftsfeldern sollte Thannhuber so seine Probleme bekommen.

Mit Reithinger erhielt Thannhuber endlich ein Geldinstitut mit Volllizenz. Die C&H-Bank, die ihm schon seit den neunziger Jahren gehörte, war lediglich eine Handelsbank, sprich in ihrem Handlungsspielraum eingeschränkt. Thannhuber machte aus dem Singener Eckhaus ein national operierendes Kreditinstitut und gewann in ganz Deutschland tausende von neuen Kunden hinzu, die mit Zinsen von bis zu 4,7 Prozent und wunderbaren Renditeversprechen angelockt wurden. Der erste Platz in der „Wirtschaftswoche" für die höchsten Zinsen Deutschlands war fest gebucht.

Auch das Anlegermagazin „Focus Money" jubelte noch Anfang 2005 über die scheinbar so lukrativen Finanzangebote: „Zu den besten Angeboten gehören die Sparbriefe der Privatbank Reithinger". Das – zusammen mit dem noch immer einwandfreien Ruf der Bank – ließ am Ende 65.000 Kunden, die meisten davon Kleinanleger, über das hohe Risiko ihrer Geldanlage hinwegsehen. Was sie offenbar nicht wussten oder bewusst ignorierten: Bereits im September 2002 war das private Geldinstitut nicht mehr durch den Einlagensicherungsfonds deutscher Banken abgesichert. Ein Alarmsignal. Im Fall eines Bankencrashs bedeutete das, dass die Einlagen der Kunden nur bis zu 90 Prozent oder maximal 20.000 Euro geschützt waren.

Es sind Menschen wie die Seeheims, die davon betroffen sind. Das alte Ehepaar, dessen wahrer Name nichts zur Sache tut, sitzt in seinem Wohnzimmer und kann es noch immer nicht fassen, dass rund 35.000 Euro weg sein sollen. Fast ihr gesamtes Erspartes. Noch ist unklar, ob sie davon zumindest jene 20.000 Euro jemals wiedersehen werden. Oder weniger. Oder gar nichts. Auch jetzt nicht, mehr als ein Jahr nach dem Zusammenbruch der Reithinger-Bank, der sie vertraut haben. Mehr als 45 Jahre lang. Jetzt, da sie alt und krank sind, fehlt das Geld. Ihr Leben lang haben sie gespart. Clara Seeheim sitzt im Rollstuhl.

30 Jahre ist sie schon krank. Mit 45 musste sie aufhören zu arbeiten. Eine seltene Nervenkrankheit im Rückenmark zwang die Frau in die Frührente. 20 Jahre bediente sie bei Maggi in Singen den Verpackungsautomaten. Brühwürfel, Fette Brühe, Fonds. Seit 1998 sitzt sie im Rollstuhl. Es ist kalt in dem Wohnzimmer. Eine hellblaue Decke liegt auf den Beinen von Clara Seeheim. Das lange silberne Haar hat sie wie ein Mädchen zum einfachen Zopf gebunden. Sie ist von ihren Krankheiten gezeichnet. Sie ist gelähmt und nierenkrank, Arthrose plagt sie – und seit neuestem auch eine Gürtelrose. Oft hat sie fast unerträgliche Schmerzen. Die Medikamente zerstören ihren Magen. Essen kann sie meist nur Birchermüsli. Die 74-Jährige braucht teure Arznei. 600 Euro im Jahr tragen die alten Leute zum Apotheker. Das ist viel für das Ehepaar, denn beide beziehen nur eine magere Rente.

Auf dem Sessel gegenüber hat sich ihr Mann niedergelassen. In ein paar Tagen wird Hans Seeheim 76 Jahre alt sein. Er war Industriearbeiter in der Blechnerei eines großen Unternehmens in Singen. Auch er ist krank, auch er hat Arthrose. An gleich drei Stellen im Körper. Auf seinem Sessel liegt ein warmes Schaffell. Die Seeheims müssten mehr heizen, aber sie sparen. Aber immerhin, es ist ihr Wohnzimmer. Die dunkelbraune Schrankwand, der Fernseher, die Orgel in der Ecke mit den roten Klinkersteinen. An den Wänden hängen Landschaften in Öl und Familienbilder. Das Zweifamilienhaus in dem Hegau-Dorf ist ihr Eigentum. Alles ist abbezahlt. Gott sei Dank. Parterre wohnt der Sohn mit der Freundin und dem Enkel. Im Treppenhaus hängen Urkunden von Hundesportveranstaltungen. Trotz allem ist es ein kleines Glück. Wer weiß, wie lange noch?

Das Ehepaar hat sein Geld der Bank selbst dann noch anvertraut, als die Bankenaufsicht Bafin (Bundesanstalt für die Finanzdienstleistungsaufsicht) schon längst vor der Reithinger-

Bank warnte. Die Seeheims aber wussten davon nichts oder verstanden nichts davon. Für sie war es die Reithinger-Bank. Die Bank, bei der Manfred Reithinger der Vorstand war. Und den kannten sie schließlich persönlich. Und er kannte sie. So dachten sie selbst dann noch, als das Bankhaus längst nicht mehr Reithinger gehörte, sondern nur noch so hieß. Die Frau war schon ein wenig misstrauisch geworden, als immer wieder Briefe kamen mit Neuerungen und Änderungen der Geschäftsbedingungen. „Mit der Bank, da stimmt etwas nicht", hatte sie zu ihrem Mann gesagt. Aber der beschwichtigte. Man wechselt doch nicht einfach nach einer halben Ewigkeit das Kreditinstitut. „Das war ein großer Fehler", sagt die alte Frau. Sie kann es nicht verstehen, dass der Herr Reithinger seine Kunden nicht informiert habe, damals, als er sein Kreditinstitut verkauft hat, an diesen Herrn Thannhuber in München. „Das hätte der doch machen müssen, das wäre doch seine Pflicht gewesen", sagt die alte Frau. Grenzenloses Vertrauen hatten sie gehabt. „Und der lässt uns so im Stich." Wenn sie erfahren hätten, dass Reithinger alles verkauft hat, „wären wir sofort weggegangen."

Manfred Reithinger will das nicht glauben. In der Lokalzeitung habe doch gestanden, dass er seine Bank aufgebe. Mindestens ein Artikel und eine Anzeige seien veröffentlicht worden. Die Bank selbst habe Mitteilungen verschickt und auf den Eigentümerwechsel hingewiesen. In einem Schreiben waren die Kunden zudem darauf aufmerksam gemacht worden, dass die Reithinger-Bank nicht mehr im Einlagesicherungsfonds der Privatbanken enthalten war. Jedem Kunden, den er getroffen habe, habe er darüber persönlich informiert, sagt Manfred Reithinger. „Die wussten schon, was das zu bedeuten hatte", betont der 71-Jährige. Viele Kunden hätten daraufhin die Bank verlassen. „Es kann nicht sein, dass man davon nichts mitbekommen hat", sagt Reithinger.

Für die Seeheims soll jetzt ihr Anwalt das Geld zurückholen. Aber der hat sich schon lange nicht mehr gemeldet. Nachdem er die Forderung der Eheleute beim Insolvenzverwalter angemeldet hat, ließ er nichts mehr von sich hören und ist auch nie am Telefon zu sprechen, wenn Hans Seeheim anruft. Viele Advokaten waren damals im Herbst 2006 auf Mandantenfang. Ein schnelles und gutes Geschäft. Mehr als die Quote ist ohnehin nicht drin, mit oder ohne Anwalt. Leute wie die beiden Mitsiebziger vertrauen auf die Juristen. Beschleunigen kann der Anwalt aber nichts. Er muss warten, bis der Insolvenzverwalter die Gelder zuteilt. Und das kann Jahre dauern. Insolvenzverfahren bei Banken gehen in der Regel zehn Jahre, bei Reithinger rechnet der Insolvenzverwalter mit zwei Jahren weniger.

Am 15. September 2006, dem Tag der Pleite, wies die Privatbank Reithinger eine Bilanzsumme von fast 184 Millionen Euro aus. Wie viel Geld am Ende bei Kunden wie den Seeheims ankommt, ist offen. Bei vielen Gläubigern der Reithinger-Bank handelt es sich um Thannhuber-Firmen, die aber oft auch Schuldner sind, weil sie großzügig Darlehen erhalten haben. In einigen Fällen hat der Insolvenzverwalter deshalb den Ansprüchen widersprochen. Doch die Firmen scheuen keine Tricks und juristische Mühen, um an die Fleischtöpfe zu kommen. Auch die Seeheims hoffen, dass ihr Geld bald eintrifft. Ein neuer Wagen müsste angeschafft werden, in den der Rollstuhl hineinpasst. Ihr Auto ist schon über zehn Jahre alt und dauernd ist irgendetwas daran kaputt. Dazu kommen die vielen Arzt- und Apothekerrechnungen. Sie hoffen darauf, dass ihnen ihre Schwerbehinderung hilft. Die Seeheims bräuchten professionelle Unterstützung, denn es ist fraglich, ob sie tatsächlich all diese Kosten selbst zahlen müssen. Aber es ist niemand da, der ihnen hilft.

Auf Manfred Reithinger können die beiden Eheleute nicht

zählen. Auf notleidende Kunden wie die Seeheims angesprochen zu werden, ist ihm unangenehm. Der Zusammenbruch seiner Bank macht dem Pensionär arg zu schaffen. Fünf Jahre nach dem Verkauf kam das Ende. Reithinger hatte damit gar nichts zu tun. Aber es nagt. Auch wenn er von seinen Kunden noch nie ein böses Wort gehört hat, wie er meint. Eine schwere Krankheit war der Grund dafür, dass er Ende der neunziger Jahre den Gedanken fasste, die Bank aufzugeben. Die Krankheit und der ewige Streit mit den beiden Schwestern. Eugen Reithinger hatte es gut gemeint mit seinen Kindern und deshalb jedem einen Anteil an seinem Geschäft gegeben. Das wäre vielleicht eine gute Idee gewesen, wenn sich die Erben nicht zerstritten und damit die Entwicklung seiner Firmen behindert hätten. Solange sie im Familienbesitz war, litt die Reithinger-Bank unter der fehlenden Expansionsmöglichkeit. Vor dem Einstieg Thannhubers verfügte das Kreditinstitut über ein Eigenkapital von gerade einer Million Mark.

Er wollte ja das Eigenkapital immer wieder erhöhen, sagt Manfred Reithinger. Aber das ging nicht, denn die Schwestern Renate Strehle-Reithinger, auch sie gelernte Bankkauffrau, und Margot Novozamsky hielten nach dem Tod ihres Vaters im Jahr 1986 den anderen Teil der Bank. Davor hatten sie nur jeweils zehn Prozent gehabt. Von jetzt an konnte ihr Bruder nichts mehr ohne ihre Zustimmung tun. Manfred Reithinger selbst ist zurückhaltend und konfliktscheu und hat die offene Auseinandersetzung mit seinen Schwestern stets gescheut. Die Schwestern hätten stets die Ausschüttung des Gewinns gewollt. Eine Kapitalerhöhung sei nie in Betracht gekommen, sagt der Bruder. Er wollte den Jahresüberschuss dem Eigenkapital zufügen und so ein Wachstum der Bank ermöglichen. Dem hätten sich die Schwestern stets verweigert. Es gab schließlich immer etwas auszuschütten. „Wir haben ja immer Gewinne erwirtschaftet", sagt Reithinger. Da nutzte es auch nichts, dass die Bankenaufsicht schon längst eine Aufstockung des Eigenkapitals forderte.

Die Schwestern geben hingegen an, alle Macht habe bei ihrem Bruder gelegen, sie selbst hätten sich als Kommanditistinnen nur in einer „passiven Stellung" befunden. Sei seien zum Verkauf gezwungen gewesen, da Manfred Reithinger mit Hilfe von Thannhuber ein Darlehen von vier Millionen Mark zur Kapitalerhöhung in Aussicht gestellt habe, um eine „Vertragsunterzeichnung zu erzwingen". Das jedoch kann schon deshalb nicht sein, weil eine Kapitalerhöhung nur mit Zustimmung von mehr als Dreiviertel der Gesellschafteranteile möglich war. Und ohne die Schwestern ging nichts. Manfred Reithinger erinnert sich, dass damals lediglich eine Erhöhung der Rücklage vorgenommen worden sei. Insgesamt variieren die Angaben beider Seiten über die Umstände des Verkaufs sehr stark. Sicher ist nur, dass von 1998 an ein Sichten der Interessenten begann und bald danach Verkaufsverhandlungen anliefen. Ende 1998 soll Hans-Joachim König, der Anwalt Manfred Reithingers, Thannhubers C&H-Bank in Wiesbaden als Übernahme-Interessent benannt haben.

Da waren die Verhandlungen bereits im Gange, wie aus Briefen von Thannhuber an Reithinger hervorgeht. Alles in allem verhandelten Manfred Reithinger und seine Schwestern vier Jahre mit Thannhuber, bis sie bereit waren, ihm die Bank zu überlassen. Das ist eine lange Zeit, in der man viel über den Verhandlungspartner erfahren kann. Wenn man denn will. Manfred Reithinger sagt, er habe nichts mitbekommen von den ersten negativen Schlagzeilen, die Thannhuber in München beim Umbau der altehrwürdigen Schrannenhalle machte. Denn die Sanierung des Repräsentationsbaus verzögerte sich Jahr um Jahr. „Ich habe mich immer auf die Gutachten und meine

Berater verlassen", erklärt Reithinger. Zahlen, Fakten, da kannte er sich aus. Da durfte man vertrauen. Und was sagte sein Bauchgefühl? Es sei gut gewesen bei Thannhuber. Natürlich hatte der Bayer die Reithingers mit seinem Charme umgarnt. Und mit seinen Millionen gelockt. Manchmal soll er auch gedroht haben. Er wusste, dass die Reithingers verkaufen wollten. Zuckerbrot und Peitsche, das wirkte.

Eine Betrachtung wert ist die Rolle des anwaltlichen Beraters König, auf den sich Manfred Reithinger so verlassen hatte. König ist in Singen und Villingen-Schwenningen für eine mittelständische Anwaltsfirma tätig und muss unglaublich beschäftigt sein. Wenn man ihn treffen will, soll man ihm bisweilen bis Berlin hinterherfliegen. Ob er nicht genug vor Thannhuber gewarnt hatte, ist bis heute ungeklärt. Gründe zur Wachsamkeit hätte es genügend gegeben. Thannhuber schreibt in seinen Briefen an Reithinger, er habe ihm seine geschäftspolitischen Ambitionen „offen" erläutert. Ebenso freimütig gesteht er ein, dass Reithinger nach einem Übergang an ihn Widerstände von der Bankenaufsicht und „Vorbehalte vom Einlagensicherungsfonds" zu erwarten habe. Hätte da nicht jeder seriöse Banker aufgeschreckt sein müssen? Doch der joviale Bayer schaffte es auch immer, aufkommende Zweifel zu zerstreuen. „Aus von mir nicht kontrollierbaren Quellen", schreibt er schon im Dezember 1999 an Reithinger, „wird ihnen suggeriert, dass Sie im Falle der Beteiligung der C&H-Bank mit einem Ausschluss aus dem Einlagensicherungsfonds rechnen müssen. Das ist kompletter Unsinn." Wohl doch nicht ganz, wie sich schon bald nach der Übernahme Thannhubers zeigte.

Wollte oder konnte sie Manfred Reithinger nicht erkennen? Verschloss auch der Rechtsanwalt König, mit dem sich Manfred Reithinger „immer eng" abgestimmt hatte, die Augen? Ob König ihm auch riet, den Namen zu behalten? Reithinger selbst sagt, es sei seine Idee gewesen. Eine fatale Entscheidung. Der bundesweite Skandal um Thannhuber, für den Manfred Reithinger keine Verantwortung trägt, bleibt so auf immer und ewig mit dem Namen seiner Familie verbunden. Für den Anwalt König jedoch sollte die Mühe nicht umsonst gewesen sein. Außer dem üblichen Honorar erhielt er einen Aufsichtsratsposten bei der C&H-Bank. Das sei der Wunsch von Reithinger und Thannhuber gewesen, erläutert König. Reithinger bestätigt dies. So habe er „weitere Informationen bekommen können". Ganz für Gotteslohn aber musste König die zusätzliche Anstrengung nicht auf sich nehmen. Die Bilanz des kleinen Instituts weist für die vier Aufsichtsräte inklusive des Ergänzungsmitglieds für die Jahre 2000 und 2001 Tantiemen von insgesamt 185.600 Mark aus. Wie hoch sein Anteil letztlich war, auch darüber schweigt König. Er sei dem „angefallenen Aufwand angemessen" gewesen, lässt er wissen.

Man sieht, Thannhuber war die Reithinger-Bank einiges wert. Er brauchte die Privatbank mit der Volllizenz auch unbedingt als Instrument, um spezielle Finanzangebote zu kreieren, die er über zweifelhafte Vertriebskanäle veräußern konnte. So verkaufte am Ende die Privatbank Reithinger hochverzinsliche Sparpläne, Immobilienfonds und andere Verträge unter anderem über Handelsvertreter. Die waren zum Teil in Strukturvertrieben organisiert. Weniger fein ausgedrückt nennt man diese Vertreter-Firmen auch Drückerkolonnen. Die Vorgehensweise dieser Organisationen ist dabei immer die gleiche: Ein Vertreter kommt ins Haus, bietet Fonds und Sparpläne mit schön tönenden Namen und noch besser klingenden Renditen an. Ein Großteil der Gelder, etwa eines Garantie-Fonds, war in anderen Anleger-Fonds investiert – oft aus der Thannhuber-Gruppe – und somit nicht durch die Einlagensicherung der Privatbanken abgedeckt. Für die Vermittlungstätigkeit erhielten

Vertreter saftige Provisionen, die der Kunde mitbezahlen musste. Die Verbraucherzentrale Hamburg nannte diese Art von Sparverträgen der Privatbank Reithinger „ein besonders dreistes Beispiel für Kosten-Abzocke". Die Kunden hatten meist kaum genug Geld, um die Raten zu zahlen. Aber das machte nichts, denn oft waren die Einlagen über Darlehen finanziert. Von den 35.926 Depotkunden in der Münchner Filiale der Reithinger-Bank hatte gerade mal die Hälfte ein Guthaben zwischen einem und 50 Euro auf dem Konto.

Wichtigster Fonds war die 1990 von Thannhuber selbst gegründete börsennotierte Deutsche Beamtenvorsorge Immobilienholding (DBVI). Vertreter hatten von dem Unternehmen, bei dem Thannhuber bis 2002 auch Vorstandsvorsitzender war, Fonds und Aktien verkauft und so rund 35.000 Aktionäre gewonnen. Weitere 13.000 Geldgeber beteiligten sich mit zum Teil hohen Summen an geschlossenen Immobilienfonds. Im Portfolio waren Prestigeobjekte wie das WDR-Gebäude in Köln, die Opel-Hauptverwaltung in Rüsselsheim und im Südwesten der Rasthof des Europa-Parks Rust sowie weitere Immobilien in Potsdam, Leipzig, Dresden, Wiesbaden, Nürnberg und München enthalten. Mit Beamtenvorsorge hat der Fonds rein gar nichts zu schaffen. Der fantasiereiche Name sollte offenbar nur Seriosität und Sicherheit vermitteln und verfehlte auch lange seine Wirkung nicht. Allerdings verbuchte die DBVI bereits seit 2001 hohe Verluste. Im Jahr 2005 musste das Unternehmen 24 Millionen Euro nach einer Neubewertung der Immobilien abschreiben. Der Kurs dümpelt heute an der Wahrnehmungsgrenze knapp über Null. Mit Hilfe der Reithinger-Bank versuchte Thannhuber die Probleme zu lösen. Die Bank soll Kunden dazu gedrängt haben, Fonds der Thannhuber-Firmen zu kaufen. Die Bank habe im Gegenzug so dann Inhaberschuldverschreibungen an die DBVI und die anderen Thannhuber-

Fonds verkauft, die heute nichts mehr wert sind. Den Erlös nutzte die Bank, um weitere Kredite zu vergeben. „Ein modifiziertes Schneeballsystem" nennt Wirtschaftsdetektiv Fuchsgruber diese Methode der Kundengewinnung.

Im Fall der Euranova Wohnungsbaugenossenschaft e.G. in Bielefeld glaubt die Staatsanwaltschaft, eine direkte Beteiligung Thannhubers nachweisen zu können. Vorgeworfen wird ihm und weiteren Beschuldigten, mit einem Trick die damals vom Gesetzgeber gewährte Eigenheimzulage erschlichen zu haben. Zudem, so die Anklage, seien Kunden hintergangen und das Finanzamt um rund 1,95 Millionen Euro geschädigt worden.Die von den Vertretern geworbenen Kunden – nicht selten Türken und andere Migranten-Familien – hatten oft nur wenig oder gar kein Geld. Auch sie wurden mit Darlehen von der Reithinger-Bank versorgt, um ihren Anteil an der Wohnungsbaugenossenschaft zu zeichnen, oder erhielten bei dem Institut einen großzügigen Kontokorrentkredit.

Die Kunden waren dabei die Dummen. Sie zahlten zum Teil horrende Provisionen und Gebühren, die wiederum zum Großteil an von Thannhuber kontrollierte Firmen flossen. Für die Kredite der finanzschwachen Euranova-Kunden wurden rund 20 Prozent Gebühren und Abgaben kassiert. Der Vertrieb, der von einer anderen Firma gesteuert wurde, durfte weitere 13 Prozent an Gebühren verlangen. Thannhuber gab an, von all dem nichts gewusst zu haben. Die Staatsanwaltschaft Bielefeld jedoch glaubt ihm nicht. Sie schreibt ihm vielmehr eine aktive Rolle zu. In dem geheimen Positionspapier vom September 2003 habe er die Eckpunkte des Geschäftsmodells mit der Euranova exakt beschrieben. Während Thannhuber auf seine Unschuld pocht, ist für die Euranova-Kunden die Sache noch lange nicht ausgestanden. Durch die Pleite der Bank gelten sie nicht als Gläubiger, sondern als Schuldner und müssen weiter die Darlehen bedienen. Zudem fordert der Fiskus die zu Unrecht gezahlte Eigenheimzulage zurück. Einzelne Opferanwälte versuchen, über Gerichte seit längerem daran etwas zu ändern.

Thannhuber wehrt sich auch gegen die Vorwürfe, diese Art von Geschäften über die Reithinger-Bank gesteuert zu haben. Er sei zwar Eigentümer der Privatbank Reithinger, aber er habe keinen direkten Einfluss genommen, teilen seine Anwälte mit. Die Geschäfte der Bank hätten nun einmal die Vorstände und Geschäftsführer geführt. Rein rechtlich könne er damit nicht verantwortlich gemacht werden. Das Verwaltungsgericht Frankfurt stellte jedoch bereits im Juni 2006 unter dem Aktenzeichen 1 G 1738/06 fest, dass Thannhuber einen „nachhaltigen Einfluss" auf seine Bank ausübte. Mit Verweis auf einen Bericht des Prüfungsverbandes Deutscher Banken und ein Gutachten der Wirtschaftsprüfer Ernst & Young kam das Gericht zum Ergebnis, Thannhuber betreibe eine „finanzielle Auszehrung" des Instituts. Dafür sprächen allein die „Vorgänge der vergangenen Jahre." In den Jahren 2003 und 2004 machte die Privatbank Reithinger demnach Verluste in Höhe von 2,8 Millionen Euro und 1,3 Millionen Euro, die sich in etwa mit „jenen Gewinnen deckten, die Herr Thannhuber durch Provisionen und Honorare" in diesen Jahren erwirtschaftet hatte.

Der Bielefelder Ankläger Heinrich Rempe ist sich sicher, dass vieles mit dem Wissen Thannhubers geschehen ist. Doch damit steht Rempe unter den Ermittlern in Deutschland offenbar allein auf weiter Flur. In München und in Mannheim sieht man die Sache mit Thannhuber gelassener. Während die Bielefelder Ermittler gerade mal ein Jahr benötigten, um bei Euranova Straftatbestände gegen Klaus Thannhuber und seine Partner zusammenzutragen, kam auch die Staatsanwaltschaft Leipzig in einem ähnlich gelagerten Fall zu dem Schluss, dass an den Vorwürfen nichts dran sei. In den Münchner Verfahren zieht sich die Beweissicherung zum Teil seit Jahren hin. Wie es aussieht, vermutlich ohne Ergebnis. Der Lokal-Promi und Wohltätigkeits-Golfer Thannhuber werde auch nicht belangt, heißt es schon hinter vorgehaltener Hand. „Da wird nichts dabei herauskommen", deutet ein mit den Fällen vertrauter Oberstaatsanwalt „im Vertrauen" an. Wegen Kapitalanlagebetrugs wurde Thannhuber übrigens noch nirgendwo belangt, obwohl dieser latente Vorwurf bei einer Vielzahl seiner Aktivitäten mitschwingt. Bewiesen werden aber konnte Thannhuber bisher noch nie etwas.

Da ist es doch besser, man lässt gleich ganz die Hände davon. Die Staatsanwaltschaft Konstanz etwa reichte nach dem Zusammenbruch der Reithinger-Bank den Fall an die Schwerpunktstaatsanwaltschaft für Wirtschaftskriminalität in Mannheim weiter. Dort wäre er auch gut aufgehoben gewesen, doch verwies man die Sache gleich weiter, obwohl die Behörde auch selbst hätte tätig werden können. „Darum kümmert sich doch München", meinte ein Sprecher lapidar. Der Fall der Reithinger-Bank war für das Ländle somit erledigt – und die Staatsanwälte hatten eine Menge Arbeit gespart, denn die Bearbeitung von Wirtschaftsstrafsachen ist aufwendig. Sie erfordert eine große Sachkenntnis. Die wäre in der Mannheimer Behörde durchaus vorrätig. Aber warum sich die Mühe machen?

Weiße-Kragen-Kriminalität hat, wie es scheint, bei der Justiz noch immer sehr viel Kredit. „Besonders Bayern ist ein Eldorado für Kapitalanlagebetrüger", sagt der Berliner Anwalt Christian Röhlke. Im weißblauen Musterstaat, den Landesvater Stoiber gern mit Laptop und Lederhose regiert sah, würden diese Straftaten nur noch selten verfolgt. Andere Rechtsanwälte berichten davon, dass die Staatsanwälte und das Oberlandesgericht München dazu übergegangen seien, Verfahren wegen

Kapitalanlagebetruges abzuwimmeln. Bei Anzeigen im Zusammenhang mit zwei von Thannhuber initiierten Immobilienfonds lehnte das Oberlandesgericht München eine Klage wegen Verjährung mit der interessanten Begründung ab, der Verkaufsprospekt sei nach dem bayerischen Pressegesetz ein „Druckwerk". Damit sank die allgemein bei Kapitalanlagebetrug übliche Verjährungsfrist mit einem Schlag von fünf Jahren auf sechs Monate, eine Frist, wie sie bei Presseerzeugnissen üblich ist. Die Folge ist, dass damit möglicher Betrug in Zusammenhang mit Verkaufsprospekten in Bayern fast immer verjährt, bevor es zu einer Anklage kommen kann. Klaus Thannhuber kann weiter Kunden akquirieren – auch ohne die Reithinger-Bank.

Treibholz in der Donau

Islamismus in Ulm und um Ulm herum

Von Rüdiger Bäßler

Es war schon mal leichter, ein Ulmer zu sein. Und das, obwohl die Wirtschaft brummt, die Steuern sprudeln und Vereine wie Theater aus dem prallen Füllhorn beträufelt werden, mit dem ein frohgesinnter Rathauschef umgeht. Mit der Kraft der heimischen Unternehmen im Rücken hatte der SPD-Oberbürgermeister Ivo Gönner noch nie Mühe, die jährliche traditionelle Rede zum Schwörmontag, an dem die mittelalterliche Stadtverfassung neu konstituiert wird, mit allerlei Ausweisen seiner Tatkraft zu würzen. So badet er stets nach Ableistung des uralten Schwurs, „Reichen und Armen ein gemeiner Mann zu sein", im Applaus, eine Übung, die ihm niemals langweilig wird.

Anerkennend klatschen auch die japanischen Busreisenden, wenn sie das pittoreske mittelalterliche Fischerviertel sehen, bestaunen die bunten Blumenkästen in den Fenstern, die es in Tokio nicht gibt, und lauschen in der „Brautgasse" nahe dem Münster mit einem Seufzen den Erklärungen ihres Guides. Gut, dass ihr Deutsch meist lückenhaft und ihre Zeit knapp ist. Da ist nämlich eine unschöne Sache, die schon lange dabei ist, den mühevoll erzeugten Ruf der Stadt als properes Hübschchen unter den Wirtschaftsstandorten zu beschädigen und folglich auch den Oberbürgermeister bedrückt. Wer anlässlich der vergangenen Schwörmontage genau hingehört hat auf dem mit Zuschauern dicht gefüllten Weinhof, dem fiel auf, dass der sprechgewandte Gönner, der zu diesem traditionellen Stelldichein Dankesgrüße wie vom Katapult in alle Richtungen abfeuert, die Erwähnung des Multikulturellen, des gedeihlichen Zusammenlebens Einheimischer und Zugereister in seiner Stadt geflissentlich vermied.

Verständlich ist das ja, in dieser Stadt, in solchen Tagen. Wo schlimmstenfalls die Heranbildung einer öffentlichen Paranoia, mindestens aber Bluthochdruck für die Ulmer Touristiker droht, wird sich Gönner denken, gilt der behutsame Umgang mit dem gesprochenen Wort in besonderer Weise; ganz abgesehen von der Frage, wo der politische Gewinn für den barocken Verwaltungschef läge, wiese er vor Publikum ausdrücklich darauf hin, dass seine Stadt zusammen mit dem benachbarten Neu-Ulm zum Terrorzentrum Nummer eins auf bundesdeutschem Boden geworden ist.

Dass der schwäbische Donaustädter bereits über den landestypischen Durchschnitt hinaus misstrauisch oder verdruckt geworden wäre, ist aber trotz allem, was bisher schon geschah, nicht der Fall, und die überwiegend bärtigen jungen Männer des „Islamischen Informationszentrums", die über die letzten Jahre hinweg auf dem Wochenmarkt vor dem Münster Schriften zur Lobpreisung Allahs verteilten, durften das stets in der Gewissheit um ihre körperliche Unversehrtheit tun. Die jungen Muslime setzten dabei ihre freundlichsten Gesichter auf und halfen so mit, dass die arglosen Marktbesucher nie recht fassen konnten, was ihnen abends in den Nachrichtensendungen über vereitelte Anschläge und Verdächtige, deren Spur nach Ulm oder Neu-Ulm führt, erzählt wurde. Die Männer mit den abgekürzten Namen, um die es dabei geht, wirken vielen in der Stadt wie Akteure eines stummen, surrealen Schauspiels, das hinter einem dicht gewebten Vorhang aufgeführt wird.

Herbert Landolin Müller, der Chef der Abteilung Islamismus beim Landesamt für Verfassungsschutz Baden-Württemberg, kann hinter diesen Vorhang sehen, was nicht automatisch heißt, dass er Überblick genießt. Früher, also vor dem Jahr 2001, war der Islamwissenschaftler noch der ermittelnde Exot im Verfassungsschutzamt. In seinem Büro, dessen Wände Knüpfteppiche aus Fernost zieren und das von allerlei orientalischen Mitbringseln geschmückt wird, denkt er sich in ihm zugespielte Reden, Unterlagen oder Web-Dokumente hinein, immer auf der Suche nach den „geistigen Brandstiftern", die innerhalb der islamistischen Szene in Baden-Württemberg, zu der rund 4000 Personen zählen sollen, ihre Feuer legen. Schon lange lächelt niemand mehr über diese Arbeit, sie ist Kernaufgabe des Verfassungsschutzamtes geworden und Müller der wohl kenntnisreichste Geheimermittler im Südwesten. Seine Abteilung ist mit dem Segen des Landtags im Jahr 2002, nach den Anschlägen von New York, gewaltig verstärkt worden. Die eilig aufgebaute Truppe tummelt sich seither mit Hilfe angeworbener Informanten überall dort, wo Gewalt, Obstruktion und antidemokratische Umtriebe vermutet werden, sei es im Internet, in Moscheen, Vereinen oder privaten Zirkeln. Das Mithorchen erweist sich allerdings als schwierig, wie sich im großen Versteckspiel von Ulm mehrfach auf groteske Weise gezeigt hat.

Auf der anderen Seite des Geschehens sitzt einer, der über die Jahre der Terrorangst ebenfalls Kontur gewonnen hat: der Anwalt Manfred Gnjidic. Islamistenanwalt, so wird er hinter seinem Rücken von Justizangestellten halb bewundernd, halb abschätzig genannt, wenn er durch die Flure des Ulmer Landgerichts eilt. In seiner Kundenkartei stehen Namen, deren bloße Nennung die Stirnader von Fahndern hervortreten lässt. Reda Seyam zum Beispiel, oder Aleem N. Doch anders als zu vermuten wäre, ist Gnjidic ein guter Katholik, geboren im ostwürttembergischen Aalen, stolzer Vater und Ehemann, der ordentlich zubereitete Pasta und einen guten roten Spanier zu schätzen weiß. In seinem Büro in direkter Nachbarschaft zum Gebäude der Ulmer Staatsanwaltschaft liegen keine teuren Teppiche, und das Licht kommt nicht aus Tiffany-Lampen. Hieße er Meier oder Schmidt, würde sich Gnjidic, wie zu Anfang seiner Laufbahn, wohl noch immer mit Baurechtsvergehen beschäftigen. Doch sein Name hebt sich so undeutsch aus den Gelben Seiten ab. Deswegen rief, im Frühjahr des Jahres 2004, auch ein gewisser Khaled al-Masri aus Neu-Ulm in der Kanzlei an. Er sagte, er sei vom CIA verschleppt und gefoltert worden. Aus dem Anruf wurde der größte und, seit al-Masri im Mai 2007 in finaler Verzweiflung den Metro-Markt in Neu-Ulm angezündet hat, vorläufig auch hoffnungsloseste Fall des Ulmer Strafverteidigers.

Gnjidic spielte immer gekonnt auf dem Klavier öffentlicher Meinungsmache, doch er bezahlte dafür mit dem klammen Gefühl des Ausgeliefertseins. Auch ihn haben sie bis auf die Knochen durchleuchtet. Auf Betreiben der Staatsanwaltschaft München wurden im Jahr 2006 Gnjidics Privat- und Diensttelefone ein halbes Jahr lang abgehört, während er im Vorfeld des BND-Untersuchungsausschusses in Berlin, bei der Europäischen Union und vor Zivilgerichten in den USA um die Reputation seines Mandanten al-Masri kämpfte. Natürlich war das widerrechtlich. Seither, endgültig, ist der Anwalt nicht mehr gut zu sprechen auf die Herren Geheimermittler. Er wurde selbst Beispiel dafür, wie Justiz- und Polizeibehörden in ihrem Jagdfieber, auch in ihrem oft hilflosen Mangel an Ideen, Aktionen in Gang setzen, die zur Erreichung dürftiger Ziele Schneisen der Verwüstung schlagen.

Den Eindruck eines eingeschüchterten Mannes macht er trotz allem nicht, dem Einbruch in seine Privatsphäre begegnete er mit der Aufstockung seiner Lebensversicherung. Auch sein Instinkt ist so intakt, wie er es früher schon war. Eines Tages stand ein Mann in seiner Kanzlei, erzählt er, den er nach kurzem Gespräch wieder hinauskomplimentierte, weil der Fremde sich weigerte, Gnjidics Ehefrau, die ebenfalls Anwältin ist, die Hand zu geben. Es handelte sich um einen gewissen Yehia Yousif. Was der Anwalt damals nicht wusste: Yousif war nicht nur ein Muslim, der wachsende Probleme mit der deutschen Rechtsbarkeit hatte, sondern auch V-Mann des Verfassungsschutzamtes Baden-Württemberg. Jedenfalls glaubte man das in den frühen Tagen der Einfalt noch in der Abteilung des Herbert Landolin Müller.

Yousif muss, nach allem, was man bis heute von ihm hört, ein charismatischer Prediger gewesen sein – schillernder Prophet einer heraufdämmernden Zeit für seine muslimischen Zuhörer, gefährliche Spinne im Netz für diejenigen, die ihm misstrauten. Wann er radikalisiert worden ist, lässt sich nicht datieren, seine Existenz in Deutschland begann jedenfalls im Jahr 1988. Yousif kam als ausgebildeter Mediziner an die Universität Freiburg. Er vollbrachte kühne Leistungen im Bereich Immunbiologie, promovierte summa cum laude und gewann einen hochdotierten europäischen Wissenschaftspreis. 1995 machte der gebürtige Ägypter, auffällig geworden, weil er mit Hilfe eines neugegründeten Vereins Geld für die Mudjahedin in Bosnien sammelte, erstmals Bekanntschaft mit den schwäbischen Verfassungsschützern. Im Jahr 2000 hörte der Mediziner auf zu forschen und heuerte unter dem Namen Sheik Abu Omar als Prediger in der Neu-Ulmer Moschee des Vereins Multikulturhaus e.V. (MKH) an. Das Gelände im Industriegebiet, auf dem es steht, gehörte bis zur späteren Beschlagnahmung durch das bayerische Innenministerium einem baden-württembergischen Apotheker ägyptischer Abstammung. War Yousif gekommen, um etwas zu begründen – oder um etwas zu vollenden?

Schon vor dem Eintreffen des neuen Predigers soll sich in Neu-Ulm ein Mann aufgehalten haben, dessen Namen sich später der Weltöffentlichkeit einbrennen sollte: Mahmoud Salim.

Bayerischen Behörden zufolge besuchte der angebliche Finanzchef von Al-Qaida im Jahr 1998 einen Arzt, der in Neu-Ulm eine florierende Praxis unterhielt. Ein Taxifahrer wollte sich 2007 sogar erinnern, er habe wenige Wochen vor den verheerenden Terroranschlägen in New York und Washington den 9/11-Attentäter Mohammed Atta zusammen mit zwei weiteren Arabern in die Praxis des Mediziners gefahren. Der muslimische Arzt hat die Stadt Ende 2001 in Richtung Ausland verlassen.

Gesichert ist der Aufenthalt des terrorverdächtigen Deutsch-Ägypters Reda Seyam in Neu-Ulm. Seyam, der mit einer deutschen Frau verheiratet gewesen ist, war in Indonesien unter dem Verdacht festgenommen worden, Geld für die Bombenanschläge im Oktober 2002 auf Bali beschafft zu haben, bei denen 220 Menschen umkamen. Nach der Auslieferung Seyams an die deutschen Behörden – Beamte des Bundeskriminalamts nahmen ihm den Pass ab und setzten ihn für die Dauer der Ermittlungen auf freien Fuß – wählte er sich die bayerische Stadt an der Donau zum Wohnsitz. Das war kein Zufall; Seyam und Yousif kannten sich von früher, aus dem Freiburger Sammelverein zugunsten der Mudjahedin.

Fahnder sind längst überzeugt, in der Ulmer Szene seien zu diesem Zeitpunkt gezielt junge Männer für die verschiedensten terroristischen Einsätze angeworben worden. Die Schlussfolgerung ergibt sich aus einer düsteren Abfolge von Ereignissen, deren Zusammenhänge sich allerdings nur zögerlich offenbarten. Anfang des Jahres 2004 machten russische Behörden dem Auswärtigen Amt in Berlin Mitteilung vom Tod des 25-jährigen Thomas „Hamza" Fischer. Er war im November 2003 auf Seiten tschetschenischer Rebellen von russischen Soldaten getötet worden. Der zum Islam konvertierte gebürtige Tuttlinger hatte zuletzt in Blaubeuren gelebt und war Vorstandsmitglied des Vereins Islamisches Informationszentrum (IIZ) auf Ulmer

Seite. Die Nachricht ließ die Geheimdienste vor allem deswegen aufhorchen, weil sie verdammt bekannt klang: Im Oktober 2002 war bereits der türkischstämmige Neu-Ulmer Mevlüt Polat auf Seite kämpfender Tschetschenen erschossen worden; im Hagel russischer Kugeln starb mit ihm der in Tunesien geborene Deutsche Tarek Boughdir, der zuletzt in Schorndorf gewohnt hatte. Das Islamische Informationszentrum unterhielt zum Multikulturhaus beste Kontakte. Der Treff in der Ulmer Zeitblomstraße sollte noch weiterhin von sich reden machen.

Die Frage, weshalb ausgerechnet die Doppelstadt an der Donau Schauplatz einer Jagd zwischen verdächtigen Islamisten und den verschiedensten Geheimdiensten geworden ist, treibt Berufskriminalisten ebenso um wie Hobbydetektive oder die Leser von Agentenkrimis. Warum Ulm? Global orientierte Strategen entfalten gern eine Weltkarte, zeichnen mit dem Finger unsichtbare Achsen von Nahost über den Balkan Richtung Westen und erklären, Ulm liege, aus Sicht der Al-Qaida, geopolitisch und infrastrukturell günstig im Herzen Europas. Das Stuttgarter Landesamt für Verfassungsschutz glaubt mehr an die Magnetkraft des Doktor Yousif auf junge Muslime; man müsse sehen, heißt es aus der Behörde, dass die islamistische Szene in Baden-Württemberg sich im Gefolge des ägyptischen Arztes schon einmal von Freiburg an die Donau verlagert habe.

Vielleicht verhält es sich auch wie mit Treibholz, das sich im Rückstrom zusammenfließender Wasserläufe sammelt und als dicht verhaktes, wachsendes Gebilde im Seichten verharrt. An der Donau stoßen die Polizeigesetzgebungen Bayerns und Baden-Württembergs empfindlich aneinander. Berufstätige, Einkaufende und Partygänger in der Doppelstadt wechseln zwar selbstverständlich über die Flussbrücken, doch die Lust des Bürgers ist längst nicht das Recht der Polizeibeamten. In deren Alltag werden Verdächtige übergeben, Dienststellen müssen sich gegenseitig informieren, dutzendfach stellen sich Kompetenzfragen. Neu-Ulm, das über die Jahrzehnte betrachtet zum wenig geliebten Schattenrandgebiet des Freistaats gehört, hat nicht einmal eine eigene Polizeidirektion, die Dienststelle untersteht einer Leitung im entfernten Krumbach. Ist es bloß Zufall, dass im bayerischen Senden, wenige Kilometer südlich von Neu-Ulm, auch die rechtsradikale NPD schon weit mit ihren Bemühungen gekommen ist, den Marktflecken zu einem „nationalen Zentrum" der Partei zu machen? Nicht ein ausgekochter „Hassprediger" hat es dort so weit gebracht, sondern ein kaum erwachsener ehemaliger Gartenmarktverkäufer, der die Trägheit der Polizei und den Umstand nutzen konnte, dass Rathauspolitiker die Augen fest verschlossen hielten.

Wie schwer sich die Landesämter für Verfassungsschutz lange getan haben, ihr föderales Hoheitsdenken zu überwinden, und wie fragwürdig zuweilen die Mittel sind, mit denen sie operieren, zeigte sich anlässlich eines themenverwandten Vorgangs im November 2006 in Ulm. Es tagte in den Räumen des Ulmer Landgerichts der Verwaltungsgerichtshof Baden-Württemberg, Beklagte war das Land Baden-Württemberg. Die seit Jahren in mehreren Bundesländern beobachtete Islamische Gemeinschaft Milli Görüs (IGMG) war juristisch gegen den im Internet veröffentlichten Stuttgarter Verfassungsschutzbericht des Jahres 2001 vorgegangen, in dem auch sie genannt wurde. Wie sich herausstellte, hatten die Stuttgarter in ihrem Bericht ungeprüft Erkenntnisse der Münchner Schwesterbehörde übernommen. Die Bayern machten geltend, ihre Informationen von eingeschleusten V-Leuten bekommen zu haben. Doch als das Gericht während der Beweisaufnahme um ein Original der angeblichen Geheimnotizen bat, musste der damalige Chef des bayerischen Verfassungsschutzamtes, Günter Gold, zur allgemeinen Verblüffung einräumen, solche Mitschriebe würden prinzipiell nicht archiviert. Hatte es sie überhaupt je gegeben? Am Ende des Tages schloss sich der Mannheimer Richter Karl-Heinz Weingärtner den Zweifeln des türkischen islamischen Vereins an und urteilte, mehrere Stellen im Stuttgarter Behördenbericht von 2001 müssten geschwärzt werden. Das Land Bayern war im Mai 2006 vor dem Münchner Verwaltungsgericht noch kräftiger abgewatscht worden. Wieder war es um Milli Görüs gegangen. In einem bayerischen Verfassungsschutzbericht stand, bei einer IGMG-Veranstaltung habe ein Redner den Satz gesagt, die Muslime könnten Europa politisch einst kontrollieren „wie die Juden die USA". Tatsächlich gab es diesmal einen Tonbandmitschnitt. Dumm nur: Der verdächtigte islamische Verein bekam das Band in die Hände und konnte mit Hilfe eines beglaubigten Übersetzers nachweisen, dass das Wort „Jude" gar nicht gefallen war.

Ende des Jahres 2003 begriffen die Innenministerien Bayerns und Baden-Württembergs, dass es im Fall Ulm keinen Sinn hatte, getrennt zu handeln und im Bedarfsfall vereint zu schlagen. Im Geheimen wurde die Ermittlungsgruppe „Donau" gegründet, besetzt war sie mit verdeckt agierenden Beamten aus beiden Bundesländern sowie des Bundeskriminalamts. Die Zentrale wurde in Augsburg aufgeschlagen. Ein Insider der Polizei berichtete später, in ganzen Neu-Ulmer Straßenzügen seien die öffentlichen Telefonzellen angezapft worden, denn gewiefte Islamisten, so die Annahme, würden vorsichtig mit dem Einsatz ihrer Handys sein. Dann begann der Versuch der gezielten Aufscheuchung. Die Ministerien in Stuttgart und München ordneten Razzien in vielen süddeutschen Moscheen an. Unter anderem die Städte Stuttgart und Freiburg wurden Schauplätze fragwürdiger Polizeiaktionen gegen Gläubige, die oft aus dem Freitagsgebet gerissen, aus den Gebäuden befohlen und mit auf dem Rücken gefesselten Händen in der Kälte aufgestellt wurden.

Durchsucht wurden natürlich auch das Multikulturhaus und das Islamische Informationszentrum in Ulm, dazu Dutzende Privatwohnungen. In Augsburg aber saßen die Fahnder in den Telefonleitungen, in die sie sich eingeschlichen hatten, und lauschten.

Leider wurde Ziel Nummer eins der großen Operation verfehlt. Yehia Yousifs Wohnung fand die Polizei bei einer Durchsuchung leer, er hatte offenbar einen Tipp bekommen und war verschwunden. Kurz zuvor war er, wie das baden-württembergische Verfassungsschutzamt im Nachhinein zugeben musste, wegen offensichtlicher Unzuverlässigkeit als Verbindungsmann „abgeschaltet" worden. Aber bei Yousifs in Neu-Ulm lebendem Sohn Omar fanden Fahnder angeblich eine Anleitung zum Bombenbau, ermittelten, dass er in einem Ausbildungslager in Pakistan gewesen sei. Im Eilverfahren wurde der Jungradikale nach Ägypten abgeschoben. Eine Weile blieb noch Reda Seyam, bevor er, weiterhin als Verdächtiger gehandelt, erst nach Laichingen auf der Schwäbischen Alb und schließlich nach Berlin übersiedelte. Im Januar 2005 meldeten die baden-württembergischen Behörden – voreilig, wie sich zeigen sollte – die Zerschlagung des islamistischen Netzwerks sowie die Auflösung der Ermittlungsgruppe Donau. Der Innenminister Heribert Rech lobte die „beispielgebende" Zusammenarbeit über die deutschen Ländergrenzen hinweg.

Beispielgebend? Man muss sich vorstellen, wie es um das Jahr 2003 herum zuging im Multikulturhaus. Da standen Alte und Junge, viele von ihnen mit geringer Bildung, ziellos und in finanzieller Abhängigkeit von den Sozialbehörden, um einen gebildeten Prediger, der ihnen faszinierende Dinge über die weltweite Bedrohung des Islam erzählte. Und zur Rechten Yousifs saß plötzlich einer, der womöglich schon gekämpft hatte, der jedenfalls von der CIA gejagt und in der indonesischen Haupt-

Ein Hubschrauber der Bundespolizei mit Terrorverdächtigen im streng gesicherten Hof des BGH Karlsruhe.

stadt Jakarta wegen der Bali-Explosionen inhaftiert worden war. Und vor der Tür der Moschee hockten in Autos die verdeckten Ermittler des Bundeskriminalamtes und des Verfassungsschutzes, die natürlich Seyam keine Sekunde mehr aus den Augen ließen und immer noch hofften, der V-Mann Yehia Yousif würde ihnen die entscheidenden Beweise liefern, die für eine Verhaftung Seyams reichen würden.

Die Skurrilität dieser Monate beschreibt, im Hinterzimmer eines Ulmer Dönerlokals, ein früheres Vorstandsmitglied des Vereins Multikulturhaus. Er nennt sich Abu Abdallah, ist Anfang zwanzig und lebt nach eigenen Angaben vom Verkauf gebrauchter Autos. Sein bis auf die Brust reichender Bart soll Zeugnis seines Glaubens sein. „Auch Jesus hat einen Bart getragen", doziert er. „Ist er darum ein Terrorist?" Die Zivilfahnder in der Stadt hätten viele Moscheebesucher angesprochen und zu Aussagen überreden wollen, zumeist unter der Drohung der Ausweisung aus Deutschland. Drinnen im MKH aber habe man sich alles erzählt und „nur noch gelacht". Doch wuchs wohl nicht nur die Heiterkeit, sondern auch die Anspannung der rund um die Uhr beobachteten Muslime. Abdallah presst hervor, was viele seiner Ulmer Glaubensbrüder seither denken: „Der Kampf gegen die Muslime hat begonnen, gegen jeden, der einen Bart trägt."

Diese Ulmer Jahre, die eine Wirklichkeit entfalteten, die vollkommen abgetrennt war vom bürgerlichen Alltag der Stadt, entlarvten und beförderten zugleich den Hass der islamistischen Radikalen und deren Sympathisanten, sie erzeugten aber auch – durch Methoden, die bis dahin nicht für möglich gehalten worden waren – unter offensichtlich Unschuldigen Angst und Verzweiflung. Zum prominentesten Opfer wurde der Deutsche Khaled al-Masri.

Al-Masri, der in Bürgerkriegswirren als eines von elf Geschwistern ohne Schulbildung aufwuchs, wurde in seinen Jugendjahren kämpfendes Mitglied der damaligen radikalen libanesischen Bewegung Al-Tawhid – eine Aktivität, die er bei seinem Einbürgerungsverfahren in Deutschland nicht verschwiegen hatte. Die Erfahrung von Gewalt und paramilitärischer Hierarchie ist Teil seiner Vergangenheit. Doch wer mit ihm spricht, gewinnt den Eindruck eines schwachen Menschen; massig von Statur zwar, doch wortkarg; mit Händen, die keine Rede unterstreichen und einem Blick, der nichts hält. Den Terrorverdächtigen Seyam, sagt er, lernte er im Multikulturhaus kennen. „In dieser Zeit hat Reda eine Wohnung gesucht, und ich habe auch eine Wohnung gesucht." Al-Masri, der eine Zeit lang probierte, sich und seine Familie mit dem Verkauf von

Gebrauchtwagen über Wasser zu halten, verlieh sein eigenes Auto an den neuen Freund. Er wusste, wer Seyam war, hatte die Artikel in den Magazinen gelesen. „Aber ich dachte: Er ist schließlich in Freiheit, also kann es nicht so schlimm sein." Manchmal gingen sie zusammen einkaufen, in den Metro-Markt von Neu-Ulm.

Unfehlbarer als al-Masri konnte man kaum ins Fadenkreuz der staatlichen Schattenbehörden geraten, die sich zu diesem Zeitpunkt zahlreich in der Stadt tummelten. Zählten zu denen, die horchten und spähten, auch amerikanische Geheimdienste? Es gibt einen konkreten Hinweis darauf.

Im März 2003 kam das Ehepaar B. nach längerer Reise zurück in die Wohnung in einem Neu-Ulmer Stadtteil. Das Türschloss, so erzählten die Eheleute später, klemmte ein wenig, doch es sprang auf. Wenige Tage später klingelte an der Haustür ein Mann mit Sporttasche, der sich als deutscher Polizist ausgab. Er erbat Einlass und erklärte, er sei gekommen, um das gegenüberliegende Haus zu observieren. Dort sollte die Witwe des getöteten Tschetschenienkämpfers Polat leben. Zielgenau, als kenne er sich in der Wohnung bestens aus, steuerte der Mann auf ein außenliegendes Fenster zu und setzte sich davor. Aus der abgestellten Sporttasche, erinnert sich das Paar, ragten ein Funkgerät und die Teile eines zerlegten olivgrünen Gewehrs. Wolfgang B., der durch seinen früheren Beruf ausgezeichnet Englisch versteht, war später sicher, der Fremde habe Deutsch mit amerikanischem Akzent gesprochen. Verunsichert rief das Ehepaar bei der Polizei in Neu-Ulm an, um sich rückzuversichern. Dort, so erzählt das Ehepaar, habe man zunächst nichts gewusst, aber versprochen, sich kundig zu machen. Kurze Zeit später sei der seltsame Polizist von ordentlichen deutschen Beamten abgelöst worden – für die Dauer der nächsten achtzehn Monate. Im Neu-Ulmer Stadtteil wuchs die Verwunderung über die Vielzahl fremder Autos, die in dieser Zeit durch die Wohnstraßen kreuzten.

Al-Masri wurde, während einer Busreise von Neu-Ulm nach Mazedonien, wo er angeblich Urlaub machen wollte, Ende Dezember 2003 vom amerikanischen Geheimdienst gekidnappt und in einem Flugzeug nach Afghanistan verschleppt. Immer wieder, beteuert er, hätten ihn die Kerkerwächter dort nach dem Multikulturhaus in Neu-Ulm befragt. Welche Rolle die deutschen Behörden in diesem unglaublichen Fall gespielt haben, ist bis heute ungeklärt. Niemand kann die illegale Aktion ernsthaft mehr bezweifeln, ein Mitgefangener al-Masris in Afghanistan hat dessen Schilderungen über Nahrungsentzug und eisige Kälte im Gefängnisloch bestätigt, sogar die Namen der 13 mutmaßlichen amerikanischen Agenten, die an der Entführung beteiligt waren, sind bekannt. Zwar weigerte sich im Oktober 2007 in letzter Instanz der oberste Gerichtshof der USA, der Supreme Court, die Zivilklage al-Masris zu verhandeln; doch nicht wegen Zweifeln an dessen Glaubwürdigkeit, sondern weil Staatsgeheimnisse berührt seien.

Als die Entscheidung fiel, saß der 43-Jährige längst in der geschlossenen psychiatrischen Abteilung eines bayerischen Bezirkskrankenhauses und wartete auf einen Strafprozess ganz anderer Art. Al-Masri hatte, nach einem scheinbar belanglosen Streit um einen defekten i-Pod, den Metro-Markt in Neu-Ulm angezündet. Dreieinhalb Jahre nach seiner Entführung, die ohne vernünftige Therapie, ohne Aussicht auf eine materielle Wiedergutmachung und ohne jedes öffentliche Mitgefühl vergangen waren, isoliert und von Verfolgungsängsten beherrscht, war der sechsfache Familienvater ausgerastet.

Manfred Makowitzki vom Ulmer Behandlungszentrum für Folteropfer, der al-Masri in den wenigen Behandlungsstunden gesprochen hatte, die von der Krankenkasse bewilligt worden waren, diagnostizierte bei seinem Patienten von Anfang an eine schwere posttraumatische Belastungsstörung. Die 37 Therapiesitzungen, die seit 2004 mit al-Masri abgehalten wurden, hätten unter gewöhnlichen Umständen schon etwas bewirken können, sagt er. Doch da sei „ein grundsätzliches Problem". Der Patient sei „ein Opfer, das um seine Rehabilitation kämpfen muss". Weil das öffentlich und über die Medien habe geschehen müssen, habe sich die Erinnerung an die Folter permanent aufgefrischt. Al-Masris Kampf um Glaubwürdigkeit hatte seine letzten psychischen Reserven aufgezehrt und ihn an die Grenzen zur Wahnhaftigkeit geführt. Er verkörpert den unfasslichsten Kollateralschaden des großen Jagens an der Donau.

Der Verein Multikulturhaus ist im Dezember 2005 auf Betreiben des bayerischen Innenministeriums verboten worden. Der Verein Islamisches Informationszentrum bestand vorerst weiter, schien aber keine Gefahr zu bedeuten. Yousif war abgetaucht, sein Sohn abgeschoben worden, Reda Seyam wartete in Berlin auf den Ausgang des Ermittlungsverfahrens gegen ihn. Der Spuk von Ulm hätte zu Ende sein können. Aber er war es nicht. Die Szene hatte sich unbemerkt zu verändern begonnen, wie eine Gewitterwolke, die sich scheinbar harmlos den Horizont entlang schiebt, bevor sie plötzlich über allen Köpfen steht.

Die Ermittlungsgruppe Donau dürfte nur eine schwache Ahnung vom Kommenden gehabt haben, als sie, kurz vor ihrer Auflösung, im Dezember 2004 auf einen gewissen Fritz G. sowie auf dessen Freund Attila S. aufmerksam wurde. Die beiden, die zeitweise in Ulm zusammengewohnt hatten, waren nachts von einer Polizeistreife gestört worden, als sie dabei waren, vor dem Werkstor eines Ulmer Holzbetriebs in der Blaubeurer Straße in einem wirr anmutenden Akt ein Buch zu verbrennen. Aus den verkohlten Resten las sich später heraus, dass der Verfasser einen streng islamischen Staat in der Türkei befürwortete. Weitaus verdächtiger aber waren die Funde im Auto des S., mit dem die Männer eine kurze, aber vergebliche Flucht durch die Stadt angetreten hatten. Im Kofferraum lagen CDs mit Dateien zur Verherrlichung des Dschihad, dazu „Lehrmedien" aus der Feder des Dr. Yousif. In den Wohnungen der Verdächtigen wurde bei einer Durchsuchung islamistisches Propagandamaterial gefunden. G. und S., da war kein Zweifel mehr, waren radikalisierte junge Männer, auf die man aufpassen musste.

Zwei Jahre verstrichen, in denen es schien, als reiche die Wachsamkeit der Behörden und ihre gezielte Präsenz aus, den Frieden an der Donau dauerhaft zu sichern. Dann kam der 31. Dezember 2006. Fritz G. und Attila S. waren von Ulm aus nach Frankfurt aufgebrochen. Am selben Abend fuhren sie nach Hanau weiter und umkurvten, zusammen mit einem muslimischen Komplizen, in einem Auto die Kaserne der US-Streitkräfte im Stadtteil Lamboy. Das Bundesamt für Verfassungsschutz hatte die Männer dabei im Auge. Das änderte sich fortan nicht mehr. Doch die Verfolger stellten sich nicht immer geschickt an. Als G. und S. am Neujahrstag nach Ulm zurückkehrten, bemerkten sie sofort, dass sie nicht allein waren. Aus einem internen Behördenbericht geht hervor, wie Attila S. am 1. Januar in Richtung eines Observationswagens schrie: „Was wollt ihr von mir?" In den Tagen darauf legte er sich einmal demonstrativ auf die Motorhaube eines zivilen Polizeiwagens. Ein andermal wieder fuhr er mit hoher Geschwindigkeit auf die Zivilbeamten zu und bremste erst im letzten Moment. Wieder später schlug er gegen die Scheibe eines Observierungsfahrzeugs, zeigte den gestreckten Mittelfinger und schrie, er wolle „den Chef" sprechen.

Am 5. September 2007 wurden Fritz G. sowie die Muslime Adem Y. und Daniel S. im Sauerland verhaftet, als sie laut Bundesanwaltschaft dabei waren, Bomben auf Basis von Wasserstoffperoxid zu bauen. Der Ulmer Attila S., der im Verdacht steht, an der Sprengmittelbeschaffung beteiligt gewesen zu sein, war zunächst in die Türkei verschwunden. G., da legte sich das Bundeskriminalamt rasch fest, sollte der Kopf der Terrorzelle gewesen sein. Wenn das stimmt, handelt es sich um einen Bandenchef mit einer für die Ausführung von Massentötungen etwas hinderlichen Abneigung, wie man inzwischen weiß. Im Herbst 1999 bat der Terrorverdächtige, der gerade seinen Zivildienst beim Deutschen Roten Kreuz in Neu-Ulm begonnen hatte, dringend um seine Versetzung. Auf diesem Posten, schlussfolgerte G. damals, könne er ja auch beim Rettungsdienst eingesetzt und mit dem Anblick von Blut oder offenen Wunden konfrontiert werden. Dabei aber, erklärte er, falle er seit seiner Kindheit unfehlbar in Ohnmacht. Das Bundesamt für Zivildienst hatte ein Einsehen mit dem sensiblen 20-Jährigen und wies ihm eine weniger bedrohliche Tätigkeit zu.

Mit G. hatte sich in Ulm der neue Typus eines sogenannten Gefährders, wie die Behörden es ausdrücken, gezeigt. Er gehört nicht der zweiten Generation muslimischer Einwanderer an, stammt nicht aus ärmlichem Haus, ihm sind keine Bildungsdefizite zu unterstellen. Der 28-Jährige hatte zum Zeitpunkt seiner Verhaftung im achten Semester Wirtschaftswissenschaften an den Fachhochschulen Ulm und Neu-Ulm studiert, galt als nett und adrett, plante noch im Januar 2006 die Hochzeit mit seiner Freundin. Geboren wurde er in München, wuchs in Ulm auf. Die Mutter ist Ärztin, der Vater Unternehmer in Neu-Ulm. Die Eltern trennten sich, als G. ein Teenager war. Im Alter von 18 konvertierte der ordentliche deutsche Bürgerssohn zum Islam. Zu seinen Freunden zählten jetzt viele Türken, sie nahmen ihn mit in Moscheen, auch und vor allem ins Multikulturhaus. Dort schloss sich der Konvertit den vielen Zuhörern an, die begeistert den Predigten des Yehia Yousif lauschten. Und er wurde Mitglied im Verein Islamisches Informationszentrum Ulm, wo er weitere zornige junge Deutsche treffen konnte, die zum Islam übergetreten waren.

Mit der Verhaftung des G. führte 2007 die bisher deutlichste Terrorspur zurück nach Ulm. Und da war noch mehr. Im selben Jahr wurde der Neu-Ulmer Tolga D. in Pakistan zusammen mit dem pfälzischen Edelsteinhändler Aleen N. festgenomen. Beide sind in den Verdacht geraten, sich in einem Terrorcamp aufgehalten zu haben. Der Name des Tolga D. stand ebenfalls in der Mitgliederliste des Ulmer Islamvereins, dessen Vorstand bis zuletzt vorgegeben hatte, doch nur über das Gute und Schöne des Islam aufklären zu wollen.

Das IIZ hat sich Ende 2007, unter dem Druck der Verfolgungsbehörden, vielleicht auch im Wissen, vom Verfassungsschutz unrettbar unterwandert worden zu sein, freiwillig aufgelöst. Kurz zuvor hatten Vereinsmitglieder in einem wütenden Pamphlet, das in die Glastür der IIZ-Geschäftsstelle in der Zeitblomstraße geklebt worden war, ihre Unschuld so begründet: „Wenn ein mutmaßlicher Terrorist Galeria Kaufhof betritt, dann heißt es doch lange nicht, dass dies ein terroristisches Einkaufszentrum ist." Für maßgebliche Strafverfolger im Land bedeutet die Vereinsauflösung vorläufig nicht mehr, als dass eine Schlange ihre Hülle abstreift. Der Stuttgarter Generalstaatsanwalt Klaus Pflieger etwa weist warnend darauf, hin, dass die meisten Mitglieder sowohl des IIZ als auch des aufgelösten Vereins Multikulturhaus weiter in der Doppelstadt an der Donau leben.

Auch der Islamismusexperte Müller und seine Leute sind nicht nachhaltig beschwichtigt. Der Hass auf die Demokratie und alles Gottlose, auf Amerikaner, den Imperialismus und die Dessous-Plakatwerbung der Modekonzerne, so glauben die

Fachbeauftragten in Sachen Terrorabwehr, lebt weiter. Fehlschläge im Vorgehen gegen mutmaßliche Extremisten, auch wenn sie wehtun, sind offenbar stets einkalkuliert. Die Leute müssten begreifen, sagt Müller, dass das wahre Ermittlerleben weit komplizierter sei als beim „Tatort" im TV. „Wem sehen Sie an, ob es sich um einen gefährlichen Menschen handelt?", fragt er und lässt das Gesagte ostentativ im Raume wirken.

So simpel lassen sich die Dinge für Manfred Gnjidic, dem sich die Wirklichkeit nicht nur als kompliziert, sondern in mehrfacher Weise als gesetzesverachtend gezeigt hat, nicht abtun. Wenn er nach Feierabend ins Reden kommt, nach einem guten Glas in der entspannenden Atmosphäre seines Lieblingsitalieners, dann schlägt er weite Gedankenbögen bis zu den Rändern entfernter, dunkler Zonen. Al-Qaida, sagt er, sei doch längst ein Wandelbegriff für alle und jeden, eine Projektionsfläche, in der sich Gewalttätige genauso spiegelten wie die Geheimdienste, die immer mehr Personal verlangten, immer mehr Ausstattung, immer größere Befugnisse. Ob es nicht denkbar sei, dass das Multikulturhaus eine von den Geheimdiensten aufgebaute Falle gewesen sei? Mit einem Doktor Yousif im Zentrum, der längst am Band der CIA andere Muslime an einem anderen Ort auf der Erde anwirbt? „Was macht man, wenn man nicht weiß, wie man an Extremisten herankommt?", fragt Gnjidcic, um die Antwort auch gleich selbst zu geben: „Man stellt Honigtöpfe auf!"

Also, so etwas könne er sich „nicht ansatzweise vorstellen", sagt Clemens Homoth-Kuhs, Sprecher des Landesamts für Verfassungsschutz Baden-Württemberg. Eine Organisation zu erfinden oder zu bilden, um gewaltbereite Muslime aus den Löchern zu locken, dafür „sind wir nach unseren rechtlichen Möglichkeiten gar nicht in der Lage."

Es war schon mal leichter, in dieser Stadt zu leben, wo sich auf einem lautlosen Feld die Grenzen zwischen Recht und Unrecht bis zur Unkenntlichkeit verwischt haben und Mutmaßungen die Stelle von Gewissheiten einnehmen müssen. Erzähl doch mal, fordern Freunde, Verwandte und Kollegen am Telefon von den Ulmern. Was ist bloß los bei euch? Erzähl! Was soll man erzählen? Dass es gut geht, trotz allem. Und dass es noch besser wäre, wenn einmal wieder Ruhe einkehrte unter dem Münsterturm, Ruhe für alle. Mehr ist nicht zu sagen.

Des Bundesrichters kalte Füße

Wie man am Rhein billig eine Villa erwirbt

Von Meinrad Heck

Es war einmal ein Jurist, dem wurde in den besten Schaffensjahren seines Berufslebens eine der höchsten Ehren zuteil, derer sich ein Mann seines Formates jemals würde rühmen können. Er wurde als Richter zum Bundesgerichtshof in Karlsruhe berufen. In der Residenz des Rechts sollte er fortan zu den 123 sorgfältig Auserwählten gehören, die – erstens – in den allermeisten Rechtsfragen üblicherweise das allerletzte Wort haben, die sich – zweitens – ob dieser Kraft ihres Amtes bisweilen unantastbar fühlen könnten, und die – drittens – von Fall zu Fall einer solchen Versuchung nicht immer zu widerstehen vermögen.

Die fachliche Qualifikation unseres Juristen stand und steht außer Frage. Er hatte sich an diversen Universitäten, Amts- und Landgerichten durch Fälle und Aktenberge aus dem ganz normalen Leben gearbeitet. Dabei waren sein messerscharfer Verstand und seine nicht minder scharfen Analysen auch einem größeren Publikum nicht ganz verborgen geblieben. Ganze Semester von Nachwuchsjuristen, Staats- und Rechtsanwälten bis hinauf zu honorigen Gerichtspräsidenten aller Jahrgänge vertieften sich fortan alljährlich in Hunderte von Seiten einer außerordentlich komplexen Fachliteratur, die aus der Feder unseres Juristen stammte. Begeisterte Rezensenten notierten, endlich mache die Juristerei wieder Spaß. Und nach Lektüre seiner Aufsätze hielt das so erregte Fachpublikum unisono dieselben für nachgerade unverzichtbar und schlichtweg brillant.

Dieser Autor – nichts anderes lässt sich daraus schließen –

musste einer dieser wenigen blitzgescheiten Juristen sein, die ihren Berufskollegen immer dann den rechten Weg zu weisen vermochten, wenn diese sich im dichten Gesetzesdschungel hoffnungslos verirrt hatten. Mit der Zeit waren seine außergewöhnlichen Qualitäten auch ihm selbst nicht ganz verborgen geblieben. Wann immer der Gedanke auftauchte, wer einmal in seine fachliterarischen Fußstapfen würde treten dürfen, pflegte er im kleinen Kreis in der gebotenen Bescheidenheit zu erklären: „Man müsste zunächst jemanden finden, der es kann". Logisch zu Ende gedacht kam unser Jurist zu der nachgerade zwingenden Selbsterkenntnis, dass es außer ihm „derzeit keinen anderen hochseetauglichen Lotsen in diesen Gewässern gibt".

In diesen guten und glücklichen Zeiten ereilte ihn die ehrenvolle Berufung nach Karlsruhe zu höchstrichterlichen Weihen. In besagter Residenz des Rechts sollte der selbsternannte Lotse also seinen neuen beruflichen wie privaten Heimathafen finden. Frau und Kinder des so Hochgelobten würden sich ebenfalls ins Badische aufmachen. Eine passende Bleibe für den neuen Bundesrichter samt Familie sollte sich finden lassen. Am Fuße des Schwarzwalds geben sich in den vielen pittoresken Örtchen und Städtchen die Interessenten für schönste Immobilien bisweilen die Klinke in die Hand. Und eines dieser Schmuckstücke schien dem Bundesrichter als Privat-Residenz durchaus angemessen.

Er hatte sich in eine sehr spezielle Villa verguckt, die von einem der wenigen wirklich großen deutschen Architekten schon vor ein paar Jahrzehnten entworfen und erbaut worden war. Dieses Werk war zwar ein wenig in die Jahre gekommen, aber es zierte Fachzeitschriften und Denkmalbücher, sein Erbauer wurde als „stilbildend für eine ganze Generation" gerühmt. Fachbehörden gerieten angesichts der wunderbaren Details ins Schwärmen, etwa ob der vielfachen Verwendung dieses so schönen und „leuchtend braunroten Holzes" einer gewissen

Oregon-Pinie. Also komponierten und sangen sie wahre Lobeshymnen darauf, wie sich jener stilbildende Architekt beim Bau der vom Bundesrichter ins Auge gefassten Villa vor vielen Jahrzehnten schon „höchsten gestalterischen und technischen Ansprüchen" verpflichtet gefühlt hatte. Diese Immobilie, da war und ist sich die Fachwelt bis zum heutigen Tage einig, gehöre unbestritten zu den „Inkunabeln der Architekturgeschichte", als solche war sie gleichsam wie eine Wiege der Baukunst.

Die schöne Villa mit separatem Studio hatte aus Sicht des gerade ernannten Herrn Bundesrichters nur einen kleinen Schönheitsfehler. Sie war nun einmal ein Liebhaber-Objekt und damit alles andere als ein günstiges Schnäppchen. Die knapp 500 Quadratmeter Wohnfläche und rund 2000 Quadratmeter Garten in vorzüglicher Lage hatten kundige Experten schon vor Jahrzehnten auf einen Wert von umgerechnet „mindestens" einer Million Euro geschätzt. Dem aktuellen Eigentümer schwebte lange danach ein Preis von 1,1 Millionen vor. Die persönlichen Vermögensverhältnisse des BGH-Juristen stellten sich dagegen etwas schlichter dar. Er schien so gut wie nichts auf der hohen Kante zu haben. Jedenfalls noch nicht.

Sein Jahres-Salär als BGH-Richter würde vergleichsweise bescheidene 90.000 Euro betragen. Richtig Geld verdienen aber würde und wollte er als Autor jener Fachliteratur. Diese Nebeneinkünfte sollten sein gesamtes Jahreseinkommen mittelfristig fast vervierfachen – auf mindestens 330.000 Euro, hatte er vorgerechnet. Also ließ er den verkaufswilligen Eigentümer der Villa per Brief wissen, dass „ich derzeit nicht, aber im Notfall in fünf Jahren den Gesamtkaufpreis finanzieren könnte", verbunden mit dem eigentlich recht überflüssigen Hinweis, er sei ja nun wirklich kein Gebrauchtwagenhändler und der namhafte Buchverlag, bei dem er zeitlich unbefristet unter lukrativem Vertrag stehe, sei mitnichten ein windiger Lieferant. Selbstredend sei niemand verpflichtet, ihm zu vertrauen, aber er, der Herr Richter, sei nun gleichfalls weder willens noch verpflichtet, „meine Rolex aus dem Fenster zu halten, damit mein Feingoldgehalt gemessen werden möge".

Ein solch feinsinniger Charme imponierte dem Verkäufer. Warum der Bundesrichter schon in dieser frühen Phase von einem „Notfall" gesprochen hatte, ließ sich zwar nicht so recht erschließen, es schien aber auch nicht weiter bemerkenswert. Am Fuß des Schwarzwaldes hatten sich schon wahrlich schräge Vögel samt Rolex aus aller Herren Länder eingekauft, deren Millionen aus höchst dubiosen Quellen zu stammen schienen. Ein veritabler Bundesrichter – wenn auch ohne das nötige Kleingeld, aber ganz sicher über jeden Zweifel erhaben – war ihm noch nicht untergekommen. Dieser Interessent war schon Kraft seines Amtes ein honoriger Mann, an dessen allerbesten Absichten sich Zweifel von selbst verbaten. Und so ließ sich der Villenbesitzer von diesem höchstrichterlichen Vorstoß – „jetzt noch nicht, aber in fünf Jahren" – überzeugen. An einem schönen Juni-Vormittag trafen sich die Parteien beim Notar und unterschrieben einen Kaufvertrag. Preis 1,1 Millionen Euro, zahlbar in zwei Raten. 500.000 sofort, der Rest in den besagten fünf Jahren. Den kleineren Teil der ersten Tranche hatte sich der Jurist auf zehn Jahre von einem großen deutschen Versicherungskonzern geliehen, den größeren Batzen ließ er sich vom Verkäufer auf fünf Jahre stunden.

Zuvor war der Richter allerdings schon hin und wieder etwas „wankelmütig" gewesen. Das hatte an seinen Freunden, an der Familie, aber auch an Steuer- und Wirtschaftsberatern gelegen, mit denen er sich beraten hatte. Abgeraten hatten sie ihm. Vor allem Frau Gemahlin hatte Bedenken angemeldet. Seine Gattin, so ließ der Bundesrichter ein involviertes Maklerbüro während der Preisverhandlungen wissen, wolle „das Risiko nicht tragen".

Das Risiko lag auf der Hand. Ein Millionen-Objekt ohne flüssiges Eigenkapital, vollständig auf Pump finanziert, dazu die Unsicherheit, wie sich wohl die Zinsen entwickeln würden. Womöglich zu „einer Bugwelle", die erneut und zusätzlich finanziert werden müsste und so weiter und so weiter. Der Bundesrichter hatte sich an fünf Fingern ausgerechnet und aufgeschrieben, dass künftig bei ihm wirklich alles „optimal" würde laufen müssen und „in den nächsten Jahren einfach nichts dazwischenkommen darf". Er würde, so schrieb er, „am Anschlag" arbeiten müssen. Vielleicht, so zweifelte er deshalb in seinem Brief ans Maklerbüro, sei es doch besser, einige Zeit in Miete zu wohnen, um „zu gegebener Zeit auf der sicheren Seite zu starten". Viel sicherer war diese Zeit in den Tagen danach nicht wirklich geworden, aber kaum drei Wochen später hatte er sich entschieden, besagtes Risiko eben doch einzugehen. Er hatte unterschrieben – und gekauft wie besichtigt.

Jahre später sollte der so entgegenkommende Vorbesitzer, der fünf Jahre lang auf die 600.000 Euro des BGH-Juristen zu warten bereit war, sein blaues Wunder erleben. Nach allen Regeln juristischer Kunst würde ihn der honorige Käufer plötzlich in die Mangel nehmen und ihm – soviel sei vorweggenommen – mit Erfolg eine „arglistige Täuschung" und kriminelle Energie unterstellen. Denn das, was der Herr Bundesrichter als gepflegtes Anwesen kennen gelernt hatte, galt ihm zwei Jahre später als ein marodes „Betonmuseum". Am Anschlag würde der Jurist nicht mehr arbeiten müssen. Jedenfalls nicht wegen dieser Millionenvilla und der riskanten Finanzierung. Er würde die bald bevorstehende zweite Rate überhaupt nicht mehr bezahlen. Diese wundersame Wendung hatte mit einer neuen Befindlichkeit des Herrn Bundesrichters und mit einigen verständnisvollen Richterkollegen zweier Zivilinstanzen zu tun. Der honorige Jurist hatte kalte Füße bekommen. Womöglich wegen seiner wiederholt diskutierten Finanzen – was zwar vermutet werden durfte, sich aber nie beweisen ließ. Offiziell froren des Bundesrichters Beine vor allem, weil eine Heizung nicht so funktionierte, wie ihm das der Verkäufer angeblich versprochen hatte.

Bis sich jedoch die einst einander so zugeneigten Vertragspartner vor diversen Gerichten zu streiten begannen, dass die Fetzen flogen, sollten noch zwei Jahre vergehen. Durchaus in einem einträglichen Miteinander. Mal mit einem gemeinsamen Abend auf einem der malerischen Schwarzwald-Schlösser, wo sich im Restaurant edle Tropfen genießen ließen und die Herren dem Personal ausdrücklich als „VIP" avisiert wurden. Oder mit freundlichen Grußbotschaften zur Weihnachtszeit. Eine solch nette Geste hatte der Bundesrichter an einem bitterkalten Heiligen Abend ein halbes Jahr nach Vertragsunterzeichnung noch genutzt, um dem „lieben Herrn" Vorbesitzer schriftlich zu versichern, dass er seine Kauf-Entscheidung, von kleinen Unpässlichkeiten einmal abgesehen, „noch nie bereut" habe.

Dass an diesem besagten Heiligen Abend und in den Wochen danach eine Eiseskälte die Schwarzwaldhänge herunterfiel und womöglich bis in des Richters Mark und Bein kroch, sollte – jetzt noch nicht, aber später – außerordentlich bedeutsam werden. Denn ihm, dem neuen Villenbesitzer, froren irgendwann im separaten Studio seiner neuen Residenz, das er als Büro zu nutzen gedachte, wegen einer dort seit Jahren stillgelegten Fußbodenheizung „die Beine bis zum Knie ab". Dass diese Heizung nach Korrosionsschäden vom Vorbesitzer tatsächlich stillgelegt und durch Heizkörper ersetzt worden war, war dem Bundesrichter völlig neu – sagte er. Der Verkäufer aber will ihn genau darauf hingewiesen haben. Aufgefallen war dem Neu-Besitzer dieses Manko trotz bisweilen bitterer Kälte erst anderthalb Jahre nach seinem Einzug. Und auch dann sollten noch weitere sechs Monate vergehen, bis er den einst so geschätzten und ziemlich hilfreichen Vorbesitzer verklagte, dass dem Hören und Sehen verging.

Der Bundesrichter begehrte zwei Jahre nach Kauf plötzlich eine vollständige Rückabwicklung des Geschäftes inklusive der Erstattung aller Kosten, die ihm durch die teure Finanzierung mangels eigenen Geldes entstanden waren. Er wollte das einst von ihm so geschätzte Aushängeschild deutscher Architekturgeschichte schnellstmöglich wieder loswerden – wegen dieser gekappten Fußbodenheizung. Und er glaubte neben dieser Heizungsgeschichte noch ganz andere Gemeinheiten entdeckt zu haben, die ihm der Vorbesitzer verschwiegen habe. Abgeplatztes und schadhaftes Mauerwerk, Schimmel in der Wand, eine marode Terrasse, ein Loch im Dach, Wasserschäden und und und. Aus dem vermeintlichen Traumhaus, das nun einmal alt und immer älter wurde, schien so etwas wie ein Albtraum geworden zu sein. Also ließ der Bundesrichter seine beauftragten Rechtsanwälte dem für seine Rückabwicklungsklage zuständigen badischen Landgericht vortragen, dass er in Kenntnis all dieser gravierenden und ihm gegenüber verschwiegenen Schäden diese Prachtvilla samt Grundstück erst „gar nicht gekauft" hätte, und zwar ausdrücklich „auch nicht zu einem niedrigeren Kaufpreis".

Es sollte ein weiteres Jahr vergehen, bis sich die streitigen Parteien in einem Gerichtssaal erstmals wieder begegneten. Der Präsident des genannten Landgerichtes wollte sich dieser durchaus pikanten Angelegenheit mit dem höchstrichterlichen Kollegen persönlich annehmen. Einfach würde das sicher nicht werden. Immerhin würde vor ihm ausgerechnet einer jener Bundesrichter sitzen, auf dessen Fachliteratur auch er sich schon im einen oder anderen eigenen Urteilsspruch gestützt hatte. Nicht, dass diesem Präsidenten deshalb sein unabhängiges Urteilsvermögen abhanden gekommen wäre – wer würde das denn ernsthaft behaupten dürfen – aber bereits die ersten Merkwürdigkeiten des Verfahrens waren ihm irgendwie entgangen. In einer Güteverhandlung wollte sich der Bundesrichter zu einem, wie er meinte, „realistischen Vergleichsangebot" durchringen. Er würde die angeblich marode Villa, die er laut vorliegender Klageschrift zur Kenntnis des Landgerichtspräsidenten doch eigentlich um keinen Preis der Welt gekauft hätte, trotz Schimmel, Wasser und Eiseskälte vielleicht doch behalten. Und diese „Sache" – also seine Klage – könnte man „mit der Streichung der zweiten Kaufpreisrate bewenden lassen". Jene 600.000 Euro, die ihm der Vorbesitzer auf fünf Jahre erlassen hatte, die wollte er nicht mehr zahlen.

Auch die ungewöhnlich auffällige Stundung hatte weder den Präsidenten noch seine Kollegen der später folgenden zweiten Instanz stutzig gemacht. Mit Verlaub, wie klug wäre eigentlich ein Mensch, der ausgerechnet einen Richter des Bundesgerichtshofes mit einer fehlenden Heizung wissentlich über's Ohr haut, und gleichzeitig glaubt, der so Getäuschte würde die Kälte fünf Jahre lang nicht bemerken und ihm brav die restlichen 600.000 Euro auf den Tisch blättern? Dem Anwalt des Beklagten erschien eine solche Konstellation „völlig absurd", den Richtern dagegen nicht. Nach ihrer Ansicht konnte dieser Verkäufer „durchaus darauf hoffen", dass der Bundesrichter „die Sache auf sich beruhen lässt oder allenfalls eine Kaufpreisminderung geltend macht". Warum aber, so fragten die Anwälte des Verkäufers, ließ sich der Bundesrichter mit seiner Klage zwei Jahre Zeit? Aus welchem Grund hatte er an jenem bitterkalten Weihnachtstag trotz fehlender Fußbodenheizung seine Kaufentscheidung, wie er geschrieben hatte, „noch nie bereut"? War das nicht ein starkes Indiz dafür, dass der Käufer den Schaden sehr wohl kannte? Und wieder werteten die Zivilrichter im Sinne ihres geschätzten Kollegen. Der sei nun mal „ein vielbeschäftigter Mann" und habe tatsächlich den „Mangel erst einmal auf sich beruhen lassen".

Der Streit sollte fortan eskalieren. Allzu einfach war die Sache mit der höchstrichterlichen Klage im Übrigen nicht. Ein kluger Gesetzgeber hat für solche streitigen Fälle über Mängel an einem Kaufobjekt eine sogenannte kurze Verjährung festgelegt. Wer etwa einen Gebrauchtwagen kauft, sollte irgendwelche Rostbeulen spätestens nach einem Jahr entdeckt haben. Danach würde sie zu seinen Lasten gehen. Denn irgendwann einmal rostet jeder Altwagen und irgendwann bröckelt mit den Jahren in jedem Haus Putz von der Wand oder die Heizung kann ihren Geist aufgeben. Diese sogenannte kurze Verjährungsfrist hatte der Bundesrichter verpasst. Die Antwort auf die entscheidende Frage, was nach Ablauf dieser Verjährung überhaupt noch geltend gemacht werden kann, hängt davon ab, ob ein Mangel bekannt war und dann auch noch verschwiegen worden ist. Juristen würden dann von einer arglistigen Täuschung sprechen. Wenn überhaupt, würde der Herr Bundesrichter seinen einst hochgeschätzten Vertragspartner nur noch mit dieser Arglist packen und die Zahlung der zweiten Rate vermeiden können.

Das Kleingedruckte und irgendwelche voluminösen Heizkessel wurden plötzlich wichtig. Besichtigungstermine und Korrespondenzen wurden im Gerichtsaal rekonstruiert und debattiert. Nur ein Aspekt sollte unantastbar bleiben: Die Finanzen des Bundesrichters. Der Verkäufer und seine Rechtsanwälte vermuteten zwischenzeitlich, dass hinter der Klage weniger die Heizung, als vielmehr pekuniäre Gründe standen. Konnte der Bundesrichter ohne Eigenkapital die zweite Rate überhaupt noch bezahlen oder war er mittlerweile „kaufreuig" geworden? Nichts davon wollten die beiden Zivilinstanzen gelten lassen.

Ein solche „Möglichkeit" sei zwar „nicht von vorneherein ausgeschlossen", aber auch „nicht nachgewiesen", weswegen es „keiner weiteren Erörterung der finanziellen Verhältnisse des Klägers bedarf". Es sollte das Geheimnis der Damen und Herren Zivilrichter bleiben, wie man etwas nachweisen kann, ohne es zu erörtern.

So gestärkt beharrte der Bundesrichter darauf, das angrenzende Studio der Villa hätte sein Büro werden sollen, weswegen beim Besichtigungstermin vor Ort eine Fußbodenheizung und nichts anderes für ihn „kaufentscheidend" gewesen sei. Das schien einem Landgerichtspräsidenten durchaus einleuchtend. Denn auch er wusste um diese „Wärme und Behaglichkeit", was wiederum mit normalen Heizkörpern nicht zu machen sei, weil die irgendwo an der Seite sitzen, wo doch den Gesetzen der Natur zufolge „warme Luft regelmäßig von unten nach oben strömt". Wer wollte bei solch außerordentlichem Sachverstand ernsthaft widersprechen? Es schien auch, als könne dieser Präsident des Bundesrichters kalte Füße beinahe körperlich spüren. Denn „gerade bei einer sitzenden Tätigkeit geschieht es besonders leicht, dass man friert", notierte er in seinem schriftlichen Urteil. Die hübsche Villa also für den Herrn Bundesrichter vor allem eine Sitzgelegenheit?

Es half dem beklagten Verkäufer nicht, dass er in einem Exposé nachweislich hatte schreiben lassen, das Objekt verfüge nur über eine „teilweise Fußbodenheizung". Denn gänzlich „unbefangene Leser", und für solche durften sich die Zivilrichter nun wirklich halten, solch Unbefangene würden dieses entscheidende Wörtchen „teilweise" so verstehen wie der BGH-Jurist, nämlich dass damit nicht die gesamte Grundfläche gemeint war, aber in beiden Häusern „zumindest in den Wohnräumen" eine solche Heizung vorhanden sei. In diesem Dokument fand sich jedoch auch eine Textstelle, wonach „beide

Häuser" ohne Einschränkung über eine solche Heizung verfügten. Sie stammte aus einem Fachbuch über die berühmte Villa und war vom Maklerbüro hineinkopiert worden. Weil der Verkäufer diesen Text kannte, aber nicht korrigierte, war er für die Gerichte der arglistigen Täuschung überführt.

Die Gattin des Bundesrichters erklärte ebenfalls, dass der Beklagte diese Heizung vorgetäuscht habe. Genau so sei es mit ihm diskutiert worden. Die Ehefrau hatte sich zwar schon früh gegen das Risiko der Hausfinanzierung gesträubt. Ihr „wirtschaftliches Interesse am Ausgang des Verfahrens" lag für die Zivilrichter „auf der Hand", aber unglaubwürdig war sie deshalb noch lange nicht. Auch der Sohn des Herrn Bundesrichters wurde vom Vater als Zeuge benannt. Der seinerzeit 14-jährige Junge hatte bei einer ersten Besichtigung seines künftigen Zuhauses nicht etwa im Garten gespielt, wie sich der damalige Besitzer zu erinnern glaubte, sondern selbstverständlich an Papas Seite die Heizungs-Debatte so genau verfolgt, dass er sich zwei Jahre danach noch ausgerechnet an die entscheidenden Details erinnern konnte. Auch das hielten die Richter für glaubwürdig.

Vollends zum Verhängnis für den früheren Villenbesitzer wurde ein Schriftstück, das er kurz vor dem Verkauf verfasst hatte. In dem Papier hatte er seine Villa als ein „Ensemble ohne Fehl und Tadel" beschrieben. Dann kam der Schimmel an den Wänden, der abgeplatzte Verputz, die Wasserschäden, die marode Heizung. Das alles soll er gewusst und verschwiegen haben. Wieder und wieder wurde ihm dieses Zitat von wegen „ohne Fehl und Tadel" um die Ohren gehauen. Wie ein roter Faden zogen sich diese vier Worte durch sämtliche Schriftsätze von des Bundesrichters Rechtsanwälten zum vermeintlichen Nachweis, mit welch „krimineller Energie" ihr Mandant getäuscht worden sei. Und genau so hatten es beide Zivilinstanzen in ihre schriftlichen Urteile übernommen. Mit einem kleinen, aber wohl nicht ganz unbedeutenden Schönheitsfehler: Rechtsanwälte, der Herr Bundesrichter und die urteilenden Zivilrichter hatten zwar gelesen, aber verschwiegen, was der Verkäufer in dem Schriftstück vor Vertragsabschluß noch zu Papier gebracht hatte. Wörtlich stand dort neben dem Ensemble ohne Fehl und Tadel zu lesen: „Unbezweifelbar und unübersehbar steht allerdings fest, dass es sich nicht um einen Neubau handelt. Wer hier künftige Reparaturen für ausgeschlossen hält, ist ein Traumtänzer".

Mit Urteil des letztinstanzlichen Oberlandesgerichtes Karlsruhe wurde der Mann zur vollständigen Rückabwicklung des Kaufvertrages verurteilt. Die Villa würde wieder in seinen Besitz übergehen, zuvor sollte er dem Bundesrichter die erste Kaufpreisrate plus dessen Finanzierungs- und Nebenkosten – abzüglich einer monatlichen Nutzungsentschädigung zu Lasten des Bundesrichters von 2600 Euro, macht summa summarum knapp 570.000 Euro – zurückerstatten. Eine Revision wurde ausdrücklich „nicht zugelassen". Der BGH-Jurist hatte einen Titel erstritten, der ihn zur Zwangsvollstreckung berechtigte. Damit wäre der Fall und seine Geschichte eigentlich beendet gewesen, hätte sich nicht wiederum die Befindlichkeit des obsiegenden Bundesrichters geändert.

Der unterlegene Beklagte legte gegen die verweigerte Revision eine so genannte Nichtzulassungsbeschwerde ein. Damit lag der Fall für kurze Zeit beim Bundesgerichtshof – dem Brötchengeber seines Prozessgegners. Vor diesem Hintergrund war der Bundesrichter plötzlich zu einem Entgegenkommen bereit. Die Nichtzulassungsbeschwerde sollte „binnen einer Woche" zurückgezogen werden. Dann wäre das Urteil für alle Zeiten unanfechtbar rechtskräftig. Im Gegenzug würde der Jurist neun Monate lang auf eine Zwangsvollstreckung verzichten, und sein unterlegener Vorbesitzer könnte in dieser Zeit versuchen, die

Immobilie zu verkaufen. Der neue Deal kam zustande, der Verkauf der Villa dagegen nicht. Der Bundesrichter hatte außerhalb des Deals plötzlich verlangt, Kaufinteressenten, die „mein Haus" zu besichtigen gedachten, hätten sich gefälligst vier Tage vorher mit vollem Namen, zwecks Überprüfung ihrer Identität, bei ihm anzumelden.

Ein hitziger Brief ob solcher „Schikanen" jagte den nächsten. Der Jurist dagegen glaubte fest daran, er sei seinem Kontrahenten großzügig entgegengekommen. Besagter Kontrahent suchte schließlich im Alter von 68 Jahren „Abschied vom Widerstand". Er ging, nein, er kroch, zum Bundesrichter, zum siegreichen „Gladiator", der ihm in jenen hitzigen Debatten hin und wieder empfohlen hatte, „die Backen nicht so aufzublasen", und bat „von Mann zu Mann", weil man sich „noch in die Augen schauen kann", darum, lieber ein Ende mit Schrecken als einen Schrecken ohne Ende zu wählen. Wie wäre es denn, fragte er, es beim gegenwärtigen Status quo zu belassen. Der Jurist – der immer ausziehen wollte, aber nie ausgezogen war – möge doch einfach in der Villa bleiben ohne einen weiteren Cent zu bezahlen. Das hatte der Bundesrichter vor Jahren schon so haben wollen und so war er schließlich „geneigt", darauf einzugehen.

Der Vertrag wurde nicht rückabgewickelt. Das Urteil hatte sich erledigt. Die Villa – oder das marode Betonmuseum – das er eigentlich für kein Geld der Welt mehr hätte kaufen wollen, blieb im Besitz des Herrn Bundesrichters. Er hatte statt 1,1 Millionen nur 500.000 bezahlt – wegen einer kaputten Fußbodenheizung, deren Reparatur seinen eigenen Angaben zufolge „36.000 Euro brutto" gekostet hätte. Der Fall aus dem Musterländle würde für Immobilienhändler und Makler grundsätzlich nicht ohne Konsequenzen bleiben. Ein brancheninterner Informationsdienst berichtete über das „Hammerurteil" aus Karlsruhe, weil Hausverkäufer damit auf Jahre hinaus „mit erheblicher Rechtsunsicherheit" leben müssten. Der Branche geht es um die Frage: „Welche Art von Mangel ist so offensichtlich, dass ein Käufer ihn nur grob fahrlässig ignoriert haben kann?"

Ein christliches Blatt auf dem Boulevard

Wie die Schwäbische Zeitung ihre Leser heimatlos macht

Von Josef-Otto Freudenreich

Der Untertitel ist einmalig. Sie sei eine „unabhängige Zeitung für christliche Kultur und Politik", behauptet die Schwäbische Zeitung jeden Tag auf ihrer ersten Seite, was insoweit nachvollziehbar ist, als sie sich qua Tradition der katholischen Kirche, der CDU und dem Fürsten verpflichtet sah. Was sie heute damit meint, mit unabhängig und christlich, ist dem Monopolorgan Oberschwabens nicht zu entnehmen. Dazu bedarf es eher externer Quellen, wie des Altministerpräsidenten Erwin Teufel, der sagt, er habe das Blatt, mit dem er lesen lernte, einmal sehr geschätzt, und die profunden Kommentare des so legendären wie stockkonservativen Chefredakteurs Chrysostomus Zodel sehr genossen. Oder man muss aufpassen, wenn der Verleger, Georg Fürst von Waldburg zu Zeil und Trauchburg, zur Feder greift. Sein Blatt sei eine „Bastion der christlich-konservativen Gesinnung Oberschwabens", in einer „sturmumtosten Zeit oberflächlicher Neuerungssucht", die unsere Gesellschaft auf die abschüssige Bahn bringe. So hat er 1993 zur Verabschiedung eines stellvertretenden Chefredakteurs gemahnt, der die Pflöcke beim Paragraphen 218 eingerammt hat. Das war nach des Fürsten Geschmack, das war die „Fahne der Vernunft", die der adlige Großgrund- und Zeitungsbesitzer hochgehalten wissen wollte.

Die blaublütige Vernunft gründet auf einem sicheren Fundament. Einem ideologischen und einem ökonomischen. Sein Haus fühle sich seit Jahrhunderten dem Christentum verpflichtet, betont der weißhaarige Herr, der laut seiner Zeitung eine respektheischende Autorität versprüht. Daneben ist er einer der wohlhabendsten Männer der Republik, Eigentümer vieler Kliniken und gewaltiger Grundstücke zwischen Oberschwaben und Alpenvorland. Außerdem ist der 79-Jährige Mitglied von CDU und CSU, Patronatsherr über etliche Kirchen, was ihn zum natürlichen Bündnispartner der Diözese Rottenburg gemacht hat, wo der Bischof stets seine Nähe gesucht hat. Walter Kasper, heute Kardinal in Rom, hat sie immer gefunden. Schon als junger Mann ist er ins fürstliche Schloss geeilt, um zu fragen, ob man den Film „Die Sünderin" mit Hildegard Knef nicht verbieten könne. Die Schauspielerin war darin schemenhaft nackt zu sehen. Viele Jahre später, am 27. November 1998, war er wieder im Oberschwäbischen. Genauer gesagt im Hauptquartier der Schwäbischen Zeitung in Leutkirch an der Rudolf-Roth-Straße.

Man traf sich zum Redaktionsgespräch, das für Kasper ein Heimspiel unter Gleichgesinnten war, wohl vorbereitet durch den Kirchenredakteur Joachim Rogosch, der für seinen Oberhirten immer ein gutes Wort übrig hatte. Der Bischof, so formulierte er freundlich, sei „offen für andere, dabei bewußt das Eigene vertretend". Das sollte noch seine ganz eigene Bedeutung bekommen, als Rogosch zu seinem Bischof ins Auto stieg, vom hinterherwinkenden Chefredakteur und Geschäftsführer verabschiedet, auf dem Weg zu seiner Durchlaucht. Der 41-Jährige wollte Kasper sein Herz ausschütten. Erzählen über die Zustände im Haus, über das unchristliche Verhalten jener Herren, die ihnen so fröhlich nachgewinkt hatten, und über die Unternehmensberatung Sipa, die ihm so merkwürdig erscheine. In diesem Zusammenhang fielen die Begriffe brutales Mobbing, Nervenzusammenbrüche und Scientology. Seitdem herrsche eine bleierne Stimmung in der Redaktion, klagte der Kirchenredakteur, und dagegen möge er, Kasper, der Anwalt der Nächstenliebe, doch alles in seiner Macht stehende tun.

Das tat er. Der Bischof berichtete alles brühwarm seinem Fürsten, und der befand, dass etwas unternommen werden musste. Übernommen hat das Unternehmen der Geschäftsführer Udo Kolb, der einen Brief schrieb und ihn per Boten drei Tage vor dem Heiligen Abend in Rogoschs Haus schickte. Darin enthalten die fristlose Kündigung, die den Vater von fünf Kindern wie ein Hammer traf. Er hatte das Gute gewollt und das Böse geerntet, und von Kasper nie wieder etwas gehört. Seine Eminenz äußere sich dazu nicht, antwortete ein Sprecher auf Anfragen entsetzter Journalistenkollegen, er könne nur bestätigen, dass die Geschichte dem „Tenor nach" stimme. Auch die

Georg Fürst von Waldburg zu Zeil mit einer Dame des Hochadels.

Schwäbische Zeitung hüllte sich in Schweigen. Erst Jahre später, als sie wieder einmal unbotmäßige Redakteure feuerte und wieder einmal von Kolb die Rede war, legte sie Wert auf die Feststellung, dass Rogosch nur noch per Anwalt mit ihr verkehren wollte und er nicht am Heiligen Abend, sondern drei Tage vorher, am 21. Dezember 1998, gekündigt wurde. Das Fest der Liebe, der blaue Brief unterm Christbaum, den fünf Kinder mit strahlenden Augen betrachten, das wäre doch ein ungeeigneter Zeitpunkt gewesen.

Der Fall Rogosch markierte den Zeitpunkt, an dem die „Schwäbische" aufgehört hat, eine Zeitung für Oberschwaben zu sein. Sie hätte auch im Münsterland erscheinen können. Vor ihrer Tür standen Hunderte von Menschen in der Kälte, mit Fackeln in den Händen, fassungslos darüber, wie ein vorgeblich christliches Unternehmen mit seinen Mitarbeitern umsprang. Unter ihnen auch Rupert Leser, der Fotograf des Hauses, das Auge Oberschwabens, vielfach preisgekrönt und national geachtet. Er hat es vorgezogen, nicht mehr für das Blatt zu arbeiten, dem er über Jahrzehnte ein Gesicht gegeben hat. Sein Archiv, ein wahrer Schatz von 900.000 Bildern, hat er dem Haus der Geschichte in Stuttgart übergeben. An der Vergangenheit hatte sein Arbeitgeber kein Interesse. Ressortleiter, die sich für Rogosch verwandten und blieben, fanden sich im Jahr 2003 in einem von ihnen als Besenkammer empfundenen Raum wieder.

Sie waren Kolb & Co. im Wege, auf ihrem Marsch zur „Zeitung der Zukunft", die Medienhaus genannt wird. Radio, Fernsehen, Anzeigenblätter, Callcenter, Postzustelldienst – alles Schwäbischer Verlag, alles „konsequente Ausrichtung am Markt", wie es die Geschäftsleitung ausdrückt. Und weil der Markt alles regelt, kann es auch notwendig sein, Redaktionen ganz zu schließen, wie in Ulm, Schramberg und Rottweil geschehen. Nicht zu vergessen das gedruckte Premiumprodukt, das der zum Mediendirektor aufgestiegene Chefredakteur Joachim Umbach als erfolgreichste Zeitung Baden-Württembergs rühmt. Rein quantitativ betrachtet, mit einer Auflage von 190.000 Exemplaren, sogar zu Recht. Inhaltlich wird es rätselhaft, weil für Außenstehende nicht erkennbar wird, wohin das Flaggschiff segeln soll. „Pfeilgerade auf den Boulevard", wie der Ravensburger Altlandrat Guntram Blaser (CDU) vermutet. Oder ins seichte Gewässer, wie der Grüne Oswald Metzger mosert, der das „oberflächliche Blättchen" schon längst abbestellt hätte, wenn er das Lokale nicht bräuchte. Metzgers Kompetenz ist unbestritten, schließlich tourt der Schussenrieder für Bertelsmann und die Initiative Neue Soziale Marktwirtschaft durch die Republik.

Natürlich stimmt das alles nicht. Die neue Schwäbische ist ausschließlich für den Leser da, abgedeckt durch eine Marktforschung, die seine Bedürfnisse en detail erfragt hat. Er will es farbig, wie die Welt drum herum, kleinteilig portioniert für den Kopf, der nicht überfordert werden darf, und immer ganz nah am Menschen. Und das haben die früheren Lokalverleger vom Allgäu, Bodensee, Schwarzwald und von der Ostalb, die noch in alten Kategorien dachten, offensichtlich nicht verstanden, weshalb sie von der Leutkircher Zentrale übernommen werden mussten. Seitdem sitzen an ihrer Stelle dynamische Geschäftsführer und redaktionelle Regionalchefs (die gerne von der „Glocke" im westfälischen Oelde angeworben werden), die alle nur ein Ziel haben, das Mediendirektor Umbach klar abgesteckt hat: „Die Heimat kennen, die Welt verstehen!" Der 59-Jährige ist 1998 von der Neuen Ruhrzeitung gekommen und hat ein Blatt vorgefunden, das, so seine tiefe Überzeugung, nicht überlebt hätte, wenn es so fortgeführt worden wäre, wie er es wahrgenommen hat. Als Sprachrohr der CDU, rechtskonservativ und im schwarzen Filz verhockt. Undenkbar damals, meint er, dass der schwule Christopher Street Day Eingang in die Spalten gefunden hätte. Er wollte die Zeitung offener, liberaler und auch kritischer haben, sagt er.

Weil das für die alteingesessenen Redakteure möglicherweise noch eher vage klang, haben sie es schriftlich gekriegt. In wohlüberlegten Leitsätzen wurde festgehalten, dass die Journalisten der Reißverschluss zwischen zuhause und der Welt sein müssen, dass sie von Mensch zu Mensch, für Herz und Hirn kommunizieren müssen, dass sie klar und leicht schreiben müssen, auch bei schweren Themen, und dass sie mit ihren Lesern auf Augenhöhe verkehren müssen. Als neue Standards waren verbindlich: Gespräche mit der Anzeigen- und Vertriebsabteilung (womit die Trennung zwischen Verlag und Redaktion aufgehoben ist), eine Klatschspalte, ein Test (öffentliche Toiletten), Kummertelefon, Redaktion vor Ort. Machen mussten das alle, weil die Zeit der Spezialisten vorbei war und die Stunde der Generalisten geschlagen hatte. Und damit das alles in geordneten Bahnen verlief, bekam jedes Lokalblatt einen Redakteur von außen als Paten zur Seite gestellt, der auf die Standards achten sollte. Allerdings nicht im mafiösen Sinn, wie das Protokoll vermerkt, sondern in christlichem Geiste.

In Biberach, im März 2002, muss da irgendjemand irgendetwas falsch verstanden haben. Dort gab es einen Lokalchef, der 34 Jahre über die Geschicke der Stadt berichtet hatte. Stets kundig, nie bösartig, verwoben im kulturellen Leben, das er mit tragenden Rollen im „Dramatischen Verein" bereichert hatte. Gunther Dahinten hieß er und er war, wie der Oberbürgermeister versicherte, eine Institution. Das hinderte die Leutkircher Leserverehrer freilich nicht, den altgedienten Journalisten auszumustern. Es habe länger andauernde Meinungsverschiedenheiten gegeben, begründete Umbach, das komme nun mal in den besten Firmen vor. Auch in Biberach versammelte sich darauf hin eine große Menschenmenge, angeführt von ihrem Stadtoberhaupt, das die Kündigung des 59-Jährigen unmenschlich und empörend nannte. Aber auch dieser Protest verhallte ungehört. Man werde sich dem öffentlichen Druck nicht beugen, sagte Umbach, die Unabhängigkeit nicht nehmen lassen.

Die Autonomie zu entlassen führte Dahinten in den Vorruhestand, in dem er darüber nachdenken konnte, worin die unterschiedlichen Meinungen bestanden. Als Variante eins kommt in Betracht, dass er, der so gerne mit dem Füller auch schwierige Texte verfasste, die Leitsätze mit ihren Standards nicht verstanden hat. Als Variante zwei ist zu erwägen, und das fügt sich erschwerend hinzu, dass er einem Untergebenen Artikel durchgehen liess, die weder dem Chefredakteur noch dem Landrat gefielen. Jungredakteur Roland Reck hatte sich um heikle Themen gekümmert wie Mobbing in einer kirchlichen Behinderteneinrichtung, um Missstände bei der Sozialhilfe im Landratsamt

Proteste vor der Schwäbischen Zeitung im Fall Rogosch.

und, besonders gefährlich, um Verstöße gegen das Landesjagdgesetz. Das hätte er nicht tun sollen, denn Landrat Peter Schneider (CDU), ein passionierter Pirschgänger, der später Präsident des Sparkassenverbandes werden sollte, fühlte sich persönlich angegriffen. Inwieweit seine Beschwerden die unabhängige und christliche Zeitung bewogen haben, mit Dahinten auch gleich noch seinen Redakteur Reck zu entsorgen, durfte dem Urteil des geneigten Lesers überlassen werden. Umbach dementierte selbstredend jeden Zusammenhang. Allerdings, so betont er heute, habe Kampagnenjournalismus bei der „Schwäbischen" keinen Platz.

Der junge Reck hat die neue Freiheit genutzt und etwas umgesetzt, was in vielen oberschwäbischen Köpfen herumspukt. Er hat eine eigene Zeitung gegründet. Sie heißt Blix, erscheint im klammen Aulendorf und ist ein Monatsmagazin, das sich angenehm abhebt von jenen Objekten des Schwäbischen Verlags, die Oettinger gerne mit Ö schreiben und nur noch schwer erkennen lassen, wo der redaktionelle Raum beginnt und die Reklame aufhört. Recks Magazin ist ein journalistisches Produkt, das auch Kritisches nicht scheut, wobei ihm der größte Zuspruch sicher ist, wenn er das Lieblingsthema auflegt: die Schwäbische Zeitung, die von seinen Lesern vorzugsweise SchwäZ genannt wird.

Wann immer sie im Blatt steht, öffnen sich Schleusen. Heraus schießt ein Schwall von Frust, über Jahre angesammelt, als wäre endlich die Zeit angebrochen, sagen zu können, was nie einen Resonanzboden gefunden hat. Hofberichterstattung wird gegeißelt, gähnende Langeweile beklagt, katholische Scheinheiligkeit angeprangert. Ein ausgeschiedener Redakteur berichtet in einem Leserbrief von „Mobbing der übelsten Sorte". Ein Vorwurf, den der Schwäbische Verlag vehement zurückweist. Ein früherer Lokalchef hofft auf Ausdauer und dass die Schwäbische das Blix „nicht plattmachen wird". Er weiß, wie stramm die Leutkircher zu Werke gehen, er hat erlebt, warum ein Kollege in seiner Stadt, auch der ein mehrfacher Familienvater, nicht mehr kompatibel war.

Das ist das wirklich Neue an dieser Zeitung, die einst den Anspruch hatte, seriös zu sein. Getragen vom Geist der hoch angesehenen Frankfurter Zeitung, deren Redakteure bei der Gründung Pate standen, fortgeführt von Verlegern, die noch an den Verfassungsauftrag der Presse glaubten, und entscheidend geprägt von Chefredakteur Zodel (1963 bis 1988), war die Schwäbische Zeitung ein Blatt, das weit über sein Verbreitungsgebiet hinaus Gewicht hatte. Sie war die Stimme Oberschwabens, identitätsstiftend für die Region, beachtet und ernstgenommen im Land. Das ist vorbei. Sogar Erwin Teufel, der frühere Edelfan, spricht inzwischen von einem Trauerspiel.

Das wäre zu ertragen, wäre da nicht der nach wie vor gültige Satz, dass die Demokratie eine Presse braucht, die informiert, kritisiert, recherchiert. Wie das aber leisten, wenn die wenigen Köpfe immer hart am Anschlag arbeiten, das Beliebige und Zusätzliche an inhaltsleeren Kästchen immer mehr Arbeit erfordert? Selbst in den Amtszimmern der Bürgermeister schütteln sie inzwischen den Kopf über das dünne Druckerzeugnis, zu dem sie keine Alternative haben. Wenn's nur zum Lachen verleitete, wären viele von ihnen stets vergnügte Menschen, die sich köstlich über solche Meldungen auf Seite eins amüsierten: „Beim Überfall auf eine Tankstelle in Bad Wurzach hat ein maskierter Räuber am späten Sonntagabend eine Tankstelle in Bad Wurzach überfallen". Fein säuberlich hat ein Schultes aufgelistet, wann die Vor- und Nachnamen verdienter Bürger wieder einmal falsch geschrieben wurden, wann peinliche Korrekturen unter der Rubrik „So stimmt's" vorgenommen werden mussten, wann sich Phantasienamen in die Berichte eingeschlichen haben und Fotos die falschen Personen zeigten. Selbst den Fanfarenzug des Fürsten Zeil ließ das Blatt zum 45-jährigen Bestehen ausrücken. Pech nur, dass es der Leutkircher Fanfarenzug war.

Einer der Bürgermeister ist weit davon entfernt, seinen Frust, in den sich bisweilen auch Heiterkeit mischt, auf der Redaktion in seinem Ort abzuladen. Sie ist so dünn besetzt, dass die Fehler eingebaut sind. Er hat auch schon versucht, mit Themenvorschlägen zu helfen – aber wer soll's machen? Seine Stadt amüsiere sich inzwischen über die Zeitung, sagt er, was für eine langjährige Leidensfähigkeit ihrer Bürger spricht, die ihr Geld freilich nicht für die Titanic ausgeben. Kein Wunder, dass er und viele andere Kollegen darüber nachdenken, eigene Amtsblätter herauszugeben, dass sich die Proteste auch bei den Kommunalpolitikern mehren, quer durch alle Parteien.

Für die Region ist diese Entwicklung äußerst bedenklich. Wenn sich Politiker dazu aufgerufen fühlen, die Information zu sichern, nicht im Sinne einer Hofberichterstattung, sondern zur Gewährleistung von Öffentlichkeit, dann hat die Vierte Gewalt aufgehört, ihrer Pflicht nachzukommen. Nebenbei gesagt: dann können Judikative, Legislative und Exekutive in diesem Landstrich auch weiterhin an ihrem Filz weben, ohne dabei gestört zu werden. Und sollte es einer wagen, weil er glaubt, das sei seine Aufgabe, wird er einfach mundtot gemacht. Von denen, die dazu von den Vätern des Grundgesetzes mit diesem Auftrag betraut worden sind.

So ist es nur konsequent, an eine noch höhere Instanz zu appellieren. An Seine Durchlaucht. Er erhält Briefe voller Bitterkeit, die ihm altgediente und ausgesonderte Redakteure, durchaus auch leitender Art, schicken. In ihnen fragen sie, ob er noch erkennen könne, für welche Werte seine Zeitung stehe, ob er sie seinen Enkelkindern guten Gewissens zur Lektüre geben könne?

Ob er neben dem publizistischen Niedergang auch den Verlust von Moral und Anstand im Verlag, das Klima der Angst in der Redaktion registriere? Einer der Briefe endet mit der Bitte, doch den Untertitel „Unabhängige Zeitung für christliche Kultur und Politik" verschwinden zu lassen. In seiner Antwort bleibt der Zeiler Fürst, der einst das Banner christlicher Vernunft vor sich hergetragen hat, merkwürdig unbestimmt. Wünsche für Verbesserungen blieben immer offen, schreibt Seine Durchlaucht. Er sehe sich allerdings aufgrund seines fortgeschrittenen Alters gezwungen, sich mehr und mehr aus den aktiven Geschäften zurückzuziehen. Mediendirektor Umbach pflegt in solchen Fällen mit dem Hinweis zu kontern, die Kritiker verharrten wohl noch in den Denkstrukturen der siebziger und achtziger-Jahre.

Hählinge währt am längsten

Das Allerletzte zu „Wir können alles."

Von Rainer Nübel

Journalisten sind Menschen, die mit Vorliebe und Hingabe negativ denken und daher ständig auf der Suche nach „bad news" sind. Das ist an sich nichts Neues. Und seit langem im Denken vieler Menschen fest verankert. Vor allem bei Politikern, Wirtschaftsbossen oder anderen wichtigen Persönlichkeiten, die partout nicht verstehen, warum ihre porentief reinen Gesinnungen mitunter so hartnäckig angezweifelt und ihre blütenweißen Westen gar ungebührlich beschmutzt werden sollen. Dass Medienmacher mitunter auch noch einer gewissen Eitelkeit anheimfallen, gehört genau so zum festen Kanon des Allgemeinwissens. Was sie Politikern oder Wirtschaftsbossen sogar wieder näherbringen könnte. Manches könnte natürlich auch reines Klischee sein: Dass etwa namhafte Stuttgarter Fernsehleute an roten Verkehrsampeln sofort zu lächeln beginnen, weil sie meinen, auf Sendung zu sein. Oder dass manche Schreiberlinge zuerst ihre Autorenzeile in den Computer hacken, bevor sie an schnöde Inhalte ihres Berichts denken.

Was aber an dieser Stelle auch aufgedeckt werden soll: Journalisten sind vor allem ungemein plaudrige Gesellen. Erfahren Sie etwas Neues, natürlich Negatives, vorrangig aus der eigenen Branche und am Besten über diverse Kollegen, können sie das Wasser nur mühsam halten. Was zunächst „hählinge", also heimlich durchgehechelt wird, macht sodann als Nachricht in Windeseile die Runde. Auch wenn diese noch gar nicht „hart" ist, womit im Fachjargon gemeint ist, dass eine Nachricht tatsächlich belegt ist. Damit mag auch der Umstand begründet sein, warum angeregte Gespräche von „normalen" Menschen, etwa bei Parties oder am Stammtisch, jäh abbrechen, wenn Journalisten hinzukommen. „Pass auf, morga stoht's en der Zeitung!"

Dass der journalistischen Viererbande, die dieses Buch mit Verleger Hubert Klöpfer ausgeheckt und zur Tatausübung sich zwei weitere Komplizen beschafft hat, besagte Eigenschaften etwa fremd sind, wäre eine äußerst kühne Behauptung. Wenn sie sich regelmäßig traf, standesgemäß klandestin in verrauchten Hinterzimmern, war die Tagesordnung so festgezurrt wie bei der Hauptversammlung eines Traditionsvereins. TOP 1: Wer hat eine schöne negative Branchen-Neuigkeit, über die es sich trefflich herziehen lässt? TOP 2: Erörterung und Würdigung selbst verfasster Berichte, Reportagen und Kommentare aus den letzten vier Wochen. TOP 3: „Wir können alles.": intensive Suche nach Filz-Themen, Skandalen, Affären. TOP 4: Gemütlicher Ausklang mit Möglichkeit, die unter TOP 1 angefallenen Gerüchte zu vertiefen.

Vor diesem Hintergrund ließe sich rasch und leicht erklären, warum das Team meinte, partout die hehre baden-württembergische PR-Kampagne „Wir können alles" aufs Korn nehmen zu müssen. Klar, weil Journalisten das Haar in der Suppe suchen und ständig an allem herumnörgeln müssen. Doch ob man's glauben mag oder nicht: Bei ihren spätabendlichen konspirativen Treffen verstiegen sich die Journalisten immer wieder zu dem Gedanken, dass sie durchaus lautere Motive hätten. Was sich übrigens verfestigte, je später der Abend wurde: dass es nämlich notwendig sei, wenn nicht sogar so etwas wie eine Pflicht, auch die Kehrseite der blitzenden PR-Medaille zu betrachten. Weil dieses Musterländle erst dann „ganz", also vollkommen erscheint, wenn es zum Positiven wie Negativen, Vor-

Die Viererbande: Rainer Nübel, Josef-Otto Freudenreich,
Wolfgang Messner und Meinrad Heck.

zeigbaren und Hinterfragbaren, Fortschrittlichen und Verfilzten steht. Und weil, wie mancher Schreiberling mit der Erfahrung von zwei Philosophie-Vorlesungen sinnierte, bei unserem Vorzeige-Denker Hegel zur These ja auch die Antithese gehöre. Er sagte natürlich „Hägel".

Also machte sich die Viererbande daran, schattigere Muster-Beispiele zu sammeln, die man in Baden-Württemberg auch „kann". Andere Spitzen-Themen, Filz zum Beispiel, Korruption oder Kumpanei. So etwas fällt bad-news-erfahrenen Zeitgenossen ja eigentlich nicht schwer. Manche Geschichten fielen ihnen denn auch rasch ein: „Die machen wir." Doch als sie weiter am berufstypischen Plaudern waren, fiel ihnen plötzlich etwas auf, was ihr ansonsten nicht unterentwickeltes Selbstbewusstsein doch schwächte, wenn nicht sogar ernsthaft anknackste: Es gab auch andere schaurig-schöne Geschichten aus dem Musterländle, von denen sie aus sicheren Quellen wussten – die man aber nicht en detail aufschreiben konnte.

Zum Beispiel die von jenem baden-württembergischen Unternehmer, der in den neunziger Jahren bei Großveranstaltungen so gerne „Landschaftspflege" betrieb. Im Hotelzimmer fand sich dann für so manchen politischen Förderer seiner Projekte ein Betthupferl an der Türklinke – ein Kuvert mit 2000 Mark. Was der gewissenhafte Unternehmer auch brav in seinen Steuerunterlagen fürs Finanzamt angab, als „nützliche Aufwendungen". Oder die Moritat von jenem bis heute gefeierten Hansdampf in allen Gassen, der in seiner offiziellen Biographie eine gewisse Zeitlücke hat, die er in Interviews gerne mit einem Auslandsaufenthalt füllt. Tatsächlich war seine vorübergehende Behausung eher unwirtlich und ziemlich eng. Baden-württembergische Ermittler, die sich unter anderem mit Hehlerei beschäftigen, erinnern sich heute noch mit einem Schmunzeln daran, an welchem phantasievollen Ort sich das Multitalent lange vor ihnen versteckt gehalten hatte. Und staunen respektvoll über die hohe Wertschätzung, die der Mann von der High Society erfährt. Oder die Geschichte jenes baden-württembergischen Staatsanwaltes, der eines gar nicht schönen Tages Informationen und Unterlagen über einen Promi erhielt, aus denen erfahrene Steuerfahnder eines anderen Bundeslandes bereits eine veritable Steuerhinterziehung herausgelesen hatten. Der Staatsanwalt wusste so gar nicht recht, was mit dem heiklen Fall, der maßgeblich in Baden-Württemberg spielte, anzufangen wäre – und beorderte ihn mit spitzen Fingern ins Ausland. Und damit ins Nirwana.

Warum nur ließen sich solch hübsche Alleskönner-Geschichten aus dem Musterland nicht mit dem nötigen Sinn fürs Detail berichten, grübelten die Journalisten. Als ihre nächtlichen Debatten fast schon zum Arbeitsfrühstück vorangeschritten waren, dämmerte es auch ihnen: Weil diese Novellen landesherrlicher Tugenden, sprich: diese unerhörten Begebenheiten alle so heimlich abgelaufen waren, dass sie für recherchierende Medienleute nicht vollständig „hart" zu machen waren. Geschlossene Systeme funktionieren eben so. In diesem Zusammenhang erinnerten sie sich an eine schwäbische Weisheit: „Hählinge währt am längsten."

Sie hätten schwören können, dass dieser Sinnspruch irgendwann einmal von Gerhard Mayer-Vorfelder geprägt worden war. Genau wussten sie's nicht mehr. Wobei einem Schreiberling beim Stichwort „MV" sofort eine Geschichte einfiel: In den neunziger Jahren sprachen zwei Jungs vor der Schule über Mayer-Vorfelder. Der eine fand ihn „richtig scheiße", der andere schwärmte von ihm in den höchsten Tönen. Der tiefere Sinn dieses Dialogs lag in der Ambivalenz des Sujets: Der eine Junge meinte den ehemaligen Kultusminister, der andere den Präsidenten des VfB Stuttgart.

Kollektiv angerührt von dieser doppelbödigen Symbolik, überfiel das Quartett plötzlich ein Grübeln, das anstrengender zu sein schien als die Suche nach allen nur möglichen „Wir-können-alles"-Geschichten. Zumindest rauchten im längst vernebelten Hinterzimmer jetzt auch gehörig die Köpfe: Lag in diesem Mayer-Vorfelderschen Widerspruch nicht etwas, was für das ganze Land typisch war? Der Einwand, ob ausgerechnet MV für derart anthropologische Reflektionen Pate stehen sollte, wurde sofort weggewischt. Natürlich, das Musterländle steckte doch voller Ambivalenzen – „wir" Baden-Württemberger steckten voller Widersprüche (wobei mit dem „wir" kein Plural majestatis gemeint sein soll, sondern das klassische schwäbische „wir", wie bei einer landestypischen Begrüßungsszene: „So, send mr au do.") Denke man doch nur mal an das Unterstatement, mit dem Baden-Württemberger nach außen hin auftreten.

Kombiniert mit dem behäbigen Dialekt, der keine bessere Tarnung sein könnte und kein gelungenerer Trick, um schwer unterschätzt zu werden. Dabei wissen sie doch ganz genau, was sie können und leisten und dass sie hählinge schon handeln, wenn andere noch schwätzen.

Und da war der feinsinnige Geischt, der seit Jahrhunderten über diesem Lande wehte und noch immer weht: Hegel, Schiller, Hölderlin, der „net verrückt gwäe isch", wie am Tübinger Turm glaubhaft steht, Mörike, Uhland, Hebel, Hesse, Heidegger, Walser, Stadler u.a. (wobei der Vorschlag Harald Schmidt schnell fallen gelassen wurde). Und gleichzeitig die Tüftler und Macher: Benz, Bosch, Graf Zeppelin, Dübel-Fischer etc. So viel Hirn und Hand, Herz und Verstand auf einem Fleck.

Teilnehmer der angestrengten Denk-Runde begannen zu hirnen, ob nicht auch bestimmte Städte Sinn-Orte derart kreativer Widersprüche sind. Tübingen zum Beispiel, wo im Evangelischen Stift Generationen von intellektuellen Landesgrößen heranwuchsen, darunter auch kritische Geister – und wo man sich nach Berichten ehemaliger Studenten bis in jüngere Zeit am Mittagstisch versicherte, „piep, piep, piep, wir haben uns alle lieb". Etwas weltlicher ging's derweil in mancher Tübinger Studentenverbindung zu, etwa in der „Ulmia", wo ein Günther Oettinger frühzeitig lernte, außerhalb der Kernarbeitszeit ungemein gesellig zu sein, und wo er tiefe Freundschaften (im Fachjargon auch Seilschaften genannt) spann, die ihm kampagneerfahren bis in die Villa Reitzenstein halfen. Oder die Stadt Freiburg, Hort des badischen Unabhängigkeitsdenkens, wo man schon bei der Fahrt dorthin durch Himmel und Hölle kommt. Die Breisgau-Metropole der Alternativen und lange Jahre Wirkungsstätte eines linken Fußballtrainers. In den vergangenen Jahren allerdings auch Zentrum einer eher dubiosen Alternative zur sauberen Leistungssteigerung. Wen wundert's, dass gerade in dieser Stadt ein parapsychologisches Institut angesiedelt ist. Vielleicht aber auch die altehrwürdige badische Residenz Karlsruhe, wo sich noch heute symbadische Patrioten aller Couleur hin und wieder in einem eingetragenen Verein zusammensetzen, der sich mit leichtem Augenzwinkern „Freiheit statt Baden-Württemberg" nennt.

Ambivalenzen also, wohin man sieht. Die Gleichzeitigkeit des Ungleichen. Zerrissenheit, bis in den Bindestrich des Bundeslandes hinein. Den Baden-Württemberger gibt es nicht, und das Badische und das Württembergische stehen sich manchmal gegenüber wie Feuer und Wasser. Und doch werden die Widersprüche höchst kreativ gelebt. Wie etwa in Villingen-Schwenningen, die Nahtstelle beider Teilländer, in früheren Jahren eher Kampfgebiet. Im Grenzraum, wo weiland Württemberger und Badener schlagkräftige Argumente austauschten, entdeckten beide Seiten gemeinsame Leidenschaften – in der Disco mit Table Dance. Gerade an dieser Stelle meinte ein Gesprächsteilnehmer, ein weiteres Beispiel für landestypische Widersprüche anbringen zu müssen: „Pietismus und Fasnet".

Immer mehr Gegensatzpaare irrlichterten durch den Nebel des Hinterzimmers: badisch-französische Leichtigkeit und protestantische Prägnanz, revolutionär und herrschaftsgläubig, Zentralismus und Regionalismus, innovativ und konservativ, Weite und Enge. Letzteres, so glaubte ein Diskutant mit dunkler Feuilleton-Vergangenheit anmerken zu müssen, sei der Grund, warum so mancher immer wieder aufgebrochen sei. Schiller, Hölderlin und so. „Aber auch Fritz Kuhn und Rezzo Schlauch", warf ein anderer ein. Schließlich war man bei den geographischen Gegensätzen, bei weiten Höhen und engen Tälern. Und bei mutigen Tiefgängern wie Jochen Hasenmayer und Himmelstürmern wie Ernst Messerschmid.

Die Viererbande war beseelt von den Gedankenflügen. Und

von sich. War mit diesen scheinbar landestypischen Widersprüchen nicht auch der Zweifel an der PR-Kampagne des Landes legitimiert? Hatte das Buch damit nicht sogar etwas von der Hegelschen Synthese? Sie sagten natürlich „Hägel". Aber waren im Innersten ihres Seins irgendwie zufrieden. Wenn nicht sogar stolz. Bis einer die Frage aufwarf, die ihn offenbar seit langem hählinge plagte: „Meint ihr, die Leute nehmen uns übel, dass wir das Musterland so runtermachen?" Stille. Schweigen. Betretenes Schweigen. Endlich fand einer der vier zur Sprache zurück. Leicht hilflos mit den Schultern zuckend, sagte er: „Ihr kennt doch den Unterschied zwischen Journalisten und Terroristen?" Die anderen sahen ihn erwartungsvoll an: „Terroristen haben Sympathisanten."

Dank

Danken möchten wir Rechtsanwalt Dr. Markus Köhler von der Stuttgarter Kanzlei Oppenländer, der unsere Arbeit mit großem Engagement und dem ganzen Sachverstand des versierten Presserechtlers begleitet hat. Unser Dank gilt auch den Informanten, ohne deren Mut dieses Buch nicht möglich gewesen wäre, sowie Verleger Hubert Klöpfer, der so unterschiedliche Temperamente an einen Tisch gebracht und dabei die Ruhe bewahrt hat.

Bildnachweis

Seite 51: *Rupert Leser*
Seite 55: *Rupert Leser*
Seite 65: *dpa*
Seite 89: *Jörg Bongartz*
Seite 157: *Meinrad Heck*
Seite 195: *Meinrad Heck*
Seite 221: *Rupert Leser*
Seite 225: *Rupert Leser*
Seite 233: privat